# 航空危险品运输

主编◎刘存绪 唐健禾 辜英智

编著◎黄怡川 魏 庆 刘媛媛

四川大学出版社

项目策划：何　静　敬铃凌
责任编辑：敬铃凌
责任校对：余　芳
封面设计：墨创文化
责任印制：王　炜

**图书在版编目（CIP）数据**

航空危险品运输 / 黄怡川，魏庆，刘媛媛编著． — 成都 ：四川大学出版社，2020.12（2024.7 重印）
高职院校航空服务类专业规划教材 / 刘存绪，唐健禾，辜英智主编
ISBN 978-7-5690-3404-2

Ⅰ．①航… Ⅱ．①黄… ②魏… ③刘… Ⅲ．①航空运输－危险货物运输－安全管理－高等职业教育－教材 Ⅳ．① F560.84

中国版本图书馆 CIP 数据核字（2020）第 166538 号

**书名　航空危险品运输**

| | |
|---|---|
| 主　　编 | 刘存绪　唐健禾　辜英智 |
| 编　　著 | 黄怡川　魏　庆　刘媛媛 |
| 出　　版 | 四川大学出版社 |
| 地　　址 | 成都市一环路南一段 24 号（610065） |
| 发　　行 | 四川大学出版社 |
| 书　　号 | ISBN 978-7-5690-3404-2 |
| 印前制作 | 四川胜翔数码印务设计有限公司 |
| 印　　刷 | 成都金阳印务有限责任公司 |
| 成品尺寸 | 185mm×260mm |
| 印　　张 | 20.25 |
| 字　　数 | 338 千字 |
| 版　　次 | 2020 年 12 月第 1 版 |
| 印　　次 | 2024 年 7 月第 4 次印刷 |
| 定　　价 | 65.00 元 |



◆ 读者邮购本书，请与本社发行科联系。
电话：(028)85408408/(028)85401670/
(028)86408023　邮政编码：610065
◆ 本社图书如有印装质量问题，请寄回出版社调换。
◆ 网址：http://press.scu.edu.cn

四川大学出版社
微信公众号

# “高职院校航空服务类专业规划教材”
# 编委会

# 前 言

为落实《国家中长期教育改革和发展规划纲要（2010—2020年）》《国家职业教育改革实施方案》确定的“立德树人”的根本任务，遵循《中国教育现代化2035》提出的“以德为先”“全面发展”“面向人人”“终身学习”“因材施教”“知行合一”“融合发展”“共享共建”的理念，依据教育部《高等职业学校专业教学标准》及相关行业标准，培养具有较高的专业应用水平和良好的综合素质，熟练掌握民航服务基本技能，适应民航业发展需要的复合型、技能型、应用型高级航空服务专业人才，学院组织专家、学者编写了这套适应“十四五”期间教学需求的高职院校航空服务专业规划教材。

四川东星航空教育集团自2006年创建以来，始终致力于为中国民航培养高素质的航空服务类专门人才。集团旗下的天府新区航空旅游职业学院汇集了一大批热爱民航教育事业的专、兼职教师，聘请了一大批行业专家担任顾问，指导办学。2017年学院组织编写的“十三五”规划民航特色专业统编教材（共16种）由四川大学出版社出版发行后，受到广大师生和同类院校、行业专家的一致好评。

新时期我国民航业的飞速发展，必然会对从业人员提出新的要求。作为培养航空服务专业人才的高等职业院校，我们充分认识到原有的教材体系和内容已经不能满足现实发展的需要。2019年，天府新区航空旅游职业学院成立了“高职院校航空服务类专业规划教材”编委会，启动了对“十三五”规划民航特色专业统编教材的全面修订工作。经过一年多的努力，这套面向“十四五”的高职院校航空服务类专业规划教材即将付梓。本系列教材包括《民航概论》《民用航空法律法规基础》《民航服务心理学》《民航安全检查》《客舱服务英语》等15种。参与编撰的人员有陈刚、陈蕾吉、陈璇竹、辜英智、顾建庄、黄冬英、黄怡川、李桂萍、李雯婧、刘存绪、刘华、刘媛媛、卢坤、全瑜、唐健禾、王刚、王俊雷、王志鸿、王椤兰、魏庆、吴易等。辜英智、刘存绪、唐健禾对全套书进行了审读、统稿并定稿。

在本系列教材的编写过程中，四川大学出版社的编辑提出了许多宝贵的修改意见，民航业界的学者与专家做了权威的指导，相关学者的文章和专著提供了有价值的参考资料和信息，在此一并致以诚挚的谢意。相对于我国高速发展的民航服务业，本系列教材还难以概其全貌，加之编者水平有限，疏漏之处在所难免，恳请读者批评指正。

**“高职院校航空服务类专业规划教材”编委会**

**2020年9月**

# 目 录

# 模块一 民航危险品运输概述

**【本模块要点】**

1. 危险品的概念。
2. 危险品航空运输法律法规体系。

## 项目一 危险品的概述

### 任务一 危险品的概念

**【任务详解】**

什么是危险品？根据《中国民用航空危险品运输管理规定》，危险品是指列在《危险物品安全航空运输技术细则》危险品清单中或者根据该细则归类的能对健康、安全、财产或者环境构成危险的物品或者物质。《危险物品安全航空运输技术细则》是根据国际民航组织理事会制定的程序而定期批准和公布的。

危险品具有爆炸性、可燃性、腐蚀性和放射性等特点，能危害人体健康、人身安全，导致财产损失和环境污染。这些物质或物品不仅是指酸、爆炸物和毒品，也包括日常用品如漂白剂、喷雾剂以及平时较少使用的磁性物质和冷冻剂等。

危险品运输的基本准则是确保危险品的安全运输，确保飞机和机上旅客、货物不承担额外风险。

危险品具有以下几个含义。

（1）危险品是一类具有爆炸、燃烧、毒害、腐蚀、放射性等特殊性质的物质或物品。物品中的这些性质是容易造成运输中发生火灾、爆炸、中毒等事故的内在因素和先决条件。

（2）危险品容易造成人身伤亡和财产损失。即危险品在一定条件下，比如由于受热、摩擦、撞击、与性质相抵触物品接触等，容易发生化学变化而产生危险效应。这种危险效应不仅会使货物本身遭到损失，而且会危及周围环境，对人员、设备、建筑造成一定程度的损害。

（3）危险品在运输装卸和储存过程中需要特别防护。这里所指的特别防护，不仅是一般所要求的轻拿轻放、谨防明火等，还指针对各类危险品本身的特性所必须采取的“特别”的防护措施。例如，有的危险品需避光，有的危险品需控制温度，有的危险品需控制湿度，有的危险品需添加抑制剂等。

须注意，同时具备以上三点的才是危险品。比如，贵重物品、精密仪器和易碎器皿等也需要在运输中采取防丢失、防震动和防破损的特别防护措施，但由于这些物品不具备第一点所述的特殊性质，一旦防护失当也不易造成人身伤亡或除货物本身以外的财物损毁，所以不属于危险品。

## 任务二　危险品的分类

**【任务详解】**

### 一、在任何情况下都禁止航空运输的危险品

由于航空运输对安全的要求很高，因此危险性很大且在正常航空运输条件下不能保证安全的危险品在任何情况下都禁止航空运输。这类危险品被称为绝对禁运的危险品。

在正常运输条件下，易爆炸，易发生危险反应、产生火焰或危险的热量，易散发毒性、腐蚀性或易燃性气体或蒸汽的任何物质，在任何情况下都禁止航空运输。《危险品品名表》列出了在任何情况下都禁止航空运输的危险品的识别名称，该类危险品没有 UN 编号同时被注明“Forbidden”（禁止运输）字样。应注意的是，任何情况下都禁止航空运输的危险品不

可能被一一列出，因此，从事相关工作的人员应特别注意禁止此类物品登机。

## 二、经豁免可以航空运输的危险品

危险性较大的危险品在一般情况下禁止航空运输，但在非常紧急的情况下，或当其他运输方式均不合适时，或按照规定处理违背公众利益时，在尽力保证运输整体安全水平与国际航空运输协会（International Air Transport Association，简称 IATA）《危险品规则》（简称 DGR）规定的安全水平一致的情况下，危险品经过有关国家（始发国、中转国、飞越国、货物抵达国及经营人所属国）豁免可进行航空运输。豁免文件应包括受豁免包装件的详细信息并与包装件放在一起。经豁免可以航空运输的危险品包括以下六种。

（1）具有下列特性的放射性物质：

①连续排放气体的 B（M）型放射性物质包装件；

②需要辅助冷却系统进行外部冷却的包装件；

③在运输过程中需要操作控制的包装件；

④具有爆炸性的放射性物质；

⑤可自燃的放射性液体。

（2）在国际航空运输协会《危险品规则》《危险品品名表》中标明禁运的物质和物品。

（3）具有感染性的活体动物。

（4）属于Ⅰ级包装，吸入其雾气可导致中毒的液体。

（5）交运温度等于或大于 100℃的液态物质，或温度等于或大于 240℃的固态物质。

（6）国家主管当局指定的任何其他物品或物质。

## 三、隐含的危险品

在一般情况下，托运人申报的货物中可能不明显地含有危险性物品，这样的物品也可能在行李中出现。在怀疑货物或行李中可能含有危险品时，货运和客运的接收人员应从托运人和旅客那里证实每件货物或行李中所装运的物品，确保不出现隐含的危险品。经证明托运人在交运含有下列物品的包装件时，应按照危险品的分类检验托运物品，并在“航空货运单”上注明其包装件内物品不具危险性，如“不受限制”(Not Restricted)。

经验显示，在一些货物或行李中常含有隐含的危险品：紧急航材(AOG)，飞机零件/飞机设备，汽车/汽车零部件，呼吸器，野营用具，易燃液体、易燃固体等化学物品，运营人物资（如飞机零件，压缩气体如氧气、二氧化碳和氮气)，混装货物，钢瓶，牙科器械，诊断标本，潜水设备，钻探及采掘设备，液氮干装，电器设备，电动器械（轮椅、割草机、高尔夫拖车等)，探险设备，摄影组或媒体设备，冷冻胚胎（可能含有制冷液化气体、固体二氧化碳)，冷冻水果、蔬菜等（可能包装在干冰中)，燃料，燃料控制器，热气球，家用物品，仪器，实验室/试验设备，机械备件，磁铁或类材料，医疗用品，金属建筑材料，旅客药品。

### 四、航空邮件中的危险品

按照国际航空运输协会《危险品规则》的规定，万国邮政联盟（简称UPU）禁止通过航空邮件邮寄危险品或者在航空邮件内夹带危险品。

有的危险品可作为航空运输邮件收运，不过应根据相关国家邮政部门的规定及《危险品规则》的规定进行处理。这些邮件包括下面三类。

（1）感染性物质。邮寄感染性物质，应随附“托运人申报单”，并用固体二氧化碳冷冻。

（2）固体二氧化碳（干冰)。固体二氧化碳（干冰）可作为感染性物质的制冷剂进行航空运输，但应随附“托运人申报单”。

（3）放射性物质。

## 任务三　危险品进入航空器的途径

**【任务详解】**

### 一、航空器自身携带的危险品

航空器在设计、制造时，一些机载设备属于危险品，也称为航材危险品，它们分布在航空器的不同位置，如图 1-1 所示。

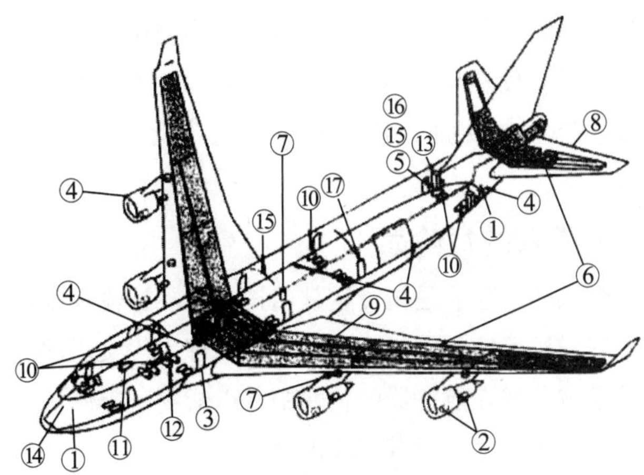


**图 1−1 航材危险品分布图**

①飞机电池；②机油；③逃离滑梯；④灭火瓶；⑤灭火器；⑥燃油；⑦液力油；⑧贫化铀；⑨起爆器；⑩—⑫氧气瓶；⑬氧气发生器；⑭防雨剂；⑮冰箱；⑯烟雾面罩；⑰氟信号

这些航材危险品在航空器正常运行时，在各自的位置上发挥着不可或缺的作用。但当它们在出现故障需要更换时，就会遇到运输的问题，此时必须按照危险品货物运输的法律法规进行规范的运输。

## 二、客运途径带入的危险品

在航空客运中，旅客和机组所携带的物品或行李也可能包含有被相关法规允许携带的或隐含的危险品。航空客运流程如图 1−2 所示。

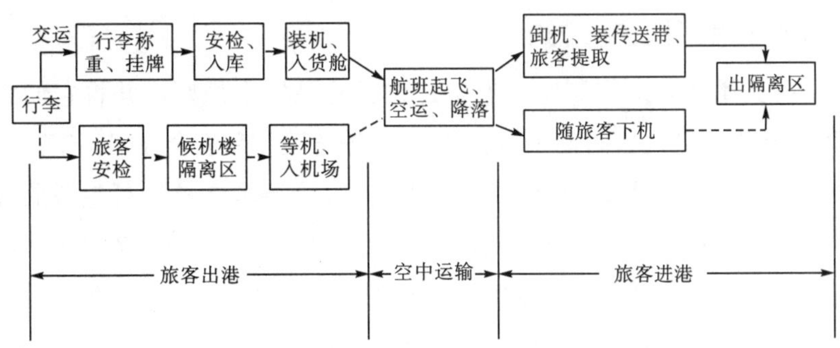


**图 1−2 航空客运流程**

其中，在旅客出港环节中，旅客携带的物品或交运行李可能含有隐含的危险品，需要由安检部门进行检查和确认。在空中运输环节中，若旅客在客舱内随身携带有危险品，如锂电池或含有锂电池的电子设备，则需要听从客舱机组的指导，保证该物品在整个空中运输阶段始终处于安全状态。

### 三、货运途径带入的危险品

货运途径带入的危险品是指货运部门按危险品运输规则接收，并按特种货物运输流程安排运输的由托运人、货运代理人等交运的危险品。这部分危险品通常会被装载在航空器的货舱中并以货物、邮件快件、运营人物资、紧急航材或代理人集运货等形式出现。

# 项目二　危险品航空运输的法律法规

## 任务一　国际法律法规

**【任务详解】**

随着交通运输业的迅速发展，航空运输成为运输业的重要组成部分。航空运输业的良好发展离不开法律法规的支持，危险品的运输更促进了严格的法律法规的制定。

### 一、《国际民用航空公约》

国际民用航空组织制定了航空运输危险品安全规则，并将它们编入《国际民用航空公约》附件 18 及《航空运输危险物品安全技术指南》。《国际民用航空公约》是 1944 年 12 月 7 日由 52 个国家在芝加哥签署的有关国际民用航空在政治、经济、技术等方面问题的国际公约，各缔约国可以在此条约的基础上制定适合本国情况的要求更加严格的法律法规。

### 二、《危险品运输建议书——规章范本》（橙皮书）

联合国危险品运输专家委员会根据技术发展情况、新物质和新材料的出现以及现代运输系统的要求，特别是确保人民、财产和环境安全的需要编写了《危险品运输建议书——规章范本》（Recommendations on the Transport of Dangerous Goods），简称《规章范本》。由于规章的封面是橘黄色的，故又称为橙皮书（见图1－3）。橙皮书对于非放射性危险品的运输制定了建议性规则，包括分类原则和各类别、项别的定义，危险品表，一般包装要求，试验程序，标记，标签，运输文件，是各个国家及国际运输规章的基础。

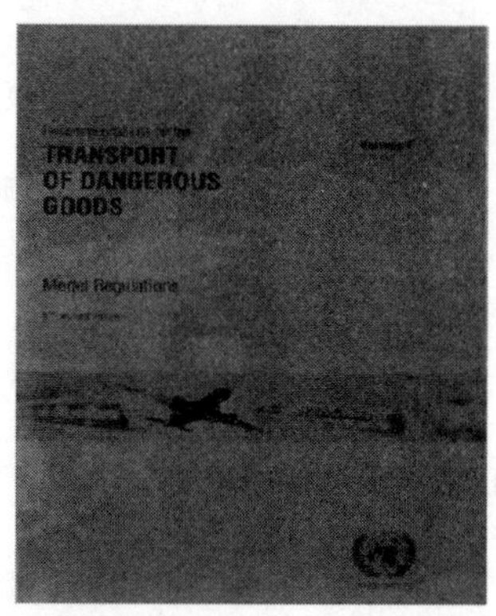


图1－3 《危险品运输建议书——规章范本》（橙皮书）

## 三、《放射性物质安全运输规则》

国际原子能机构（International Atomic Energy Agency，IAEA）对放射性物质运输制定了建议性规则——《放射性物质安全运输规则》（Regulations for the Safe Transport of Radioactive Material）（见图1－4）。此规则规定了与放射性物质运输有关的安全要求，包括包装的设计、制造和维护，也包括货包的准备、托运、装卸、运载及货包最终目的地的验收。

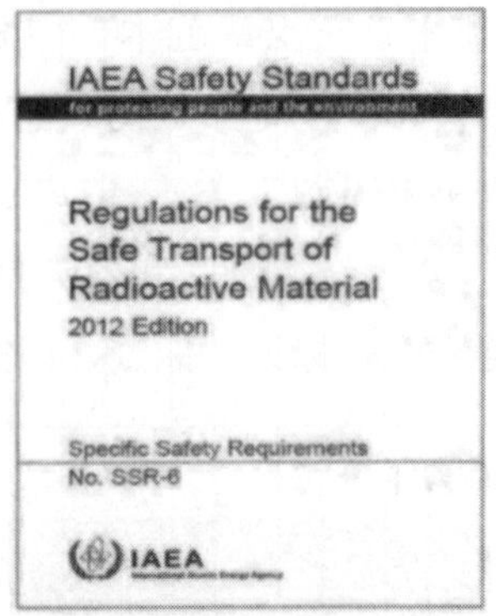


图 1-4 《放射性物质安全运输规则》

以上两部建议性规则适用于公路、水路、铁路以及航空等多种运输方式。

## 四、国际民航组织制定的法律规定

(1) 国际民航组织（ICAO）在上述建议的基础上制定了使用各种类型的飞机安全运输（包括内部运输和外部运输）危险品的规则，并将这些规则编入了《国际民用航空公约》附件 18，即《危险品的安全航空运输》(Convention on International Civil Aviation—The Safe Transport of Dangerous Goods by Air)，简称“附件 18”。它是一个全球性的危险品航空运输法规，各缔约国可在此基础上制定适合本国情况的要求更加严格的法律法规（见图 1-5）。

图 1-5 《危险品的安全航空运输》

(2) 附件18是纲领性文件，《危险品安全航空运输技术细则》(Technical Instruction for the Safe Transport of Dangerous Goods by Air)是国际民航组织用以管理危险品运输的更为具体、系统的国际规定，简称《技术细则》或TI，于1983年起每两年更新一版（见图1—6）。

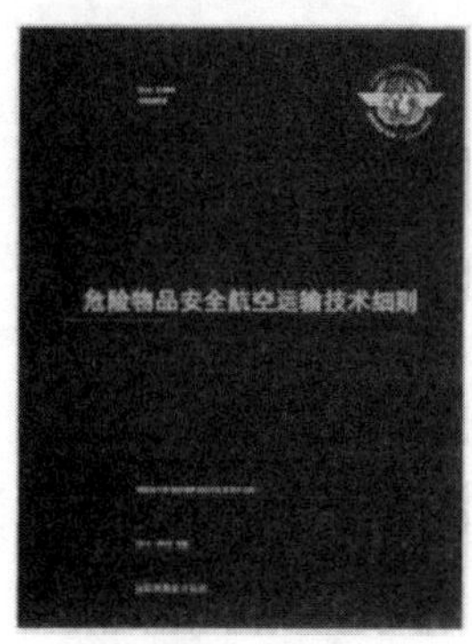


图1—6　《危险品安全航空运输技术细则》

(3)《危险物品安全航空运输技术细则补篇》，简称《技术细则补篇》，是对《技术细则》基本内容的一般性补充或更深入的解释。为了满足各国的特殊需要，使某些通常禁运的危险品（如《技术细则》中特殊规定的A—1、A—2或A—109）经各国国家当局的许可后有可能得到特殊空运授权，国际民航组织（ICAO）还以《技术细则补篇》的形式为各国提供了处理此类许可和豁免事宜的信息。国际民航组织定期对《技术细则补篇》进行修改。该文件分别有中文、英文、法文、俄文和西班牙文几个版本，每两年更新发布一次。

## 五、国际航空运输协会《危险品规则》

国际航空运输协会《危险品规则》(IATA Dangerous Goods Regulations)，简称DGR，是依据行业技术标准对《技术细则》的补充，具有更强的约束性。《危险品规则》每年修订一次，新版于每年1月1日生效，并且其新规定会在每一页的边缘处用方框表示（见图1—7）。

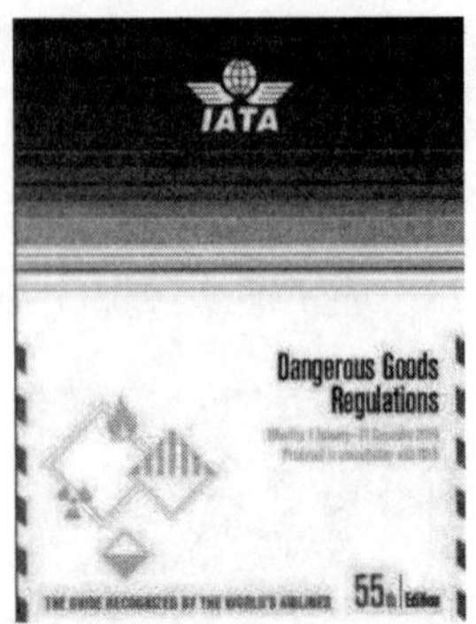


图 1—7 《危险品规则》

## 任务二 国内法律法规标准及规范文件

【任务详解】

国内危险品航空运输的法律法规体系由全国人大颁布的法律、国务院发布的法规、中国民用航空局等部委公布的规章等组成。国家标准、行业标准及管理文件、程序手册等规范性文件是这一体系的重要支持性文件。

我国危险品航空运输目前适用的主要法律法规有：

①《中华人民共和国民用航空法》；

②《中华人民共和国刑法》；

③《中华人民共和国民用航空安全保卫条例》；

④《中国民用航空安全检查规则》；

⑤《中国民用航空危险品运输管理规定》；

⑥《中华人民共和国安全生产法》；

⑦《危险化学品安全管理条例》；

⑧《中华人民共和国放射性污染防治法》；

⑨《病原微生物实验室生物安全管理条例》；

⑩《国务院关于特大安全事故行政责任追究的规定》；

⑪《危险化学品安全管理条例》；

⑫《中华人民共和国民用爆炸物品管理条例》；

⑬《国务院关于特大安全事故行政责任追究的规定》；

⑭《民用机场管理条例》。

# 模块二　危险品航空运输的管理

**【本模块要点】**

1. 国际国内危险品航空运输发展历程。
2. 危险品航空运输的各种流程。
3. 危险品航空运输各方的责任。
4. 人员的培训要求。

## 项目一　危险品航空运输的管理

### 任务一　危险品航空运输的发展

**【任务详解】**

早在1953年，国际上许多航空公司就已经意识到，随着航空运输危险品需求的增长，必须妥善管制才能保证旅客、机组和飞机的安全。因此，国际航空运输协会（IATA）制定并出版了《限制物品条例》，后逐步修订完善为《危险品规则》，每版有效期为一年，即每年的1月1日生效至当年12月31日失效。2020年已修订到第61版。

国际民航组织（ICAO）航行委员会为了满足各缔约国要求在国际上有统一的管理危险品安全运输的规定，并且为了能和其他危险品运输方式适用的规定保持一致，以联合国危险品运输专家委员会《危险品运输建议措施》和国际原子能机构（IAEA）《安全运输放射性物质建议措施》为基础，结合民航运输的特点，于1981年6月26日通过了《国际民用航空公约》附件18《危险品的安全航空运输》。附件18是一个概括性规定，具体的规定和详细说明由《危险品航空安全运输技术细则》进行规定，后者通常是每两年修订1次。

中华人民共和国危险品的航空运输可以追溯到20世纪50年代。那时，航空运输的危险品主要是农药和极少量的放射性同位素。当时的中国民用航空局为此先后拟定了《危险品载运暂行规定》和《放射性物质运输的规定》。

20世纪60年代初期，中国民航仅通航苏联、缅甸、越南、蒙古和朝鲜等周边国家，国际、国内货物运输量比较有限。1961年后，为确保航空运输的安全，国家规定民航客货班机一律不载运化工危险品和放射性同位素。但此后的十余年间，随着我国对外交往的日趋活跃、对外贸易的不断发展，巴航、法航相继开航中国。中国民航也开辟了北京—莫斯科、北京—上海—大阪—东京、北京—卡拉奇—巴黎和北京—德黑兰—布加勒斯特—地拉那航线，进口化学危险品的空运需求不断增多。国内航线虽不能载运危险品，但越来越多的化学工业品走进人们的生活，民航运输部门不得不面对如何确定托运人所托运的货物是否属于危险品、是否可以收运的问题。而外航承运到达中国的货物中也常包含有危险品，且最终目的地通常为航班终点站以外的其他城市。

1996年，中国民用航空局颁布了民航总局第48号令《中国民用航空危险品运输管理规定》（CCAR－276TR）（1996年2月27日制定，1996年3月1日起施行），共有7条规定和《中国民用航空危险品品名表》（简称《危险品品名表》），确定了载运《危险品品名表》中的危险品，应当报经中国民用航空局审批等管理模式。

2004年9月1日，中国民用航空局颁布了民航总局第121号令《中国民用航空危险品运输管理规定》（CCAR－276），开启了多年来中国民航危险品航空运输禁运的大门，危险品航空运输从此走向了法制化、正规化。在总结近十年来危险品航空运输管理的经验和教训的基础上，2014年3月1日，中国民用航空局颁布了民航总局第216号令《中国民用航空危险品运输管理规定》（CCAR－276－R1），通过强化危险品航空运输托运人和经营人的责任，进一步规范他们的行为，并落实了危险品航空运输整体链条中托运人的代理人、经营人的销售代理人、经营人的地面服务代理人、培训机构等的主体责任。

# 任务二　危险品航空运输的流程

**【任务详解】**

## 一、作为货物的危险品运输流程

作为货物的危险品航空运输，其出港、进港运输流程如图 2－1、图 2－2所示。

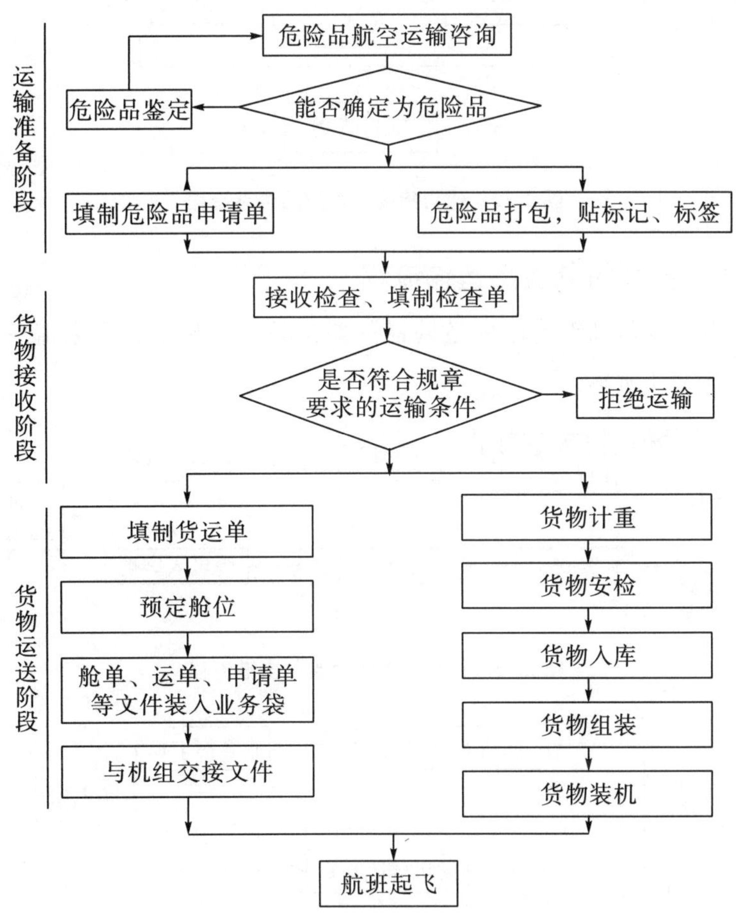


**图 2－1　作为货物的危险品出港流程**

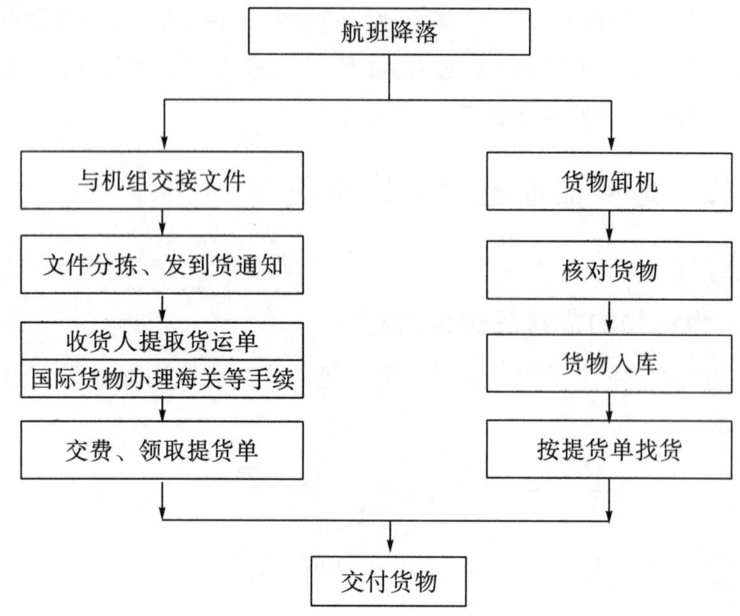


图 2-2　作为货物的危险品进港流程

## 二、作为行李的危险品运输流程

作为旅客和机组行李的危险品航空运输，其出港、进港流程如图 2-3、图 2-4 所示。

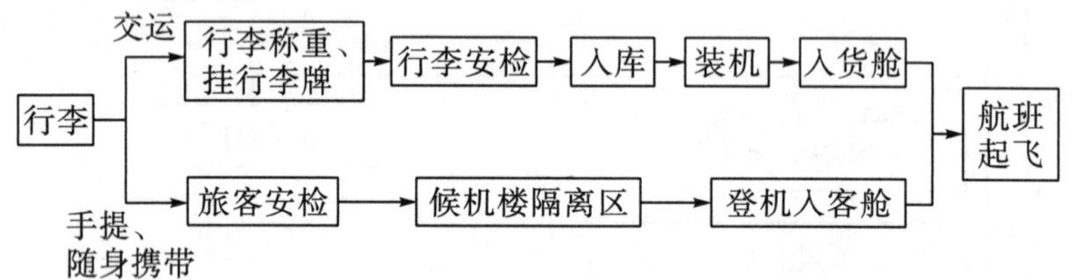


图 2-3　作为行李的危险品出港流程

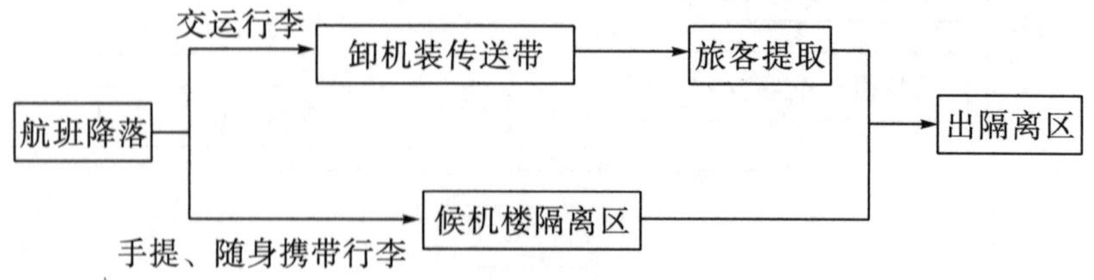


图 2-4　作为行李的危险品进港流程

# 任务三　危险品航空运输各方的责任

**【任务详解】**

## 一、托运人的责任

托运人托运危险品，应严格遵守《危险品的安全航空运输》(ICAO)、《危险品安全航空运输技术细则》(ICAO)、《危险品规则》(IATA)、《中国民用航空危险品运输管理规定》及有关国家适用的法律、规定、命令或要求。

托运人在危险品运输中担负着较为重大的责任，主要有六个方面。

（1）托运人托运危险品应当遵守货物始发站、过境地和目的地国家的有关法律法规。

（2）托运人应当保证所交运的危险品是属于航空允许运输的。

（3）托运人必须提供能明确履行空运危险品职责的信息资料。

（4）托运人必须将托运的物质或物品进行准确的分类、识别、包装、标记和标签。

（5）托运人应当如实填写危险品运输文件，并签字确认。

（6）托运人必须保证办理托运手续和签署危险品航空运输文件的所有相关人员都接受过危险品知识的培训。

## 二、运营人的责任

运营人在从事危险品运输过程中，必须做好收运、存储、装载、检查、提供资料、采取应急措施、保留记录和培训等各环节工作，各项工作应严格按照规定准备，并且必须使用货运单。运营人除接收外，还有其他七项责任。

（1）存储。

（2）装载。

（3）检查危险品的包装件、合成包装件和放射性物质专用箱，确认在装机前无泄漏和破损现象。保证危险品不得装载在驾驶舱或有旅客乘坐的航空器客舱内。

（4）制定包括紧急反应信息在内的信息规定。

（5）记录危险品事故和事件。

（6）保留记录。

（7）组织培训。

## 任务四 危险品运输培训要求

**【任务详解】**

危险品所具有的危险性使其在航空运输、存储等过程中，稍有不慎就会导致严重事故，给人身和财产安全造成极大危害，因此对从事危险品运输的相关人员进行安全培训必不可少。受训人员类别见表 2−1。

**表 2−1 危险品运输受训人员类别**

| 类别 | 人员名称 | 类别 | 人员名称 |
|---|---|---|---|
| 1 | 托运人和承担托运人责任的人员 | 7 | 运营人及其地面服务代理机构收运货物、邮件或供应品（非危险品）的人员 |
| 2 | 包装人员 | 8 | 运营人及其地面服务代理机构从事货物、邮件或供应品的操作、存储和转载工作的人员 |
| 3 | 从事危险品收运工作的货运代理人员 | 9 | 旅客服务人员 |
| 4 | 从事货物、邮件或供应品（非危险品）收运工作的货运代理人员 | 10 | 飞行机组成员、平衡配载和舱位控制人员、签派员 |
| 5 | 从事货物、邮件或供应品操作、存储和转载工作的货运代理人员 | 11 | 飞行机组以外的机组成员 |
| 6 | 运营人及其地面服务代理机构收运危险品的人员 | 12 | 安全检查人员 |

由于危险品的特殊性质，在运输组织和管理过程中对有关人员提出了较高专业性要求，他们除了应具有一定的航空货运知识、管理及操作知识外，还应具有有关危险品运输方面的专业知识。为此，ICAO 和 IATA 规定对从事危险品运输的不同岗位人员必须进行相应的培训，并提出对培训课程的最低要求，如表 2−2 所示。

表 2-2　危险品运输培训课程要求

| 关于危险品航空运输至少应当熟悉的方面 | 托运人和包装人 | | 货运代理人 | | | 运营人和地面服务代理机构 | | | | | | 安检人员 |
|---|---|---|---|---|---|---|---|---|---|---|---|---|
| | 1 | 2 | 3 | 4 | 5 | 6 | 7 | 8 | 9 | 10 | 11 | 12 |
| 一般原则 | × | × | × | × | × | × | × | × | × | × | × | × |
| 限制条件 | × | | × | × | | × | × | | × | × | × | × |
| 托运人的一般要求 | × | | × | | | × | × | | × | × | × | × |
| 危险品的分类 | × | × | × | | | × | | | | | | |
| 《危险品品名表》 | × | × | × | | | × | | | | × | | |
| 一般包装要求 | × | × | × | | | × | | | | | | |
| 包装细则 | × | × | × | | | × | | | | | | |
| 标签与标记 | × | × | × | × | × | × | × | × | × | × | × | × |
| 危险品运输文件及其他相关文件 | × | | × | × | | × | × | | | | | |
| 收运程序 | | | | | | × | | | | | | |
| 未申报危险品的识别 | × | × | × | × | × | × | × | × | × | × | × | × |
| 储存与装载程序 | | | | | × | × | | × | | × | | |
| 机长通知单 | | | | | | × | | × | | × | | |
| 对旅客与机组成员的规定 | × | × | × | × | × | × | × | × | × | × | × | × |
| 紧急情况处理程序 | × | × | × | × | × | × | × | × | × | × | × | × |

注："×"表示该内容应该掌握

# 模块三　危险品的分类

**【本模块要点】**

1. 危险品的类别与项别。
2. 多重危险性危险品的分类方法。

## 项目一　危险品的类别与项别

### 任务一　危险品的类别

**【任务详解】**

任务一主要介绍危险品的分类。并不是所有危险品都具有相同的危险性，国际上统一将危险品分成 9 个不同的"CLASS（类）"来区别不同的危险类型，由于第 1、2、4、5 和 6 类危险品因其各自包括的危险性范围较宽，而进一步细分为若干"DIVISION（项）"来说明其特定的危险性。许多危险品不止具有一种主要危险性，还具有一种或几种以上次要危险性。

#### 一、分类概述

第 1 类：爆炸品（Explosives）

1.1 项：具有整体爆炸危险性的物品和物质

1.2 项：具有抛射危险性而无整体爆炸危险性的物品和物质

1.3 项：具有起火危险性、较小的爆炸和（或）较小的抛射危险性而无整体爆炸危险性的物品和物质

1.4 项：在运输中被引燃或引发时无显著危险性（仅有轻微危险性）的物品和物质

1.5 项：具有整体爆炸危险性而敏感度极低的物质

1.6 项：无整体爆炸危险性且敏感度极低的物品

第 2 类：气体（Gases）

2.1 项：易燃气体

2.2 项：非易燃无毒气体

2.3 项：毒性气体

第 3 类：易燃液体（Flammable Liquids）

第 4 类：易燃固体、自燃物质、遇水释放易燃气体的物质（Flammable Solids; Substances Liable to Spontaneous Combustion; Substances Which in Contact with Water Emit Flammable Gases）

4.1 项：易燃固体

4.2 项：自燃物质

4.3 项：遇水释放易燃气体的物质

第 5 类：氧化性物质和有机过氧化物（Oxidizing Substances and Organic Peroxide）

5.1 项：氧化性物质

5.2 项：有机过氧化物

第 6 类：毒性物质和感染性物质（Toxic and Infectious Substances）

6.1 项：毒性物质

6.2 项：感染性物质

第 7 类：放射性物质（Radioactive Material）

7.1 项：Ⅰ级白色

7.2 项：Ⅱ级黄色

7.3 项：Ⅲ级黄色

第 8 类：腐蚀性物质（Corrosives）

第 9 类：杂项危险品（Miscellaneous Dangerous Goods）

其中，第 1、2、3、4、5、6 类因其包括的范围较广又被细分为多个项别。

九大类危险品类及其项别的编号顺序仅为了使用方便，与危险性大小没有任何关联，即第 1 类危险品并不比第 2、3 类危险品更危险。对每一类或其项别的危险品都有明确的标准来确定其危险性属性。这些标准在技术上都很详尽。

九类危险品的细分的类项名称以及对应的货运 IMP 代码(Interchange Message Procedures，简称 IMP)，详见表 3-1。

**表 3-1　危险品的类项划分及货运 IMP 代码**

<table>
<tr><th>类别</th><th colspan="2">项别</th><th>货运 IMP 代码</th></tr>
<tr><td>第 1 类：爆炸品</td><td>1.1 具有整体爆炸危险性的物品和物质<br>1.2 具有抛射危险性但无整体爆炸危险性的物质和物品<br>1.3 具有起火危险性、较小的爆炸和（或）较小的抛射危险性而无整体爆炸危险性的物品和物质<br>1.4 在运输中被引燃或引发时无显著危险性（仅有轻微危险性）的物品和物质<br>1.5 具有整体爆炸危险性而敏感度极低的物质<br>1.6 无整体爆炸危险性且敏感度极低的物品</td><td>A 至 S，共 13 个配装组</td><td>REX<br>RXB<br>RXC<br>RXD<br>RXE<br>RXG<br>RXS</td></tr>
<tr><td>第 2 类：气体</td><td colspan="2">2.1 易燃气体<br>2.2 非易燃无毒气体<br>2.3 毒性气体</td><td>RFG<br>RNG<br>RPG</td></tr>
<tr><td>第 3 类：易燃液体</td><td colspan="2"></td><td>RFL</td></tr>
<tr><td>第 4 类：易燃固体、自燃物质、遇水释放易燃气体的物质</td><td colspan="2">4.1 易燃固体<br>4.2 自燃物质<br>4.3 遇水释放易燃气体的物质</td><td>RFS<br>RSC<br>RSW</td></tr>
<tr><td>第 5 类：氧化性物质和有机过氧化物</td><td colspan="2">5.1 氧化性物质<br>5.2 有机过氧化物</td><td>ROX<br>ROP</td></tr>
</table>

续表3－1

| 类别 | 项别 | 货运 IMP 代码 |
| --- | --- | --- |
| 第 6 类：毒性物质和感染性物质 | 6.1 毒性物质<br>6.2 感染性物质 | RPB<br>RIS |
| 第 7 类：放射性物质 | 7.1 Ⅰ级白色<br>7.2 Ⅱ级黄色<br>7.3 Ⅲ级黄色 | RRW<br>RRY<br>RRY |
| 第 8 类：腐蚀性物质 |  | RCM |
| 第 9 类：杂项危险品 |  | RMD<br>MAG<br>ICE<br>RSB |

## 二、包装等级

“包装等级”的概念包括两种含义：一是针对包装性能，表示包装性能的强弱；二是针对危险货物危险性的大小。

第 3 类、第 4 类、第 8 类、第 5.1 项、第 6.1 项危险货物的危险程度，使用“包装等级”来衡量。根据它们所具有的危险程度，这些危险货物被分为三个等级：

Ⅰ级包装——具有较大危险性的货物；

Ⅱ级包装——具有中等危险性的货物；

Ⅲ级包装——具有较小危险性的货物。

第 9 类的某些物质和 5.1 项中液体物质的“包装等级”不是根据任何技术标准而是根据经验划分的，在《危险品品名表》中列出了这些物质及其包装等级。

第 1 类、第 2 类、第 5.2 项、第 6.2 项和第 7 类危险货物的危险程度，不使用“包装等级”来衡量。

## 任务二　危险品的项别（第 1 类：爆炸品）

**【任务详解】**

### 一、爆炸品的定义

（1）爆炸性物质（物质本身不是爆炸品，但能形成气体、蒸汽、粉尘爆炸环境者，不列入第 1 类），不包括那些太危险而无法运输或那些主要危险性符合其他类别的物质。

（2）爆炸性物品，不包括下述装置：其中所含爆炸性物质的数量或特性不会使其在运输过程中偶然或意外被点燃或引发后因迸射、发火、冒烟、发热或巨响而在装置外部产生任何影响。

（3）上述两款未提到的、为产生爆炸或烟火实用效果而制造的物质和物品。

### 二、爆炸品的项别

爆炸品按其危险性程度的不同被划分为如下 6 个项别。

1.1 项，具有整体爆炸危险性的物品和物质。

1.2 项，具有喷射危险性而无整体爆炸危险性的物品和物质。

1.3 项，具有起火危险性、较小的爆炸和（或）较小的抛射危险性而无整体爆炸危险性的物品和物质。本项包括产生大量辐射热的物品和物质，或相继燃烧而爆炸和（或）抛射危险性较小的物质和物品。

1.4 项，在运输中被引燃或引发时无显著危险性（仅有轻微危险性）的物品和物质。其影响基本被限制在包装件之内，不会在较大范围内发生碎片的飞射。外部明火不可能引起包装件内所有内装物品的瞬间爆炸。

1.5 项，具有整体爆炸危险性而敏感度极低的物质。在正常运输条件下，这些物质极不敏感，被火引爆的可能性非常小。在灼烧试验中不发生爆炸是它们的最低标准。

1.6 项，无整体爆炸危险性且敏感度极低的物品。本项只包括极不敏感的爆炸药，经验证，它们被意外引爆或传播爆炸的可能性很小。

注意：1.6 项物品的危险性只限于单一物品的爆炸。

## 三、爆炸品的配装组

第1类爆炸品按其所表现出的危险性类型归入6个项别中的一个，并按其适合的爆炸品和物质类别归入13个装配组中的一个。

不同的爆炸品能否混装在一起运输，取决于其配装组是否相同。属于同一配装组的爆炸品能够在一起运输，属于不同配装组的爆炸品一般不能放在一起运输。爆炸品配装组成的划分见表3−2。

**表3−2　爆炸品配装组成的划分**

| 配装组 | 危险项别 | 物品或物质的分类 |
|---|---|---|
| A | 1.1 | 初级爆炸性物质 |
| B | 1.1，1.2，1.4 | 含有初级爆炸性物质且未安装两个或两个以上有效保险装置的物品。某些物品，例如引爆用雷管、雷管组合件、底火、火帽，虽然不含初级爆炸物质但亦包括在其中 |
| C | 1.1，1.2，1.3，1.4 | 发射药或其他含有这些物质的爆燃性物质或物品 |
| D | 1.1，1.2，1.4，1.5 | 次级爆轰炸药或黑火药，或含次级爆轰炸药的物品，它们均无引发装置和发射药或包括含初级炸药并配置两个或两个以上有效保险装置的物品 |
| E | 1.1，1.2，1.4 | 含有次级爆轰炸药，无引发装置，含发射药（装有易燃液体或凝胶或自燃液体的物品除外） |
| F | 1.1，1.2，1.3，1.4 | 含有次级爆轰炸药，配置自身的引发装置，含发射药（装有易燃液体或凝胶或自燃液体的物品除外）或不含发射药的物品 |
| G | 1.1，1.2，1.3，1.4 | 烟火药或烟火物品，或装有炸药和照明剂、燃烧剂、催泪剂或烟雾剂的制品（遇水活化制品或含白磷、磷化物、自燃物质、易燃液体或凝胶或自燃液体的物品除外） |
| H | 1.2，1.3 | 同时含炸药和白磷的物品 |
| J | 1.1，1.2，1.3 | 同时含炸药和易燃液体或凝胶的物品 |
| K | 1.2，1.3 | 同时含炸药和化学毒剂的物品 |
| L | 1.1，1.2，1.3 | 同时含炸药和具有特殊危险性（如遇水活化，或含自燃液体、磷化物或自燃物质）而需要各型号间隔离的爆炸性物质或物品 |
| N | 1.6 | 只含极不敏感的爆轰炸药的物品 |

续表3－2

| 配装组 | 危险项别 | 物品或物质的分类 |
| --- | --- | --- |
| S | 1.4 | 包装与设计具备如下条件的物质或物品，或该物品在发生事故时只要包装件未被烧坏就可以把任何危险都限制在包装件内。其爆炸和抛射的影响范围很小，不会严重妨碍在附近采取消防或其他应急措施 |

注：D、E配装组的物品可以与其起爆装置安装或包装在一起，前提是其起爆装置有至少两种有效保险。此类物品和包装件必须划为D或者E配装组。

D、E配装组的物品可以与不具有两种有效保险的起爆装置包装在一起。起爆装置的意外起爆不会引起物品的爆炸，前提是经始发国有关当局的批准。此类包装件必须划为D或者E配装组。

爆炸品危险性项别与配装组的组合见表3－3。

**表3－3　爆炸品危险性项别与配装组的组合**

| | 配装组 | | | | | | | | | | | | | |
| --- | --- | --- | --- | --- | --- | --- | --- | --- | --- | --- | --- | --- | --- | --- |
| 危险性 | A | B | C | D | E | F | G | H | J | K | L | N | S | A－S∑ |
| 1.1 | 1.1A | 1.1B | 1.1C | 1.1D | 1.1E | 1.1F | 1.1G | | 1.1J | | 1.1L | | | 9 |
| 1.2 | | 1.2B | | | | | | | | | | | | 10 |
| 1.3 | | | 1.3C | | | | | | | | | | | 7 |
| 1.4 | | 1.4B | 1.4C | 1.4D | 1.4E | 1.4F | 1.4G | | | | | | 1.4S | 7 |
| 1.5 | | | | 1.5D | | | | | | | | | | 1 |
| 1.6 | | | | | | | | | | | | 1.6N | | 1 |
| 1.1－1.6∑ | 1 | 3 | 4 | 4 | 3 | 4 | 4 | 2 | 3 | 2 | 3 | 1 | 1 | 35 |

## 四、运输限制

绝大多数的爆炸品，例如1.1项、1.2项、1.3项（仅有少数例外）、1.4F项、1.5项和1.6项的爆炸品，通常禁止航空运输。

仅有1.4S爆炸品可以在客机上运输，如表3－4所示。

表 3-4 爆炸品的客货机装载

| 客机 | 1.4S |
| --- | --- |
| 全货机 | 1.3 项配装组 C、G<br>L4 项配装组 B、C、D、E、G、S |

## 五、常见的爆炸品

1. 梯恩梯炸药（TNT）（1.1D）

TNT 学名三硝基甲苯，是目前应用较多的一种烈性炸药，为黄色的片状晶体，粗制品为褐色，故又叫茶褐炸药，味苦，几乎不溶于水，故不易吸潮。

TNT 在空气中较稳定，放置较长时间不起变化，但见日光易分解，不与金属作用，但与酸、碱都能生成不稳定的、敏感度更高的爆炸。TNT 对撞击、摩擦及热量的敏感度相对要低些，虽接触火焰可以燃烧，但只要不是大量 TNT 同时燃烧，是不会导致爆炸的。TNT 对爆炸能的敏感度却较高，起爆药很小的爆炸能就能引起它的殉爆。通常 TNT 在地面运输中比较安全。TNT 广泛用于装填各种炮弹、炸弹、火箭弹、地雷、水雷、鱼雷、手雷及爆破器材。

TNT 具有毒性，能通过呼吸器官、消化器官及皮肤侵入人体，引起脾脏中毒，发生贫血，皮肤接触后易得皮炎。

2. 黑索金炸药（RDX）（1.1D）

黑索金是一种强烈的烈性炸药，也称为 RDX 和六素精，极易分解，但混以蜂蜡（作为脱敏剂），即使遇到高温也很稳定。黑索金可溶于熔融的 TNT 中，组成更为强烈的炸药。黑索金的爆炸能量高于其他单质烈性炸药，化学安定性良好，对一般的震动和摩擦敏感度较小，是当前最重要的高威力炸药之一。用于制造雷管、传爆药柱及导爆索，黑索金组成的混合炸药大量用于装填炮弹、导弹、鱼雷、水雷等，也用作火药的高能组分。

3. 苦味酸

苦味酸的学名 2，4，6－三硝基苯酚，俗称黄色炸药；呈淡黄色晶体或粉末，味酸苦，有毒；熔点122℃，不易吸湿，难溶于冷水，较易溶于热水、苯、硝酸和硫酸，溶于乙醇、氯仿、乙醚，有强爆炸性，是军事上最早使用的一种猛炸药。苦味酸的化学性质活泼，易与多种重金属反应生成机械感度较高的苦味酸盐。它能与有机碱生成难溶的晶体盐类，常用于有机碱的离析和提纯。苦味酸又是一种酸性染料，也可用于制造其他染料和照相药品。

苦味酸属于爆炸品，当含水量大于10%时，则属于易燃固体。其金属盐（如苦味酸钠、苦味酸铵等）也属爆炸品，但当其含水量大于一定值后，则属于易燃固体。

4. 电雷管

利用电能激发而爆炸的雷管叫电雷管。电雷管广泛用于国防建设和民用工业。电雷管可认为是由电发火件与火雷管结合而成的。电发火件通常由脚线（电极）、电桥丝、发火药和绝缘塞组成。这种结构常称电点火头。为满足某种特殊需要，能量大小不同的电能不仅可转换为热能，也可转换成火花、冲击波、高速撞击的冲击片等多种形式的激发能，这种结构也称电发火件（装置）。按电发火件（装置）的结构特点可将电雷管分为灼热桥丝式电雷管、灼热金膜电雷管、火花式电雷管、导电药式电雷管、屏蔽式导电药雷管、碳膜式电雷管、火－电两用雷管、针刺－电两用雷管等。随着科学技术的发展，为满足高安全性、高可靠性、高瞬发和高同步的需求，爆炸桥丝（或膜）式电雷管，半导体桥电管，微电子雷管，三防（防静电、防射频、防杂散电流）电雷管，冲击片雷管和片雷管等相继研制成功。

5. 导火索

导火索是利用黑火药、延期药等药剂，用于传递燃烧火焰，达到延期点火的目的的索类火工品。按用途不同分为军用导火索和民用导火索。军用导火索中包括手弹导火索及金属管延期索。典型金属管延期索的燃烧时间精度要求高、可靠性高。民用导火索包括普通导火索、石炭导火索、塑料导火索、秒延期导火索、速燃导火素和缓燃导火等，它由药芯、芯线、包缠层及防潮层构成。导火索可用香火、点火索、点火器具、拉火管或其他明火点燃，可在兵器、航天器、导弹战斗部及引信、手榴弹中作延时传火组件，也可在无爆炸性气体和可燃性粉尘情况下引爆火焰雷管。

6. 烟花爆竹

烟花爆竹统称为花炮，是我国传统的工艺品，历史悠久，品种繁多。有欢庆节日的大型商业礼花，有应用于航海、渔业的求救信号弹，有体育、军事训练用的发令纸炮、纸壳手榴弹，还有农业、气象用的土火箭等。

烟花爆竹大都是以氧化剂（如氯酸钾、硝酸钾、硝酸钡等）与可燃物质（如木炭、硫黄、赤磷、镁粉、铝粉等），再加以着火剂（如钠盐、锶盐、钡盐、铜盐等）和黏合剂（如酚醛树脂、虫胶、松香、糨糊等）为主体的物质，按不同用途，装填于泥、纸、绸质的壳体内。其组成成分虽然与爆炸品相同，而且还有氧化剂成分，应该是很敏感很危险的，但大部分烟花爆竹类产品用药量很少，这就决定了它具有较好的安全性。但如对其包装不妥或对其爆炸危险性认识不足，同样也会造成爆炸事故。逢年过节，由于旅客的行李中夹带烟花爆竹而酿成的事故屡见不鲜。因此，各种运输方式都绝对禁止旅客夹带烟花爆竹。

## 任务三　危险品的项别（第 2 类：气体）

**【任务详解】**

### 一、定义

气体是指在 50℃下，蒸汽压高于 300kpa，或在 20℃标准大气压为 101.3kPa 下，完全处于气态的物质。

第 2 类气体的运输状态包括：压缩气体、液化气体、溶解气体、吸附气体、冷冻液化气体、一种或几种气体与一种或多种其他类别物质的蒸汽的混合物、充有气体的物品和气溶胶。

压缩气体是指在－50℃包装在高压容器内运输时，完全呈现气态的气体（在溶液中者除外）。

液化气体是指在－50℃在运输包装内，部分呈现液态的气体。

溶解气体是指在运输包装内溶解于某种溶剂的压缩气体。

吸附气体是指在运输时吸附在多孔固体材料中，使其内压在 20℃时不低于 101.3kPa，并且在 50℃下不高于 300kPa 的气体。

冷冻液化气体是指由于自身温度极低而在运输包装内，部分呈现液态气体。

气溶胶是指悬浮在气体介质中的固态或液态微小颗粒所组成的气体分散体系。这些固态或液态颗粒的密度与气体介质的密度可以相差微小，也可以差别很悬殊。

## 二、项别

根据气体在运输中的主要危险性，第 2 类危险品可分为易燃气体、非易燃无毒气体、毒性气体三项。

1. 易燃气体（Flammable Gas）（2.1 项）

易燃气体是指在 20℃标准大气压为 101.3kPa 下与空气混合，含量不超过 13%时可燃烧，或与空气混合，燃烧的上限与下限之差不小于 12%（无论下限是多少）的气体。

常见易燃气体有氢气和甲烷等。

①氢气是最轻的气体，无色、无味、无嗅，高度易燃，极难溶于水。氢气燃烧可导致较高的温度，在纯氧中燃烧，火焰温度可达到 2500℃～3000℃，可作焊接用。液氢可作火箭和航天飞机的燃料。氢气与氧气或氢气与空气的混合气体遇明火可能会发生强烈的爆炸。氢气瓶漏气后遇明火或高温会爆炸，所以氢气不能与任何氧化剂，尤其是氧气、氯气等混储、混运。

②甲烷是最简单的有机物，是天然气、沼气、油田气及煤矿坑道气的主要成分，俗称瓦斯。甲烷也是含碳量最小（含氢量最大）的烃。它可用来作为燃料及制造氢气、炭黑、一氧化碳、乙炔、氢氰酸及甲醛等物质的原料。

2. 非易燃无毒气体（Non-Flammable/Non-Toxic Gas）（2.2 项）

非易燃无毒气体是指在 20℃下，压力不低于 280kPa 运输的气体、冷冻液化气体以及具有窒息性（通常会稀释或取代空气中的氧气）或氧化性（一般通过提供氧气可比空气更能引起或促进其他材料燃烧）的气体。

常见的非易燃无毒气体有氧气和二氧化碳等。

①氧气是无色、无味、无嗅、微溶于水、比重大于1的气体。氧气具有较强的氧化性，几乎能与所有的元素化合。在空气中能发生氧化反应的物质，在纯氧中反应加剧。如油脂在氧气中发生的氧化反应要比在空气中剧烈得多。当高压氧气喷射在油脂上就会引起燃烧或爆炸。因此，氧气瓶在储运时，不得与油脂配装，不得用油布覆盖；储运地不得有残留的油脂；储运工具不得使用油脂润滑；操作人员不得穿戴沾有油污的工作服和手套。

②二氧化碳（Carbon Dioxide），一种碳氧化合物，化学式为 $CO_2$，分子量为44.01，常温常压下是一种无色、无味、无嗅的气体，也是一种常见的温室气体，还是空气的组分之一（占大气总体积的0.03%～0.04%）。

3. 毒性气体（Toxic Gas）（2.3项）

毒性气体是指已知其毒性或腐蚀性可危害人体健康的气体。根据试验，$LC_{50}$的数值小于或等于5000mL/$m^3$（$10^{-6}$），其毒性或腐蚀性可能危害人类。

常见的毒性气体包括氯气、硫化氢气体、一氧化碳气体、氯化氢气体等。

①氯气是一种黄绿色的剧毒气体，有强烈的刺激性气味。人体吸入含氯气超过0.1g/L～0.5g/L的空气，会发生咽喉、鼻、支气管痉挛、眼睛失明，并导致肺炎、肺气肿、肺出血而死亡；人体吸入含氯气超过2.5g/L的空气，会立即窒息而死。氯气溶于水，常温下1体积水可溶解2.5体积氯气，故氯气泄漏时，可大量浇水，或迅速将其推入水池，或用潮湿的毛巾捂住口鼻，以减轻危害。

②硫化氢是具有刺激性和窒息性的无色气体，有剧毒，低浓度时有臭鸡蛋气味，但极高浓度很快引起嗅觉疲劳而不觉其味。硫化氢低浓度接触仅有呼吸道及眼的局部刺激作用，高浓度时全身作用较明显，表现为中枢神经系统症状和窒息症状。

注意：当气体的危险性涉及一项以上时，其主要危险性的确定方法如下：2.3项对2.1项和2.2项来说，为主要危险性。2.1项对2.2项来说，为主要危险性。即主要危险性确定的顺序为：2.3 项→2.1 项→2.2 项。

4. 气溶胶（Aerosols）

气溶胶是第 2 类危险品中的一种。它是指装有压缩气体、液化气体或加压溶解气体的一次性使用的金属、玻璃或塑料制成的带有严密闸阀的容器，当闸阀开启时，可以喷出悬浮着固体或液体小颗粒的气体，或喷出泡沫、糊状物、粉末、液体或气体。日常生活中常见的气溶胶包括罐装杀虫剂、喷发胶、摩丝等。

对于气溶胶，第 2 类的项别和次要危险性取决于气溶胶喷雾器中内装物的性质。其中，含有 2.3 项气体的气溶胶禁止运输。内装物的毒性或腐蚀性达到包装等级Ⅰ级的气溶胶禁止运输。内装物含有Ⅱ级毒性或腐蚀性的气溶胶禁止运输，除非得到豁免。

## 三、气体列表

气体的项别列表见表 3-5。

**表 3-5　气体的项别**

| 标签 | 名称/分类/IMP 代码 | 描述 | 注解或举例 |
| --- | --- | --- | --- |
| 易燃气体 2 | Flammable Gas（易燃气体）/2.1 项/RFG | 任何压缩气体，当与空气中的氧气以一定的比例混合后，能形成易燃性混合气体 | 丁烷、氢、丙烷、乙炔、打火机 |
| NON-FLAMMABLE GAS 2 | Non-Flammable Non-Toxic Gas（非易燃无毒气体）/2.2 项/RNG | 所有既不属于 2.1 项又不属于 2.3 项的压缩气体 | 二氧化碳，灭火器，低温液化气体，如液氮或液氦 |
| 有毒气体 2 | Toxic Gas（毒性气体）/2.3/RPG | 对人体有毒害和腐蚀作用的气体和已知对人体健康有威胁的气体 | 大多数毒性气体是禁止空运的，只有个别例外，如低毒的气溶胶、催泪装置 |

# 任务四 危险品的项别（第3类：易燃液体）

【任务详解】

## 一、易燃液体的定义

第3类包括易燃液体、液体混合物或含有固体物质的液体，但不包括其危险特性已列入其他类别的液体。

在闭杯闪点实验中温度不超过60℃。所谓闪点，即在规定条件下，可燃性液体加热到它的蒸汽和空气组成的混合气体与火焰接触时能产生闪燃的最低温度。闪点是表示易燃液体燃爆危险性的一个重要指标，闪点越低，燃爆危险性越大。易燃液体是在常温下极易着火燃烧的液态物质，如汽油、乙醇、苯等。这类物质大都是有机化合物，其中很多属于石油化工产品。

托运液体的温度达到或超过其闪点的，该种液体被认为是易燃液体。以液态形式在高温中运输或托运的，并且在低于或达到运输的极限温度（即该物质在运输中可能遇到的最高温度）时，放出易燃蒸汽的物质也被认为是易燃液体。

减敏的液态爆炸品是指溶解或悬浮在水中或其他液体物质中，形成一种均匀的液体混合物，以抑制其爆炸性的爆炸性物质。如国际航空运输协会《危险品规则》4.2表中的减敏的液态爆炸品条目：UN1204、UN2059、UN3064、UN3343、UN3357、UN3379。

## 二、包装等级的标准

根据危险品的危险性程度不同将危险品分为三个包装等级：Ⅰ级——危险性较大，Ⅱ级——危险性中等，Ⅲ级——危险性较小。

易燃液体的包装等级是按照其闪点和沸点来划分的，具体划分的标准见表3-6。

**表 3-6 易燃液体包装等级划分**

| 包装等级 | 闪点（闭杯） | 初始沸点 |
|---|---|---|
| Ⅰ | — | 低于或等于 35℃ |
| Ⅱ | 低于 23℃ | 高于 35℃ |
| Ⅲ | 高于或等于 23℃，但是低于或等于 60℃ | |

## 三、易燃液体的危险性标签

易燃液体的危险性标签见表 3-7。

**表 3-7 易燃液体的危险性标签**

| 危险性标签 | 名称/IMP 代码 | 描述 | 注解或举例 |
|---|---|---|---|
| | Flammable Liquid（易燃液体）/RFL | 在闭杯闪点试验中温度不超过 60℃，或者在开杯闪点试验中温度不超过 60℃时，放出易燃蒸汽的液体、液体混合物、固体的溶液或者悬浊液 | 油漆、带有易燃溶剂的香料产品、汽油 |

## 四、常见易燃液体

1. 乙醇

纯净乙醇是一种无色透明易挥发的液体，闪点为 13℃，沸点 79℃，相对密度 0.79（20℃）。乙醇无限溶于水，并能溶于乙醚等。乙醇在水中的含量不同，其参数也随之变化，如 30%的酒精水溶液，闪点为 35.5℃；50%～60%的酒精水溶液，闪点为 22.5℃～25.5℃。

工业酒精往往在酒精中加入毒性或带异味的物质，如甲醇、吡啶甚至航空煤油等变性剂。由于不同用途的乙醇溶液中乙醇含量不同，在运输时，应加以区别对待。国际民航组织（ICAO）和国际航空运输协会（IATA）关于乙醇溶液的规定是：在货物运输时，体积百分含量小于或等于 24%的乙醇溶液属于普通货物；体积百分含量大于 24%的乙醇溶液属于空运危险品。在旅客运输时，旅客或机组行李中的酒精饮料含乙醇在 24%～70%之间，可携带总数量不超过 5L。中国民用航空局限 2 瓶，总重量不超过 1kg。（我国对于酒精饮料的规定变动较大，请参考最新规定。）

（1）旅客自行购买的酒精饮料：体积百分比小于 70%（含），不可随身携带，必须办理托运。每人每次不得超过 2 瓶（1kg/2 瓶）。

（2）安检后在机场候机楼内购买的酒精饮料：①体积百分比含量小于或等于 24%，不受限制；②体积百分比大于 24%，小于 70%（含），每人携带（带上飞机）净重不超过 5L；③体积百分比大于 70%，禁止带入客舱。（注：酒精百分比含量就是酒精度。）

2. 汽油

汽油是轻质石油产品中的一大类，其主要成分为分子中含碳原子 7～12 个的烃类混合物，是一种无色至淡黄色的易流动的油状液体，闪点低（−45℃），挥发性极强，不溶于水，比水轻。作为溶剂的汽油，没有添加其他物质，故毒性较小；作为燃料的汽油，因加入四乙基铅等抗爆剂而大大增加了毒性。

3. 苯

在常温下为一种无色、有甜味的透明液体，并具有强烈的芳香气味。苯可燃，毒性较高，是一种致癌物质，可通过皮肤和呼吸道进入人体，在体内极难降解。苯是一种碳氢化合物，也是最简单的芳烃。它难溶于水，易溶于有机溶剂，本身也可作为有机溶剂。苯是一种石油化工基本原料。

4. 松节油

松节油为无色至淡黄色有松香气味的有机溶剂，大量用于油漆工业作为稀释剂；不溶于水；闪点为 35℃，受热、遇明火、强氧化剂有燃烧危险；有轻度刺激性；纯化的松节油是扭伤、碰伤等外部擦拭剂的主要成分。

《危险品规则》易燃液体运输规则举例见表 3−8。

表 3-8 《危险品规则》易燃液体运输规则举例

| UN/ID编号 | 运输专用名称 | 类别或项别(次要危险) | 危险性标签 | 包装等级 | 例外 | 客机和货机 | | | | 仅限货机 | | 特殊规定 | 应急代码 |
|---|---|---|---|---|---|---|---|---|---|---|---|---|---|
| | | | | | | 限量 | | 包装说明 | 每个包装件最大净重 | 包装说明 | 每个包装件最大净重 | | |
| | | | | | | 包装说明 | 每个包装件最大净重 | | | | | | |
| A | B | C | D | E | F | G | H | I | J | K | L | M | N |
| 1203 | Motorspi-rit 车用汽油 | 3 | Non-Flammable Liquid | Ⅱ | E2 | Y305 | 1L | 305 | 5L | 307 | 60L | A100 | 3H |
| 1278 | 1-Chloro-propane 1-氯丙烷 | 3 | Flammable Liquid | Ⅱ | E0 | — | — | Forbidden | 60L | 308 | 60L | A1 | 3H |
| 2850 | Propylene-Tatramer 四聚丙烯 | 3 | Flammable Liquid | Ⅲ | E1 | Y309 | 10L | 309 | 60L | 310 | 220L | — | 3L |

## 任务五　危险品的项别（第 4 类：易燃固体、自燃物质、遇水释放易燃气体的物质）

**【任务详解】**

第 4 类危险品分为下列 3 项：

①4.1 项：易燃固体（Flammable Solids）；

②4.2 项：自燃物质（Substances Liable to Spontaneous Combustion）；

③4.3 项：遇水释放易燃气体的物质（Substances Which，in Contact with Water，Emit Flammable Gases）。

### 一、燃烧的基础知识

1. 燃烧的定义

燃烧是一种发光、发热的剧烈的氧化反应。

可燃物质的燃烧一般不是物质本身直接在燃烧，而是物质受热分解出的气体或液体蒸汽在空气中燃烧，也有的物质不能成为气态燃烧，如焦炭燃烧呈灼热状态，而不显现通常燃烧的火焰。因此，气体物质的燃烧比固体和液体要容易得多。因为气体物质燃烧不需要像固体、液体那样经过熔化、分解和蒸发等准备过程，在常温下就准备好了燃烧的条件，气体燃烧所需要的热量仅用于氧化、分解气体和将气体加热到燃点。

一般把固体的燃烧称为分解燃烧，把液体的燃烧称为蒸发燃烧，把气体的燃烧称为扩散燃烧。

2. 燃烧的速度

可燃物质的化学组成和物理状态各不相同，燃烧过程和速度也不相同。同一可燃固体物质的燃速，取决于燃烧物与空气的接触面积，接触面越大，供氧越充分，燃速越快；不同物质的燃速取决于物质的组成成分，物质中含碳、氢、硫、磷等可燃元素越多，燃速越快；燃烧速度还与物质的还原性有关，还原性越强，燃烧越快，反之则慢。

3. 燃烧的条件

物质的燃烧必须具备下面 3 个条件。

（1）可燃物：可以燃烧的物质。

（2）助燃剂：凡是帮助和支持燃烧的物质都叫助燃剂。主要是氧，还包括空气、氯以及氯酸钾、高锰酸钾、过氧化钠等列入第 5 类危险货物的物质。

（3）热量：燃烧是放热反应，只要有最初的热量触发燃烧，可燃物质燃烧时生成的热量就可以使燃烧持续下去。可燃物遇火源开始持续燃烧所需要的最低温度叫燃点或着火点。

以上 3 个条件必须同时具备，相互结合相互作用，燃烧才能发生。

## 二、易燃固体（4.1 项）

4.1 项易燃固体是指在运输过程中容易燃烧或摩擦容易起火的固体，容易进行强烈的放热反应的自身反应及其相关物质，以及不充分降低含量可能爆炸的减敏爆炸品。

4.1 项包括以下类型物质：易燃固体，自身反应物质，固态减敏爆炸品。

1. 易燃固体

易燃固体是指易于燃烧的固体和摩擦可能起火的固体。易于燃烧的固体为粉状、颗粒状或糊状物质，这些物质如与燃烧着的火柴等火源短暂接触极易起火，并且火焰会迅速蔓延，十分危险。危险不仅来自火，还可能来自毒性燃烧产物。金属粉末特别危险，一旦着火就难以扑灭，因为常用的灭火剂如二氧化碳或水只能增加其危险性。

易燃固体的分类及包装等级的划分，必须依据有关规则中的试验方法和标准，以及联合国关于危险品运输的建议措施《试验和标准手册》第Ⅲ部分的规定进行试验，并根据试验结果确定相应的包装等级。

常见易燃固体有红磷、硫黄、萘等。

（1）红磷：又叫赤磷，为紫红色粉末，无毒、无嗅，不溶于水和有机溶剂，略溶于无水酒精。红磷摩擦极易燃烧，但不自燃；在空气中与氧能发生缓慢氧化，氧化产物易潮解；与大多数氧化剂如氯酸盐、硝酸盐、高氯酸盐等接触都会形成十分敏感的爆炸性混合物而立即爆炸。

（2）硫黄：又叫硫。纯硫在室温下为无嗅的淡黄色晶体，质脆，很容易被研成粉末，不溶于水；当将其加热到 110℃～119℃时，会熔化为易流动的黄色液体，温度再升高时变为暗棕色的黏稠物；当温度升到 300℃时又恢复为易流动的液体；当温度升到 444.4℃时沸腾，生成橙黄色的硫蒸气。硫蒸气被急剧冷却时就得到硫的粉末。硫的粉末与空气混合能产生粉尘爆炸；与卤素、金属粉末接触会发生剧烈反应，与氧化剂接触能形成爆炸性混合物；遇明火、高温易发生燃烧，燃烧时散发有毒、有刺激性的气体。

（3）萘：为白色块状结晶。不纯的粗萘呈灰棕色，具有一种类似樟脑的特殊气味，不溶于水，易溶于醚和热的醇中，在高温下可升华；燃烧时光弱，烟多。萘是重要的工业原料，用于制备染料、溶剂等，也可直接用来做防虫剂（即卫生球）。

2. 自身反应物质

4.1 项的自身反应物质的热稳定性较差，即使没有氧（空气）也容易发生强烈的热分解反应。

但是，若其满足下列条件之一，则不再作为4.1项的自身反应物质：

①为符合第1类标准的爆炸品；

②为符合5.1项标准的氧化性物质；

③为符合5.2项标准的有机过氧化物；

④为分解热低于300J/g的物质；

⑤在一个50kg的包装件内，自身加速分解的温度高于75℃的物质。

自身反应物质的分解可因热量与催化性杂质（如酸、重金属化合物、碱）接触摩擦或碰撞而开始，分解速度随温度而增加，且因物质而异。分解，特别是在没有着火的情况下，可能放出毒性气体或蒸气。对某些自身反应物质，温度必须加以控制。有些自身反应物质可能发生爆炸性分解，特别是在封闭的情况下。这一特性可以通过添加稀释剂或使用适当的包装来加以改变。

自身反应物质主要包括下列类型的化合物：

①脂族偶氮化合物；

②有机重氮化合物；

③重氮盐；

④亚硝基化合物；

⑤芳族硫代酰肼。

3. 固态减敏爆炸品

减敏爆炸品是被水或醇浸湿或被其他物质稀释而抑制其爆炸性的物质。

为了保证运输安全，可以使用稀释剂将自身反应物质作减敏处理。使用某种稀释剂时，必须采用与实际运输中含量与状态完全相同的稀释剂进行自身反应物质的试验。

## 三、自燃物质（4.2项）

4.2项自燃物质指在正常运输条件下能自发放热，或接触空气能够放热并随后易于起火的物质。根据其与空气反应的剧烈程度，自燃物质可分为自动燃烧物质（发火物质）和自发放热物质。

1. 自动燃烧物质（发火物质）

自动燃烧物质又叫发火物质，是指在正常运输条件下能自发放热，或接触空气能够放热并随后起火的物质，包括混合物和溶液在内。这些物质即使在数量极少时，如与空气接触，仍可在5分钟内起火，极易自动燃烧。自动燃烧物质的包装等级永远是Ⅰ级。

常见的自动燃烧物质有：黄磷，活性炭，硝化纤维胶片，油浸的麻、棉、纸制品等。

黄磷，又称白磷，为呈白色或淡黄色半透明蜡状固体，不溶于水，自燃点30℃，在空气中暴露一两分钟即会自燃，所以一般情况下都把它浸没在水中保存。黄磷发生火灾时应用雾状水扑救，以防止飞溅，也可用沙土覆盖，并用水浸湿沙土防止复燃。黄磷有剧毒，成人口服60mg可致死。

2. 自发放热物质

在无外部能量供应的情况下，与空气接触可以放热的固体物质，称为自发放热物质。它们只有在数量大（数千克）且时间长（数小时或数天）的情况下才能被点燃。自发放热物质发生自燃现象，是由于与空气中的氧发生反应并且热量不能及时散发的缘故。当放热速度大于散热速度而达到自燃温度时，就会发生自燃。

自发放热物质的包装等级为Ⅱ级、Ⅲ级，但必须依据相关法规中的试验方法和标准，以及联合国关于危险品运输的建议措施《试验和标准手册》第Ⅲ部分的规定进行试验，并根据试验结果确定相应的包装等级。

## 四、遇水释放易燃气体的物质（4.3项）

遇水释放易燃气体的物质是指与水接触放出易燃气体（遇湿危险）的物质。这物质与水反应易自燃或产生足以构成危险数量的易燃气体。

某些物质与水接触可以放出易燃气体，这些气体与空气可以形成爆炸性的混合物。这样的混合物极易被一般的火源引燃，例如迸发火花的手工工具或未加保险装置的灯泡等。燃烧产生的爆炸冲击波和火焰既会危及人的生命又会破坏环境。

4.3项遇水释放易燃气体的物质的分类及包装等级划分，必须依据国际航空运输协会《危险品规则》中的试验方法和标准，以及联合国关于危险品运输的建议措施《试验和标准手册》第Ⅲ部分的规定进行试验，并根据试验结果确定相应的包装等级。

常见的遇水释放易燃气体的物质有碱金属、保险粉和碳化钙等。

（1）碱金属：常见的有锂、钠、钾等，都是银白色的金属（铯略带金色光泽），密度小，熔点和沸点都比较低，标准状况下有很高的反应活性；质地软，可以用刀切开，露出银白色的切面。由于碱金属化学性质都很活泼，一般将它们放在矿物油中或密封在稀有气体中保存，以防止与空气或水发生反应。碱金属都能和水发生激烈的反应，生成强碱性的氢氧化物，相对原子质量越大反应能力越强。

（2）保险粉：连二亚硫酸钠，也称为保险粉，是一种白色砂状结晶或淡黄色粉末化学用品，不溶于乙醇，溶于氢氧化钠溶液，遇水发生强烈反应并燃烧。与水接触能放出大量热的二氧化硫气体和易燃的硫黄蒸气而引起剧烈燃烧，遇氧化剂、少量水或吸收潮湿空气能发热，引起冒黄烟燃烧，甚至爆炸。连二亚硫酸钠有毒，对眼睛、呼吸道黏膜有刺激性。它广泛用作纺织工业、食品加工业等的漂白剂。

（3）碳化钙：俗称电石，是无机化合物，白色晶体，工业品为灰黑色块状物，断面为紫色或灰色，遇水立即发生激烈反应，生成乙炔，并放出热量。碳化钙是重要的基本化工原料，主要用于产生乙炔气，也用于有机合成、氧炔焊接等。电石桶要密封冲氮或设放气孔。

## 五、第 4 类物品举例

第 4 类物品举例见表 3−9。

**表 3−9　第 4 类物品举例**

| 标签 | 名称/项/IMP 代码 | 描述 | 举例 |
| --- | --- | --- | --- |
|  | 易燃固体<br>4.1 项<br>RFS | 任何易燃或摩擦后容易引起燃烧的固体物质 | 火柴、硫黄、乒乓球 |

续表3－9

| 标签 | 名称/项/IMP代码 | 描述 | 举例 |
|---|---|---|---|
|  | 易自燃物质<br>4.2项<br>RSC | 此种物品易于自发放热或与空气接触后升温而起火 | 白磷（黄磷）、二胺镁、椰肉干 |
|  | 遇水释放易燃气体的物质<br>4.3项<br>RFW | 此种物质与水接触会放出可燃气体，自发燃烧 | 碳化钙、金属钠 |

## 任务六　危险品的项别（第5类：氧化性物质和有机过氧化物）

**【任务详解】**

第5类危险品分为两项：5.1项氧化性物质（Oxidizing Substances）；5.2项有机过氧化物（Organic Peroxides）。

### 一、氧化性物质（5.1项）

氧化性物质是自身不一定可燃，但可以放出氧而有助于其他物质燃烧的物质。通常氧化性物质的化学性质活泼，可与其他物质发生危险的化学反应，并产生大量的热量。这些热量可以引起周围可燃物着火。

氧化性物质的分类及包装等级划分，须按照有关规则中的试验方法、程序和标准，以及联合国关于危险品运输的建议书《试验和标准手册》第Ⅲ部分的规定进行试验，并根据试验结果确定相应的包装等级。如果试验结果与经验不符，应以根据经验做出的判断为准。

氧化性物质的危险特性有：化学性质活泼，可与很多物质发生危险的化学反应；不稳定，受热容易分解；吸水性；毒性和腐蚀性。

常见的氧化性物质有过氧化氢、过氧化钠、硝酸钾、氯酸钾和铬酸。

过氧化氢：纯过氧化氢是淡蓝色的黏稠液体，可任意比例与水混合，是一种强氧化剂，水溶液俗称双氧水，为无色透明液体。其水溶液适用于医用伤口消毒、环境消毒和食品消毒。工业上可以用作原料生产酒石酸、维生素等的氧化剂、过氧化氢溶液漂白剂等。高浓度的过氧化氢可用作火箭动力燃料。在一般情况下，过氧化氢会分解成水和氧气，但分解速度极慢。

## 二、有机过氧化物（5.2项）

分子组成中含有二价过氧基的有机物称为有机过氧化物。有机过氧化物遇热不稳定，它可以放热并因而加速自身的分解。此外，它还可能具有易于爆炸分解、速燃、对碰撞和摩擦敏感、与其他物质发生危险的反应、损伤眼睛等一种或多种特性。

注意：在运输中需要控制温度的有机过氧化物，除非特别批准，一律禁止航空运输。

在运输过程中，含有机过氧化物的包装件或集装器必须避免阳光直射、远离各种热源，放置在通风良好的地方，不得将其他货物堆码其上。为了确保运输安全，在很多情况下，有机过氧化物可以使用有机液体或固体、无机固体或水进行减敏处理。

有机过氧化物的危险特性有：有机过氧化物比氧化剂更易分解；绝大多数是可燃物质，有的甚至是易燃物质；容易发生爆炸且产生有害或易燃气体。

常见的有机过氧化物有过氧化二苯甲酰等。

过氧化二苯甲酰：白色晶体。具有低毒和刺激性，溶于苯、氯仿、乙醚，微溶于乙醇及水。其性质极不稳定，遇到摩擦、撞击、明光、高温、硫及还原剂，均有引起爆炸的危险。将其储存时应注入25％～30％的水。过氧化二苯甲酰在工业上被广泛用作聚氯乙烯、不饱和聚酯类、聚丙烯酸酯等的单体聚合引发剂，也可作聚乙烯的交联剂，还可作橡胶硫化剂，也可用作漂白剂和氧化剂。

## 三、氧化性物质和有机过氧化物举例

氧化性物质和有机过氧化物举例见表3－10。

表 3-10 氧化性物质和有机过氧化物举例

| 标签 | 名称/项/IMP 代码 | 描述 | 举例 |
| --- | --- | --- | --- |
| 5.1 | 氧化性物质<br>5.1 项<br>ROX | 本身不一定可燃烧，但易于放出氧帮助其他物质燃烧 | 氯酸钙、高锰酸钾、漂白剂 |
| 5.2 | 有机过氧化物<br>5.2 项<br>ROP | 含过氧基的有机物（固体或液体），能被明火引燃并迅速燃烧。可以和其他物质发生危险反应。大部分需要温度控制。易爆炸，易损伤眼睛 | 叔丁基过氧化氢、过氧乙酸 |

## 任务七 危险品的项别（第 6 类：毒性物质和感染性物质）

**【任务详解】**

### 一、毒性物质的相关知识

某些物质进入动物体内，能与机体的体液或器官组织发生生物化学作用或生物物理学作用，破坏正常生理功能，引起某器官和系统的暂时性或永久性病理变化，这些物质称为毒物。运输中，人们习惯把毒物称为毒性物质。

毒性物质的形态可能是固体，也可能是液体或气体。以气体、蒸气、雾、烟、粉尘等形态活跃于生产环境的毒物会污染空气，且易经呼吸进入人体，还可能污染皮肤，经皮肤吸收进入人体。

毒性物质对动物体发生作用的先决条件是侵入体内。

人畜中毒的途径有：呼吸道、皮肤接触、口服。

运输过程中，保证人员安全就是杜绝各种中毒的途径，特别需要防护的是呼吸道的中毒途径。

衡量毒性的指标有三种：

①口服 $LD_{50}$（口服毒性的致死中量）：通过口服使一群实验动物出现50%死亡率时每千克体重的毒物用量，单位 mg/kg。

②皮肤接触 $LD_{50}$（皮肤接触毒性的致死中量）：通过皮肤接触使一群实验动物出现 50%死亡率时每千克体重的毒物用量，单位 mg/kg。

③呼入 $LC_{50}$（吸入毒性的半数致死浓度）：通过吸入接触使一群实验动物出现 50%死亡率时有毒物在空气中的浓度，单位 mg/l（粉尘、烟雾）或 $ml/m^3$（蒸气）。

## 二、6.1 项毒性物质的定义与包装等级的划分

### 1. 定义

毒性物质指在口服、吸入或皮肤接触后，进入人体可导致死亡或危害健康的物质。

### 2. 包装等级

毒性物质包装等级的划分见表 3－11 和表 3－12。

**表 3－11　口服、皮肤接触及吸入尘/雾的毒性**

| 包装等级 | 口服毒性 $LD_{50}$（mg/kg） | 皮肤接触毒性 $LD_{50}$（mg/kg） | 吸入尘、雾毒性 $LC_{50}$（mg/l） |
|---|---|---|---|
| Ⅰ | 小于或等于 5 | 小于或等于 40 | 小于或等于 0.5 |
| Ⅱ | 大于 5 但小于等于 50 | 大于 40 但小于或等于 200 | 大于 0.5 但小于或等于 2 |
| Ⅲ | 大于 50 但小于等于 300 | 大于 200 但小于或等于 1000 | 大于 2 但小于或等于 4 |

**表 3－12　吸入蒸气的毒性**

| 包装等级 | 吸入蒸气毒性 |
|---|---|
| Ⅰ | $LC_{50}$≤1000 $ml/m^3$ 并且 V≥10X $LC_{50}$ |
| Ⅱ | $LC_{50}$≤3000 $ml/m^3$ 并且 V≥$LC_{50}$，同时未能达到包装等级Ⅰ级标准 |
| Ⅲ | LC≤5000 $ml/m^3$ 并且 V≥2X $LC_{50}$，同时未能达到包装等级Ⅰ和Ⅱ级标准 |

注：V 是指在 20℃和标准大气压下空气中饱和蒸汽的浓度，单位 $ml/m^3$。

如果某一毒性物质在通过不同途径侵入人体时表现出不同程度的毒性，则必须根据其中最高的毒性划定包装等级。就某一毒性物质而言，如果吸入其蒸气与烟雾所产生的毒性大小不同，则必须按两者中的最高毒性确定其包装。

## 三、6.2 项感染性物质（Infectious Substance）的定义与分级

1. 定义

感染性物质指那些已知含有或有理由认为含有病原体的物质。病菌是指会使人类或动物感染疾病的微生物（包括细菌、病毒、立克次氏体、寄生虫、真菌）或其定义他媒介物，例如朊毒体。来源于植物、动物或其他菌源的毒素，如不含任何感染性物质，应划分为 6.1 项，并划归 UN3172。

该项包括感染性物质（对人类或动物）、生物制品、培养物、病患标本、医疗和临床垃圾。

感染性物质的分类必须归于 6.2 项，并视情况划入 UN2814、UN2900、UN3291、UN3373。

2. 分级

感染性物质可分为 A 级和 B 级。

(1) A 级（A Category）指在运输中与之接触能对本来健康的人或动物造成永久残疾、危及生命或致命疾病的感染性物质。符合这些标准的感染性物质能使人感染或使人和动物都感染的必须划入 UN2814；仅使动物感染的必须划入 UN2900。

表 3−13 列出了以任何形式列入 A 级的感染性物质（除非另有指明）。

**表 3−13　以任何形式列入 A 级的感染性物质（除非另有指明）**

| 联合国编号和运输专用名称 | 微生物 |
| --- | --- |
| UN2814<br>感染人的感染性物质 | 流产布鲁氏杆菌（仅限培养菌种）<br>马耳他布鲁氏杆菌（仅限培养菌种）<br>猪布鲁氏杆菌（仅限培养菌种）<br>鼻疽伯克霍尔德氏菌鼻疽假单孢菌（仅限培养菌种） |

续表3－13

| 联合国编号和运输专用名称 | 微生物 |
| --- | --- |
| UN2814<br>感染人的感染性物质 | 类鼻疽伯克霍尔德氏菌类鼻疽假单孢菌（仅限培养菌种）<br>鹦鹉热衣原体禽类菌株（仅限培养菌种）<br>肉毒杆菌（仅限培养菌种）<br>伯纳特立克次体（Q热病原体）（仅限培养菌种）<br>克里米亚－刚果出血热病毒（仅限培养菌种）<br>登革热病毒（仅限培养菌种）<br>东部马脑炎病毒（仅限培养菌种）<br>大肠埃希菌（仅限培养菌种）<br>伊波拉病毒<br>Flexal 病毒<br>土拉弗朗西斯菌（仅限培养菌种）<br>瓜纳瑞托病毒（仅限培养菌种）<br>导致出血热和肾综合征的汉坦病毒<br>亨德拉病毒<br>乙型肝炎病毒（仅限培养菌种）<br>B型疱疹病毒（仅限培养菌种）<br>人类免疫缺陷病毒（仅限培养菌种）<br>高致病性禽流感病毒（仅限培养菌种）<br>日本脑炎病毒（仅限培养菌种）<br>鸠宁病毒<br>科萨努尔丛林病病毒<br>拉沙病毒<br>马丘博病毒<br>马尔堡病毒<br>狂犬病病毒（仅限培养菌种）<br>普式克里次体（仅限培养菌种）<br>立式克里次体（仅限培养菌种）<br>裂谷热病毒（仅限培养菌种）<br>俄国春夏脑炎病毒（仅限培养菌种）<br>sabia 病毒（巴西出血热）<br>I型志贺痢疾杆菌（仅限培养菌种）<br>蜱媒脑炎病毒（仅限培养菌种）<br>天花病毒<br>委内瑞拉马脑脊髓炎病毒（仅限培养菌种）<br>西尼罗河病毒（仅限培养菌种）<br>黄热病病毒（仅限培养菌种）<br>鼠疫杆菌（仅限培养菌种）<br>非洲猪瘟病病毒（仅限培养菌种）<br>Ⅰ型禽副粘病毒－强毒性新城鸡瘟病毒（仅限培养菌种）<br>典型的猪瘟病病毒（仅限培养菌种）<br>口蹄疫病毒（仅限培养菌种）<br>牛的结节性疹病毒（仅限培养菌种） |

续表 3-13

| 联合国编号和运输专用名称 | 微生物 |
| --- | --- |
| UN2814<br>感染人的感染性物质 | 丝状支原体牛传染性胸膜性肺炎（仅限培养菌种）<br>小反刍兽疫病毒（仅限培养菌种）<br>羊痘病毒（仅限培养菌种）<br>山羊痘病毒（仅限培养菌种）<br>猪水泡病病毒（仅限培养菌种）<br>水泡型口炎病毒（仅限培养菌种） |

（2）B级（B Category）指不符合A级标准的感染性物质。B级中的感染性物质除符合培养菌种定义的划归UN24或UN20之外，必须划为UN373，其运输专用名称为“生物物质，B级”（Biological Substance，Category B）。

3. 航空运输中常见感染性物质与物品

（1）生物制品。

生物制品是指从活生物体取得的，具有特别许可证发放要求的，按照国家当局的要求制造或销售的，用于预防、治疗或诊断人类或动物的疾病，或用于与生物制品此类活动有关的开发、实验或调查目的的产品。生物制品包括成品和未完成品。

生物制品分为以下两组。

①按照有关国家政策的要求制造和包装，为了最后包装或销售而运输，供医务人员或个人自身保健而使用的生物制品。这一组物质不受相关法规限制。

②那些不符合①所述，已知或相信含有感染性物质的和符合A级或B级归类标准的生物制品。这一组物质必须酌情定为UN2814、UN2900或UN3373。

（2）转基因微生物和转基因生物。

这些微生物和生物体的遗传基因通过遗传工程有目的地进行了改变而非自然生成。

受污染的动物或携带变异基因的动物及基因变异的生物体，已知或被认为对人类、动物或环境具有危险性。

（3）诊断标本或临床标本。

为诊断或研究之目的而进行运输的人或动物的排泄物、分泌物、血液、器官、组织及组织液（不仅限于此），系诊断标本，被感染的活体动物除外。

含有 A 类感染性物质的医学或临床垃圾必须视情况划入 UN2814 或 UN2900；含有 B 类感染性物质的医学或临床垃圾必须划入 UN3291；有理由相信含有感染性物质的可能的医学或临床垃圾必须划入 UN3291。

（4）受感染的活体动物。

有意使之感染的和已知或怀疑含有感染性物质的活体动物禁止运输，除非无法以其他形式运输。受感染的活体动物只可以依照有关国家部门批准的限制条件进行运输。

（5）例外情况。

下述例外情况，可按普通货物处理。

①不含有感染性物质的物质或不大可能使人或动物染病的物质。

②含有微生物、对人体和动物体没有致病性的物质。

③经过处理后病菌得到抑制或灭活已不再成为健康威胁的物质。

④被认为并不会带来重大感染危险的环境样品（包括食物和水样）。

⑤通过将一滴血滴在吸附材料上或通过粪便潜血试验采集的干血点。

⑥通过粪便潜血试验所制作的样本。

⑦为输血之目的或为配置血液制品以进行输血或移植而采集的血液或血液成分和用于移植的任何组织或器官，以及为这些目的而制作的样本。

⑧用冷冻方式运输病菌存在的可能性很低的标本时，满足冷冻条件下的包装要求。

⑨医疗器械或设备必须排空液体，具有坚固外包装和足够的防止移动的衬垫材料。医疗器械或设备在做 1.2m 跌落试验时，可采用替代方法。

## 四、感染性物质包装示意图

感染性物质包装示意图见图 3—1 和 3—2。

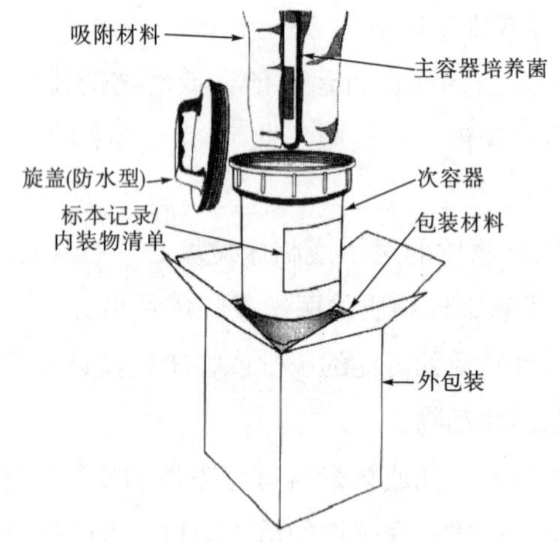


图 3-1　三重包装体系

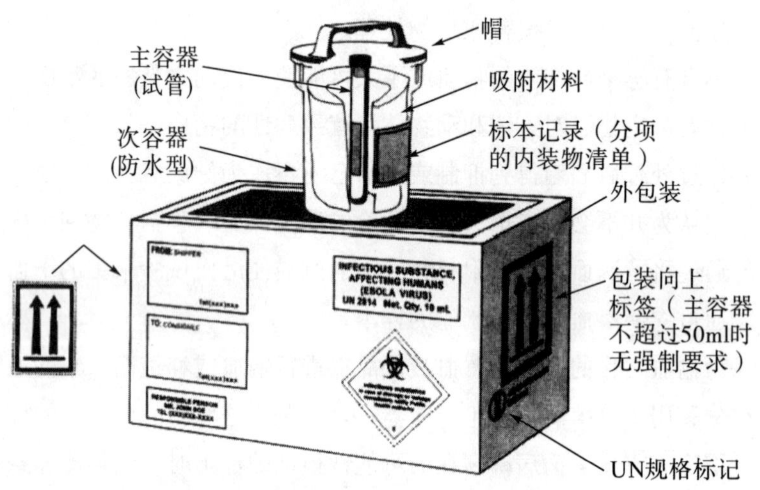


图 3-2　感染性物质包装

## 五、毒性物质与感染性物质举例

毒性物质与感染性物质举例见表 3-14。

表 3-14 毒性物质与感染性物质举例

| 标签 | 名称/项/IMP 代码 | 描述 | 举例 |
|---|---|---|---|
| 6 | 毒性物质<br>6.1 项<br>RPB | 固体或液体物质，当入口、吸入或接触皮肤对人体产生危害 | 砷、尼古丁、氰化物、农药、马钱子碱 |
| 6 | 感染性物质<br>6.2 项<br>RIS | 带有某些病原体，能使人和动物染上疾病的物质 | 狂犬病毒、HIV 病毒、诊断标本、医疗废弃物 |

# 任务八 危险品的项别（第 7 类：放射性物质）

**【任务详解】**

## 一、定义

放射性物质是指自发地和连续不断地放出电离辐射的物质或物品，此种辐射对人体和动物的健康有害并能作用于未显影的胶片。

放射性物品系指所含放射性核素的材料，其放射性活度浓度和运货物总活度均超过相关法规中规定的数值。

对本规则而言，第 7 类不包括如下内容：

①经诊断或治疗植入或装入人体或活的动物体内的放射性物品；

②受放射性物质意外或故意放射或污染后将要搭乘航空器前去治疗的人，但此人要在经营人的要求下采取一些防护措施，以免影响其他乘客和机组人员；

③已获得主管部门批准并已出售给最终用户的消费品中的放射性物品；

④自身包含处于其自然状态的，或仅为非提取放射性核素目的而进行过处理，以及不是为使用放射性核素而进行加工的含天然放射性核素的天然物质和矿石；

⑤其任何表面上存在的放射性物品未超过污染定义中规定的限量的放射性固体物质。

放射性物品按其放射性比活度或安全程度分为 5 类：

①特殊形式放射性物品（Special Form Radioactive Material）；

②低比度放射性物品（Low Specific Activity Radioactive Material，LSA）；

③表面污染物体（Surface Contaminated Object，SCO）；

④裂变物质（Fissile Material）；

⑤其他形式的放射性物品（Other Forms of Radioactive Material）。

## 二、放射性物质举例

放射性物质举例见表 3-15。

**表 3-15　放射性物质举例**

| 标签 | 名称/项/IMP 代码 | 描述 | 举例与注解 |
| --- | --- | --- | --- |
| I 7 | 一级放射性物质<br>Ⅰ-WHITE<br>7.1 项<br>RRW | 放射性物质包装件表面辐射水平低，运输指数=0 | |
| II 7 | 二级放射性物质<br>Ⅱ-YELLOW<br>7.2 项<br>RRY | 辐射水平高于一级放射性物质，0<运输指数<1 | 医疗或工业中使用的放射性核素或同位素，例如钴-60、铯-131、碘-132、铱-192 |
| III 7 | 三级放射性物质<br>Ⅲ-YELLOW<br>7.3 项<br>RRY | 辐射水平高于二级放射性物质，1<运输指数<10 | |

# 任务九　危险品的项别（第 8 类：腐蚀性物质）

【任务详解】

## 一、定义

腐蚀性物质是通过化学作用在接触生物组织时会造成严重损伤，或在渗漏时会严重损害甚至毁坏其他货物或运输工具的物质。

## 二、包装等级划分标准

腐蚀性物质的包装等级是根据从它与人的皮肤开始接触到皮肤出现明显坏死所需的时间来判断的。这一时间可以通过试验测定。经测定不会导致皮肤严重损伤的物质，仍有可能引起金属表面的腐蚀。

腐蚀性物质的三个包装等级的划分标准如表 3－16 所示。

Ⅰ级包装（危险性较大的物质）：使被测物质与完好的动物皮肤接触，接触时间不超过 3 分钟，然后进行观察，观察时间为 60 分钟。在观察期内，皮肤被破坏的厚度如达到 100％，则被测物质应定为Ⅰ级。

Ⅱ级包装（危险性中等的物质）：使被测物质与完好的动物皮肤接触，接触时间超过 3 分钟而不超过 60 分钟，然后进行观察，观察时间为 14 天。在观察期内，皮肤被破坏的厚度如达到 100％，则被测物质应定为Ⅱ级。

Ⅲ级包装（危险性较小的物质），在下列标准中任选其一。

①使被测物质与完好的动物皮肤接触，接触时间超过 60 分钟而不超过 4 小时，然后进行观察，观察 14 天。在观察期内，皮肤破坏的厚度达 100％，则被测物质应定为Ⅲ级。

②被测物质对皮肤的破坏厚度达不到 100％，但在 55℃下，被测物质在一年内腐蚀钢或铝的厚度可达 6.25mm 以上，则被测物质应定为Ⅲ级。试验使用的钢必须是型号 S235JR＋CR（1.0037resp. St37-2），5275 J2 G3＋CR（1.0144resp. St44-3），S03574，统一编号系统（UNS）610200 或 SAE1020，使用的铝必须是无覆盖层的 7075-T6 或 AZ5GU-T6 型。

**表 3－16　腐蚀性物质包装等级划分**

| 包装等级 | 暴露时间 | 观察时间 | 效果 |
| --- | --- | --- | --- |
| Ⅰ | ≤3 分 | ≤60 分 | 完整皮肤全部坏死 |
| Ⅱ | >3 分，≤60 分 | ≤14 天 | 完整皮肤全部坏死 |
| Ⅲ | >60 分，≤4 时 | ≤14 天 | 完整皮肤全部坏死 |
| Ⅲ | — | — | 每年腐蚀厚度大于 6.25mm，试验温度 55℃ |

腐蚀性物质除了具有灼伤人体、腐蚀其他物品的腐蚀特性外，有的还兼具有毒害性、易燃性、氧化性等其他危险特性，其物质的化学组成是影响腐蚀性大小的根本特性。

## 三、腐蚀性物质举例

腐蚀性物质举例见表 3－17。

**表 3－17　腐蚀性物质举例**

| 标签 | 名称/类/IMP 代码 | 描述 | 举例 |
| --- | --- | --- | --- |
|  | 腐蚀性物质<br>Class 8<br>RCM | 固体或液体物质，能严重损伤与之接触的生物组织或其他货物 | 蓄电池电解液、硫酸、汞、氢氧化钾、氢氧化钠 |

# 任务十　危险品的项别（第 9 类：杂项危险品）

**【任务详解】**

## 一、定义

杂项危险品是指不属于前 8 类别而在航空运输中具有危险性的物品和物质。

## 二、杂项危险品包括但不限于下列物质

本类别包括：航空管制的固体或液体、磁性物质、高温物质、环境危害物质、转基因微生物和转基因生物、锂电池和其他杂项物质。

1. 航空管制的固体或液体

航空管制的固体或液体是指具有麻醉性、有害性、刺激性或其他性质，一旦在航空器上溢出或泄漏能引机组人员极度烦躁或不适以至不能正常履行职责的任何物质。注意：符合第 1 至第 8 类标准的物质和物品不包括在本类中。

2. 磁性物质

磁性物质是指为进行航空运输而包装好的物质，如果距离其包装件表面任一点 2.1m 处的磁场强度不低于 0.159A/m，即为磁性物质。

磁性物质可能会对飞机的导航、通信设备产生一定的影响，危及航空安全。大部分铁磁性金属，例如机动车、机动车零部件、金属栅栏、管子和金属结构材料等，即使未达到磁性物质标准，由于可能影响飞行仪表，尤其是罗盘，也应遵守运营人的特殊装载要求。此外，需要注意的是，单个未达到磁性物质标准的物品，累积后可能属于磁性物质。

3. 高温物质

高温物质是指液态下≥100℃或在固态下≥240℃进行运输或交运的物质。

4. 环境危害物质

环境危害物质是指那些符合联合国《规章范本》的 2.9.3 中标准的物质，或满足货物运送的始发国、中转国、目的地国家的主管当局制定的国家或国际条例中的标准的物质。

不属于其他危险品，但被托运人分类危害水环境的物质或混合物必须划为Ⅲ级包装，如：UN3077 环境危害物质，固体，n. o. s.　（not otherwise specified，未另作规定的），或 UN3082 环境危害物质，液体，n. o. s. 。

5. 转基因微生物（GMMOs）和转基因生物（GMOs）

转基因微生物和转基因生物是指通过遗传工程以非自然方式有意将遗传物质改变了的微生物和生物。

不符合感染性物质或毒性物质定义的转基因微生物或生物，但能够以非正常自然繁殖方式改变动物、植物或微生物的遗传基因的微生物或生物体，必须划为 UN3245。

6. 锂电池

含有任何形式锂元素的电池芯和电池、安装在设备中的电池芯和电池或与设备包装在一起的电池芯和电池，必须恰当地划归 UN3090，UN3091，UN3480 或 UN3481 条目。

其中，不论其组成的电池芯是否做过设计类型的试验，电池的设计类型必须被证明满足联合国《试验和标准手册》第Ⅲ部分第 38.3 节的试验要求。但在 2014 年 1 月 1 日前生产的电池和电池芯，若其设计类型能满足联合国《试验和标准手册》第 5 版第Ⅲ部分第 38.3 节的试验要求，也可以继续运输。

7. 其他杂项物质

常见的有石棉、电容器、固体二氧化碳（干冰）、消费品、化学试剂盒和急救包、救生设备、内燃发动机、机动车辆（易燃气体为动力或易燃液为动力）、聚合物颗粒、以电池为动力的设备或车辆、连二亚硫酸锌等。

## 三、杂项危险品举例

杂项危险品举例如表 3－18 所示。

**表 3－18　杂项危险品举例**

| 标签 | 名称/类/IMP 代码 | 描述 | 举例 |
|---|---|---|---|
| 9 | 杂项危险品<br>Class 9<br>RMD | 在航空运输中会产生危险但不在前 8 类中。在航空运输中，可能会产生麻醉性、刺激性等而使旅客感到烦恼或不舒适 | 石棉、大蒜油、救生艇、内燃机、车辆、电动轮椅、航空救生器材 |
| | 颗粒状聚合物<br>Class 9<br>RSB | 充满易燃气体或液体，可能放出少量易燃气体 | 半成品聚合物材料，如聚氯乙烯颗粒 |
| | 固体二氧化碳（干冰）<br>Class 9<br>ICE | 固体二氧化碳（干冰）温度为－79℃，其升华物比空气沉，在封闭的空间内大量的二氧化碳能造成窒息 | 干冰、冷冻蔬菜、冰盒（Ice Box）、冰激凌 |

续表3－18

| 标签 | 名称/类/IMP 代码 | 描述 | 举例 |
| --- | --- | --- | --- |
| MAGNETIZED MATERIAL<br>KEEP AWAY FROM AIRCRAFT COMPASS DETECTOR UNIT | 磁性物质<br>Class 9<br>MAG | 这些物质产生很强的磁场 | 磁电管、未屏蔽的永磁体 |

# 项目二 多重危险性的物质与物品

## 任务一 多重危险性的物质与物品

**【任务详解】**

当危险品出现在《危险品品名表》中，表中已列出了该危险品的主次危险性。但当某些危险品未在表中列出时，则需要使用以下原则来确定该物质或物品的主次危险性。

（1）如果某些物品或物质在国际航空运输协会《危险品规则》4.2 危险品表中未列出具体名称，又具有双重危险性，并且两种危险性出现在第3类、第4类、第8类或5.1 项、6.1 项时，必须使用国际航空运输协会《危险品规则》表 3.10.A（见表 3－19）来确定两种危险性中的一种作为主要危险性，一种作为次要危险性。

**表 3－19 国际航空运输协会《危险品规则》表 3.10.A**

| Class or Division | Packing Group | 4.2 | 4.2 | 4.3 | 4.3 | 4.3 | 5.1 | 5.1 | 5.1 | 6.1 (d) | 6.1 (o) | 6.1 | 6.1 | 8 (l) | 8 (s) | 8 (l) | 8 (s) | 8 (l) | 8 (s) |
| --- | --- | --- | --- | --- | --- | --- | --- | --- | --- | --- | --- | --- | --- | --- | --- | --- | --- | --- | --- |
| | | Ⅱ | Ⅲ | Ⅰ | Ⅱ | Ⅲ | Ⅰ | Ⅱ | Ⅲ | Ⅰ | Ⅰ | Ⅱ | Ⅲ | Ⅰ | Ⅰ | Ⅱ | Ⅱ | Ⅲ | Ⅲ |
| 3 | ＝1 〔ROMANⅠ＊ | | | 4.3，Ⅰ | 4.3，Ⅰ | 4.3，Ⅰ | — | — | — | 3，Ⅰ | 3，Ⅰ | 3，Ⅰ | 3，Ⅰ | 3，Ⅰ | — | 3，Ⅰ | | | |
| 3 | ＝2 〔ROMANⅡ＊ | | | 4.3，Ⅰ | 4.3，Ⅱ | 4.3，Ⅱ | — | — | — | 3，Ⅰ | 3，Ⅰ | 3，Ⅱ | 3，Ⅱ | 8，Ⅰ | — | 3，Ⅱ | | | |
| 3 | ＝3 〔ROMANⅢ＊ | | | 4.3，Ⅰ | 4.3，Ⅱ | 4.3，Ⅲ | — | — | — | 6.1，Ⅰ | 6.1，Ⅰ | 6.1，Ⅱ | 3，＝3\＊ ROMANⅢ＊＊ | 8，Ⅰ | — | 8，Ⅱ | | | |
| 4.1 | ＝2 〔ROMANⅡ＊ | 4.2，Ⅱ | 4.2，Ⅱ | 4.3，Ⅰ | 4.3，Ⅱ | 4.3，Ⅱ | 5.1，Ⅰ | 4.1，Ⅱ | 4.1，Ⅱ | 6.1，Ⅰ | 6.1，Ⅰ | 4.1，Ⅱ | 4.1，Ⅱ | — | 8，Ⅰ | — | | | |
| 4.1 | ＝3 〔ROMANⅢ＊ | 4.2，Ⅱ | 4.2，Ⅲ | 4.3，Ⅰ | 4.3，Ⅱ | 4.3，Ⅲ | 5.1，Ⅰ | 4.1，Ⅱ | 4.1，Ⅲ | 6.1，Ⅰ | 6.1，Ⅰ | 6.1，Ⅱ | 4.1，Ⅲ | — | 8，Ⅰ | — | | | |
| 4.2 | Ⅱ | | | 4.3，Ⅰ | 4.3，Ⅱ | 4.3，Ⅱ | 5.1，Ⅰ | 4.2，Ⅱ | 4.2，Ⅱ | 6.1，Ⅰ | 6.1，Ⅰ | 4.2，Ⅱ | 4.2，Ⅱ | 8，Ⅰ | 8，Ⅰ | 4.2，Ⅱ | | | |
| 4.2 | Ⅲ | | | 4.3，Ⅰ | 4.3，Ⅱ | 4.3，Ⅲ | 5.1，Ⅰ | 5.1，Ⅱ | 4.2，Ⅲ | 6.1，Ⅰ | 6.1，Ⅰ | 6.1，Ⅱ | 4.2，Ⅲ | 8，Ⅰ | 8，Ⅰ | 4.2，Ⅱ | | | |
| 4.3 | Ⅰ | | | | | | 5.1，Ⅰ | 4.3，Ⅰ | 4.3，Ⅰ | 6.1，Ⅰ | 4.3，Ⅰ | 4.3，Ⅰ | 4.3，Ⅰ | 4.3，Ⅰ | 4.3，Ⅰ | 4.3，Ⅰ | 4.3，Ⅰ | 4.3，Ⅰ | 4.3，Ⅰ |
| 4.3 | Ⅱ | | | | | | 5.1，Ⅰ | 4.3，Ⅱ | 4.3，Ⅱ | 6.1，Ⅰ | 4.3，Ⅰ | 4.3，Ⅱ | 4.3，Ⅱ | 8，Ⅰ | 8，Ⅰ | 4.3，Ⅱ | 4.3，Ⅱ | 4.3，Ⅱ | 4.3，Ⅱ |

续表3－19

| Class or Division | Packing Group | 4.2 | 4.2 | 4.3 | 4.3 | 4.3 | 5.1 | 5.1 | 5.1 | 6.1 (*d*) | 6.1 (*o*) | 6.1 | 6.1 | 8 (*l*) | 8 (*s*) | 8 (*l*) | 8 (*s*) | 8 (*l*) | 8 (*s*) |
|---|---|---|---|---|---|---|---|---|---|---|---|---|---|---|---|---|---|---|---|
| | | Ⅱ | Ⅲ | Ⅰ | Ⅱ | Ⅲ | Ⅰ | Ⅱ | Ⅲ | Ⅰ | Ⅰ | Ⅱ | Ⅲ | Ⅰ | Ⅰ | Ⅱ | Ⅱ | Ⅲ | Ⅲ |
| 4.3 | Ⅲ | | | | | | 5.1，Ⅰ | 5.1，Ⅱ | 4.3，Ⅲ | 6.1，Ⅰ | 6.1，Ⅰ | 6.1，Ⅱ | 4.3，Ⅲ | 8，Ⅰ | 8，Ⅰ | 8，Ⅱ | 8，Ⅱ | 4.3，Ⅲ | 4.3，Ⅲ |
| 5.1 | Ⅰ | | | | | | | | | 6.1，Ⅰ | 5.1，Ⅰ | 5.1，Ⅰ | 5.1，Ⅰ | 5.1，Ⅰ | 5.1，Ⅰ | 5.1，Ⅰ | 5.1，Ⅰ | 5.1，Ⅰ | 5.1，Ⅰ |
| 5.1 | Ⅱ | | | | | | | | | 6.1，Ⅰ | 5.1，Ⅰ | 5.1，Ⅱ | 5.1，Ⅱ | 8，Ⅰ | 8，Ⅰ | 5.1，Ⅱ | 5.1，Ⅱ | 5.1，Ⅱ | 5.1，Ⅱ |
| 5.1 | Ⅲ | | | | | | | | | 6.1，Ⅰ | 6.1，Ⅰ | 6.1，Ⅱ | 5.1，Ⅲ | 8，Ⅰ | 8，Ⅰ | 8，Ⅱ | 8，Ⅱ | 5.1，Ⅲ | 5.1，Ⅲ |
| 6.1 (d) | Ⅰ | | | | | | | | | | | | | 8，Ⅰ | 6.1，Ⅰ | 6.1，Ⅰ | 6.1，Ⅰ | 6.1，Ⅰ | 6.1，Ⅰ |
| 6.1 (o) | Ⅰ | | | | | | | | | | | | | 8，Ⅰ | 6.1，Ⅰ | 6.1，Ⅰ | 6.1，Ⅰ | 6.1，Ⅰ | 6.1，Ⅰ |
| 6.1 (I) | Ⅱ | | | | | | | | | | | | | 8，Ⅰ | 6.1，Ⅰ | 6.1，Ⅱ | 6.1，Ⅱ | 6.1，Ⅱ | 6.1，Ⅱ |
| 6.1 (d) | Ⅱ | | | | | | | | | | | | | 8，Ⅰ | 6.1，Ⅰ | 8，Ⅱ | 6.1，Ⅱ | 6.1，Ⅱ | 6.1，Ⅱ |
| 6.1 (o) | Ⅱ | | | | | | | | | | | | | 8，Ⅰ | 8，Ⅰ | 8，Ⅱ | 6.1，Ⅱ | 6.1，Ⅱ | 6.1，Ⅱ |
| 6.1 | Ⅲ | | | | | | | | | | | | | 8，Ⅰ | 8，Ⅰ | 8，Ⅱ | 8，Ⅱ | 8，Ⅲ | 8，Ⅲ |

注：1.（*l*）＝液体；（*s*）＝固体；（*i*）＝吸入；（*d*）＝皮肤接触；（*o*）＝口服；—＝不可能的组合。

2. 这里的4.1项不包括自身反应物质和减敏的固体爆炸品；这里的第3类不包括减敏的液体爆炸品。

3. 仅对农药而言，主要危险性必须是6.1。

（2）如果品名表中未列出的危险品具有三重以上危险性，则不能通过《危险品规则》表3.10.A来确定其主次危险性，必须由运输始发国主管部门来确定其主次危险性。

（3）例外原则。危险物质或物品具有以下危险性（如无特殊规定），均作为主要危险性：1、2、7、5.2、6.2、4.1中的自身反应物质和减敏的爆炸品、4.2项中自动燃烧的物质、第3类中减敏的液体爆炸品和具有Ⅰ级吸入毒性的6.1项物质（但具有第8类腐蚀性，粉尘、烟雾还具有Ⅰ级吸入毒性；口服、皮肤接触只具有Ⅲ级或更低危险性的物质，主要危险性必须是第8类）。

（4）磁性物质，符合磁性物质特征的物质和物品，按其标准来确定。

（5）第7类放射性物质如果还具有其他危险性，则把放射性作为主要危险性，其他次要危险性也必须确定出来。

# 模块四　危险品的识别

**【本模块要点】**

1.《危险品品名表》的简介和含义。

2.《危险品品名表》的使用。

## 项目一　《危险品品名表》

### 任务一　《危险品品名表》简介

**【任务详解】**

在前面的章节中我们掌握了危险品的定义及各类物品主要特性，这些是在航空运输中正确鉴别和处理危险品的基础。但在实际运输管理工作中，仅凭定义和所属类别来进行判断和操作，不仅费时、费力，还容易给运输工作带来不便。而且各种运输方式都有其特殊性，某种货物用一种运输方式是危险的，而用其他运输方式则可能是无害的，例如属于第 9 类杂项危险品的磁性物质，它对航空运输是危险的，而对铁路、公路运输则不构成威胁。所以，各种运输方式的主管部门均根据自身系统的具体情况采取列举原则，颁布了相应的《危险品规则》并列出常见的《危险品品名表》。

各种《危险品规则》在遵循危险品定义和分类的前提下，列举了其运输方式可以运输的危险货物名称，并规定了相应的运输条件和防护措施，具有很强的操作性。任何一种运输方式运输的危险货物，必须满足该种运输方式的《危险品规则》的所有相关要求。当然，《危险品规则》中不可能将所有的运输方式运输的物品全部列出，而伴随着新产品的不断涌现，未在《危险品品名表》中列名而性能确有危险性的物品越来越多，对这类货物必须根据危险品的定义及分类标准进行相应的性质测定试验，并由托运人提供运营人认可的技术鉴定书。

在此我们以国际航空运输协会《危险品规则》中的《危险品品名表》为基础，介绍《危险品品名表》的使用方法。

国际航空运输协会《危险品规则》的第四部分中，4.2为《危险品品名表》，它是按危险品的运输专用名称的英文字母顺序排列的，表中列明了该危险品的类、项别、次要危险性、危险标志、组装等级、包装编号及在客、货机的数量限制及特殊规定等。4.3为编号与品名对照表，它是按危险品的联合国（UN）编号或国际航空运输协会识别编号（ID）按阿拉伯数字顺序排列的，表明了在《危险品规则》中对应的页码。

在按字母顺序排列的《危险品品名表》中列举了逾3000种有危险成分并很有可能采用航空运输的物质或物品的具体名称。该表定期进行修改，在交运中仍可能遇到在表中没有列出的新物质。为了将这些危险品包括进去，在《危险品品名表》中列出了一些物质或物品广义的泛指名称，称作泛指名称或n. o. s.（not otherwise specified，未另作规定的），例如：Alcohol，n. o. s.（醇类，未另作规定的）。这种n. o. s.条目一共有三种类型：

①按物质的化学组成分类，如：Alcohol，n. o. s.（醇类，未另作规定的）。

②按物质的用途分类，如：Dy-5R，n. o. s.（染料，未另作规定的）。

③按物质的危险性分类，如：Flammable Liquid，n. o. s.（易燃液体，未另作规定的）。

有些危险品由于太危险而不能采用航空运输，即对航空运输来说属于禁运物品。对于这些物品，在品名表中的相应位置栏上均以“Forbidden”（禁止运输）的字样标明。被禁运的危险品中也有在一定条件下被解除禁令、可以收运的情况，这要视具体情况和特殊规定而定。

表4−1是《危险品品名表》的举例。

表 4-1 《危险品品名表》举例

| UN/ ID NO. | Proper Shipping Name/ Description | Class or Div. (Sub Risk) | Hazard Label(s) | PG | Passenger and Cargo Aircraft | | | | | Cargo Aircraft Only | | S. P. see 4. 4 | ERG Code |
|---|---|---|---|---|---|---|---|---|---|---|---|---|---|
| | | | | | EQ see 2. 6 | Ltd Oty | | Pkg Inst | Max Net Qty/ Pkg | Pkg Inst | Max Net Qty/ Pkg | | |
| | | | | | | Pkg Inst | Max Net Qty/ Pkg | | | | | | |
| A | B | C | D | E | F | G | H | I | J | K | L | M | N |
| 1003 | Air, refrigerated liquid | 2. 2 (5. 1) | Non-flamm. gas & Oxidizer & Cryogenic liquid | | EO | Forbidden | | Forbidden | | 202 | 150kg | A1 | 2X |
| 8000 | consumer commodity + | 9 | Miscellaneous | | E0 | Y963 | 30kg G | Y963 | 30kg G | Y963 | 30kg G | A112 | 9L |
| 1364 | Cotton waste, oily | 4. 2 | | | | Forbidden | | Forbidden | | Forbidden | | A2 | 4L |
| 1365 | Cotton waste, oily | 4. 2 | | | | Forbidden | | Forbidden | | Forbidden | | A2 | 4L |
| | Azidoethyl nitrate | | | | | Forbidden | | Forbidden | | Forbidden | | | |
| | Cyanoacetonitrial, see Malononitrile (UN2647) | | | | | | | | | | | | |

# 任务二 《危险品品名表》的使用

**【任务详解】**

## 一、《危险品品名表》中列出名称的危险品

### 1. 查阅步骤

名称已列入表中的条目适用以下 7 个步骤。

步骤 1：寻找 UN/ID 编号和运输专用名称——《危险品品名表》中的 A 栏和 B 栏。

步骤 2：确定类别和项别编号以及次要危险性（如果有）——C 栏。

步骤 3：注意危险性标贴——D 栏。

步骤 4：注意包装等级（适用时）——E 栏。

步骤 5：确定包装说明，每个包装件的数量——G、H、I、J、K 和 L 栏。

步骤 6：检查是否适用特殊规定——M 栏，国际航空运输协会《危险品规则》4.4。

步骤 7：（仅限运营人）应急训练代码（ERG CODE）——N 栏，表示涉及事件的特定危险品条目的建议的反应措施。

2. 各栏说明

（1）A 栏：UN 或 ID 编号（UN/ID NO.）。

本栏是根据联合国分类系统给物品或物质指定的编号。在使用时前面应加上“UN”字样。如果物质没有指定 UN 编号，则应由国际航空运输协会指定一个暂时的 IATA 编号，从 8000 开始，前面加上“ID”字样。例如，编号可以用 UN1950 或 ID8000，而不可用 1950 或 8000。

（2）B 栏：运输专用名称/说明（Proper Shipping Name/Description）。

本栏列出危险品和物质的运输专用名称和限制说明短文。运输专用名称以粗体字（黑色）表示，说明短文以细体字表示。下列符号为本栏中一些条目所带符号的含义对照：★表示要求附加技术名称；+表示在《危险品规则》附录 A 中可以找到补充说明。

用粗体字印刷的运输专用名称在表中按字母顺序排列，由多个单词组成的名称，也按字母顺序视为一个单词排列。但有下列组合的名称都予以忽略：

①数字；

②单一字母，如 a-，b-，m-，n-，o-，p-；

③前缀，如 alpha-，beta-，omega-，sec-，tert-；

④术语“n. o. s.”。

除非在《危险品品名表》的条目中有说明，在运输专用名称中“溶液”一词指一种或一种以上的已被命名的危险品溶解在液体中。

不会减轻安全性的轻微差异，如在申报单或包装标记上的运输专用名称漏掉逗号或句点，不被当作错误。

（3）C栏：类别或项别和次要危险性［Class or Division（Subsidiary Risk）］。

本栏列出的物品或物质，按照《危险品规则》第3章分类标准划分的类别或项别，对于第1类爆炸品，还显示配装组。在物质有次要危险性时，次要危险性显示在主要危险性后的括号内，与危险品申报单的显示方法一样。

（4）D栏：危险性标签及操作标签（Hazard Label）。

本栏列出的物品或物质的包装件外部应粘贴危险性标签及必要的操作标签。

（5）E栏：包装等级（Packing Group）。

本栏标出联合国包装等级，即物品或物质所定的Ⅰ、Ⅱ或Ⅲ级包装等级（见《危险品规则》3.0.3）。

（6）F栏：例外数量代码栏（Excepted Quantity Code）。

本栏列出危险品或物质按照《危险品规则》2.6和2.6A表划分的例外数量代码。

（7）H栏：客货机每个限量包装件的最大净数量（Passenger and Cargo Aircraft—Maximum Net Quantity per Package）。

本栏列出客货机危险品的最大允许净重（重量或体积）。每一“限制数量”包装件的毛重不超过30kg。列出的重量表示净重，但如果另外带有字母“G”，则表示该重量为毛重。当为爆炸品和火柴时，其净重为除包装件以外的净物品重量。如果栏目出现“禁运”字样，则表示该危险品不能按限制数量规定运输。

如果每个包装件的最大数量所示为“No Limit”（不限）或H栏中有包装说明参考时，所含危险品的净数量或该危险品每个包装件的毛重必须在托运人的申报单上注明。

（8）I栏：客货机包装说明（Passenger and Cargo Aircraft—Packing Instructions）。

该栏列出客货机载运危险品的包装说明。如果某一物品或物质按G或I栏的包装说明进行包装，并且符合H或J栏中最大净数量的要求，那么它也可以在货机上运输。在这种情况下，包装件不需要贴“Cargo

Aircraft Only”（仅限货机）标贴。

（9）J栏：客货机每个包装件的最大净数量（Passenger and Cargo Aircraft—Maximum Net Quantity per Package）。

该栏列出物品或物质在客货机上运输时，每个包装件内允许的最大净数量（重量或体积）。列出的重量表示净重，但如果另外带有字母“G”则表示该重量为毛重。当为爆炸物品和火柴时，其净重为除包装件以外的净物品重量。如果栏目中出现“Forbidden”字样，表示该物品不能运输。

如果每个包装件的最大数量为所示的“No Limit”（不限），或J栏中有包装说明参考时，所含危险品的净数量或每个包装件内危险品的毛重应在托运人申报单上注明。

（10）K栏：仅限货机包装说明（Cargo Aircraft Only—Packing Instructions）。

该栏列出仅限货机载运危险品的包装说明。

（11）L栏：仅限货机的每个包装件的最大净数量（Cargo Aircraft Only—Maximum Net Quantity per Package）。

该栏列出物品或物质仅限在货机上运输时，每个包装件内允许的最大净数量（重量或体积）。列出的重量表示净重，但如果另外带有字母“G”，则表示该重量为毛重。当为爆炸物品和火柴时，其净重为除包装以外的净物品重量，如果栏目中出“Forbidden”（禁运）字样，该物品不能运输。

H、J和L栏中的数量限制仅表示对一个包装件的限制而不是一票货物或一架飞机所允许的数量。

如果每个包装件的最大净数量为“No Limit”（不限），或L栏中有包装说明参考时，所含危险品的净数量或每个包装件内危险品的毛重应在托运人申报单上注明。

（12）M栏：特殊规定（S. P.，见国际航空运输协会《危险品规则》4.4节）。

该栏列出《危险品品名表》中某些条目带有“A”及一位、两位或三位数字组成的符号，该符号的内容适用于有关条目的所有包装等级。特殊规定的文字表示清楚的除外。特殊规定“Al”“A2”“A109”，实际上是国家主管当局对客机货舱禁运，或客机货舱和货机上均禁运的危险品给予特许运输的“批准”。这些“批准”不属于国际航空运输协会《危险品规则》2.6.1.1 中所述的“国家豁免”。是否接收经国家批准的危险品要由运营人决定。在将根据“Al”“A2”“A109”特殊规定办理的危险品交给运营人托运前，托运人必须做好预先安排和获得预先批准：附加条件（A73，A106）；该物品可被视为非危险性物质（A3 和 A67）；A154 为新增特殊规定，适用于 UN3090（锂电池）及 UN3091（安装在设备中的锂电池及与设备包装在一起的锂电池）。规定要求那些因安全原因召回的或已破损的锂电池禁止运输。

（13）N 栏：ERG 代码。即在国际民航组织（ICAO）文件《与危险品有关的航空器事故征候应急响应指南》（ICAO Doc. 9481-AN/928）中规定的应急反应操作代码。代码由字母和数字组成，代表对涉及所分配常用代码的特定危险品条目的事故应该采取的反应措施。

ERG 代码主要是提供给运营人使用，以方便运营人将 ERG 代码填写在特种货物机长通知单（NOTOC）上。

# 项目二　危险品运输专用名称的选用

## 任务一　危险品运输专用名称的分类

**【任务详解】**

每一种危险品都必须在《危险品品名表》中确定一个运输专用名称。《危险品品名表》中所列条目有以下四种。

（1）单一条目，具有明确定义的物质与物品，如：UN 1223 煤油（Kerosene），UN2405 丁酸异丙酯（Isopropyl Butyrate）。

（2）属性条目，具有明确定义的一组物质与物品，如：UN1133 黏合剂（Adhesive），UN3103 液态 C 型有机过氧化物（Organic Peroxide Type C，Liquid），UN 1263 涂料相关的材料（Paint Related Material）。

（3）特定泛指条目（n. o. s.），包括一组具有某一特定化学成分或技术性质的物质与物品，如：UN 107 制冷气体，泛指（Refrigerant Gas，n. o. s.）；UN 1987 醇类，泛指（Alcohols，n. o. s.）。

（4）属性泛指条目（n. o. s.），包括符合一种或多种危险性的一组物质或物品，如：UN 1759 腐蚀性固体，泛指（Corrosive Solid，n. o. s.）；UN 1993 易燃液体，泛指（Flammable Liquid，n. o. s.）。

此外，还有一些特殊类别或情况的危险品运输专用名称的查找应遵循以下原则：4. 1 项的自身反应物质按照国际航空运输协会《危险品规则》附录 C. 1 的属性条目表（见表 4—2）。

**表 4—2　《危险品规则》附录 C. 1 属性条目表**

| Self-Reactive Substance | Concentration (%) | Control Temperature (℃) | Emergency Temperature (℃) | UN Generic Entry | Notes |
| --- | --- | --- | --- | --- | --- |
| Acetone-pyrogallol copolymer 2-diazo-1-naphthol-5-sulphonate | 100 | | | 3228 | |
| Azodicarbonamide，formulation type B，temperature controlled | <100 | | | Forbidden | 1，2 |
| Azodicarbonamide，formulation type C | <100 | | | 3224 | 1 |
| Azodicarbonamide，formulation type C，temperature controlled | <100 | | | 3234 | 1 |
| Azodicarbonamide，formulation type D | <100 | | | 3226 | 1 |
| Azodicarbonamide，formulation type D，temperature controlled | <100 | | | 3236 | 1 |
| 2，2′-Azodi（2，4-Dimethyl-4-methoxyvaleronitrile) | 100 | −5 | +5 | 3236 | |
| 2，2′-Azodi（2，4-Dimethyl-valeronitrile) | 100 | +10 | +15 | 3236 | |
| 2，2′-Azodi (Ethyl 2-methylpropionate) | 100 | +20 | +25 | 3235 | |

5. 2 项的有机过氧化物按照国际航空运输协会《危险品规则》附录 C. 2 的属性条目表（见表 4—3）。

表 4—3 《危险品规则》附录 C.2 属性条目表

| Organic Peroxide | Concentration (%) | Diluent Type A (%) | Diluent Type B[1] (%) | Inert solid (%) | Water (%) | Control Temperature * (℃) | Emergency Temperature (℃) | UN Number (Generic Entry) | Notes |
|---|---|---|---|---|---|---|---|---|---|
| Acetyl acetone peroxide | ≤42 | ≥48 | | | ≥8 | | | 3105 | 2 |
| Acetyl acetone peroxide | ≤32 as a paste | | | | | | | 3106 | 20 |
| Acetyl cyclohexane sulphonyl peroxide | ≤82 | | | | ≥12 | −10 | 0 | Forbidden | 3 |
| Acetyl cyclohexane sulphonyl peroxide | ≤32 | | ≥68 | | | −10 | 0 | 3115 | |
| tert-Amyl hydroperoxide | ≤88 | ≥6 | | | ≥6 | | | 3107 | |
| tert-Amyl peroxyacetate | ≤62 | ≥38 | | | | | | 3105 | |
| tert-Amyl peroxybenzoate | ≤100 | | | | | | | 3103 | |
| tert-Amyl peroxy-2-ethylhexanoate | <100 | | | | | +20 | +25 | 3115 | |

同一品名具有固体和液体两种形式，则为其分配两个不同的 UN 编号，如：UN1553 Arsenic acid，liquid；UN1554 Arsenic acid，solid。

# 任务二　危险品运输专用名称的选用方法

## 一、在品名表中列名的危险品

危险品的名称在品名表中直接列名的，只需要根据品名表的各栏按顺序依次确定其名称、主次危险性、危险性标签、包装说明、数量限制及特殊说明等内容。

## 二、在品名表中未列名的新的危险品

若某一混合物、新物质或物品未在品名表中列名，但具有一定的危险性，需要根据它的性质选择最确切的泛指条目（n. o. s.）作为运输专用名称，这种 n. o. s. 条目有两种类型：特定泛指条目（generic entries）和属性泛指条目（hazard entries）。

（1）特定泛指条目。

例如：alcohols，n. o. s. ★（UN1987）

（2）属性泛指条目。

例如：flammable liquid，n. o. s. ★（UN1993）

如果在泛指名称后跟上“★”，则表示需要在括号内补上其技术名称。该技术名称是指在技术与操作手册和学术刊物中所使用的并且符合国际理论化学与应用化学联合会所颁布的标准。

对于品名表中未列名的危险品，可以通过下列步骤选择一个适合的泛指运输专用名称：确定物质的性质（可以通过进行性质实验、查阅文献资料等方法获得）；检查此物质是否为航空禁运物品；根据该物质的特性与危险品的分类标准进行比较，确定其类别或项别；当某物质具有多重危险性时，则根据国际航空运输协会《危险品规则》3. 10. A 确定其主次危险性；确定适宜泛指条目作为运输专用名称。为了帮助确定最准确的运输专用名称，国际航空运输协会《危险品规则》中表 4. 1. A 列出了所有泛指名称和属性名称，并按其危险性的类或项分组。

- 特定泛指条目（Generic Entries）。
- 农药类条目（Pesticide Entries）：对于第 3 类和第 6 类。
- 属性泛指条目（Hazard Entries）。

## 三、含有一种危险物质的混合物和溶液

一种混合物或溶液含有危险品表中列出的一种物质和一种或多种不受国际航空运输协会《危险品规则》约束的物质，必须用列出的危险物质品名作为该混合物或溶液的运输专用名称，而且应在其后加上表示状态的文字：“mixture”（混合物）或“solution”（溶液）。

但下列情况除外：

①混合物或溶液在品名表中具体列名的；

②品名表中的条目具体说明该条目适用于纯净物；

③溶液或混合物的危险性类别、物理状态或包装等级与品名表中列出的物质不同；

④在紧急情况下应采取的措施明显不同。

例 1：一种防冻产品由 80％的甲醇和 20％的水组成。此溶液的闪点为 20℃，初始沸点高于 70℃，因此这种物质有与甲醇相同的包装等级（methanol，UN 1230，Ⅱ）。由于危险性类别和包装等级均未改变，所以这种溶液可以申报为“UN1230 methanol solution”或“UN 1230 methanol mixture ”。

在上述任意一种情况下，混合物或溶液都不能采用其所含危险物质的品名作为运输专用名称，而必须选择与其性质相适应的泛指名称，并将其包含的危险物质专业名称写在其后的括号内，并且为了说明清楚还应注明表示状态的文字，即“mixture”（混合物）或“solution”（溶液）。

例 2：一种混合物中含有 2-chloropropane（UN2356，3 类，I 级包装等级）及一种无危险性的成分，其闪点 23℃，初始沸点高于 35℃。由于包装等级由 I 变为 II 级，因此此物质的运输专用名称为：UN 1993 flammable liquid n. o. s. （2-chloropropane solution）。

注：若混合物或溶液已经在《危险品品名表》中列出，但由于实际浓度不符合表中所对应类别或其他类别的分类标准，实际浓度太低，已不再对航空运输构成威胁，则被认为是非危险品，同时在航空货运单上标明“Not Restricted”（不限制）字样，表明该混合物或溶液已经接受检查，并确定无危险性。

## 四、含有两种或多种危险物质的混合物和溶液

含有两种或两种以上危险品的混合物和溶液，无论是否列入《危险品品名表》，必须用适当的泛指运输专用名称表示，并在泛指名称后面注明至少两种有主要危险性成分的技术名称。如有“mixture（混合物）”“solution（溶液）”必须加上。如需次要危险性标签，技术名称必须包括其所需的次要危险性标签的部分。属于国家法律或国际公约禁止泄密的管

制物品除外。

发动机清洗剂混合物在《危险品品名表》中未列出，该物质是汽油和四氯化碳组合的混合物，混合物的闪点低于23℃（73℉），沸点高于35℃（95℉），并符合第6.1项口服毒性的定义。按照《危险品规则》3.10.A表，主要危险性为第3类，次要危险性为第6.1项。托运人申报的该混合物运输专用名称为“易燃液体，有毒，泛指名称（汽油/四氯化碳混合物）”或“易燃液体，有毒，泛指名称（汽油/四氯化碳溶液）”。

不属于国际航空运输协会《危险品规则》范围的混合物或溶液若一种混合物或其制剂在《危险品品名表》中列有名称，但浓度不符合表中所列类、项的定义或任何其他一类的定义，则该混合物不受国际航空运输协会《危险品规则》的限制。

某一混合物或溶液所含的一种或一种以上在国际航空运输协会《危险品规则》中已列有名称或者已按泛指名称条目分类的物质，以及一种或一种以上不属于国际航空运输协会《危险品规则》规定的范围的物质，如果该混合物或溶液的危险属性未达到任何危险品的分类标准（包括人类经验标准），则该混合物或溶液不受国际航空运输协会《危险品规则》的限制。

在上述情况下都应当在航空货运单的货物名称旁注明“Not Restricted”（非限制）字样，表示该物品已经过检查，则该物品或物质可按照非限制规定办理运输。

# 模块五　危险品包装

**【本模块要点】**

1. 危险品包装的分类、编号、UN 规格包装标记。
2. 危险品包装的标记。
3. 危险品标签。

## 项目一　危险品包装的分类、编号、联合国规格包装标记

### 任务一　危险品包装的作用、要求、责任

**【任务详解】**

危险品的包装是危险品安全航空运输的重要组成部分，国际航空运输协会《危险品规则》为所有可进行航空运输的危险品提供了包装说明，所有允许航空运输的危险品数量都受到国际航空运输协会《危险品规则》的严格限制，以便一旦发生事故将危险性降到最低。

#### 一、危险品包装的作用

（1）防止所包装的危险品因接触雨雪、阳光、潮湿空气和杂质而发生变质，或发生剧烈化学反应造成事故。

（2）可减少货物在运输过程中所受到的碰撞、振动、摩擦和挤压，使其在包装的保护下处于相对稳定状态，从而保证运输安全。

（3）防止因货物洒漏、挥发以及与性质相互抵触的货物直接接触而发生事故或污染运输设备及其他的货物。

（4）便于装卸、搬运和保管，做到及时运输并使运输工具的载重量得到最大的利用，从而提高工作效率和运载效率。

## 二、危险品包装的要求

根据危险品的性质和运输的特点，以及包装应起到的作用，航空运输的危险品所使用的包装物应当符合下列要求。

（1）包装物应当构造严密，能够防止在正常运输条件下由于温度、湿度或者压力的变化，或者由于振动而引起渗漏。

包装应有一定的强度，其构造和封闭装置能经受运输过程中的正常冲撞、振动、挤压和摩擦，以保护包装内的货物不受损失，这是一般货物的共同要求。危险品必须使用优质包装，包装必须有足够的强度来抵抗在正常的运输过程中所发生的冲击、震动、挤压和摩擦，包括从集装板、集装箱或合成包装件上卸下做进一步的操作处理。包装件的结构和封口性能必须适应正常空运条件下温度、湿度、压力的变化而不致泄漏。

（2）包装物应当与内装物相适宜，直接与危险品接触的包装物不能与该危险品发生化学反应或者其他反应。

危险品的包装与所装物品直接接触部分，不应受该物品的化学或其他作用的影响，包装与内装物之间直接接触部分，必要时应有内涂层或进行相应处理，以使包装材质能适应内装物的物理、化学性质，避免与内装物发生化学反应，形成危险产物或削弱包装强度。

比如氢氟酸有强烈的腐蚀性，能侵蚀玻璃，故不能用玻璃容器盛装，要用铅筒或耐腐蚀的塑料、橡胶筒装运；铝在空气中表面会形成氧化物薄膜，对水、硫化物、浓硝酸、任何浓度的醋酸和一切有机酸类都有耐腐蚀性，所以冰醋酸、醋酐、甲乙混合酸、二硫化碳除化学试剂外一般都用铝桶盛装；所有压缩及液化气体，因其处于较高的压力状态下，应使用特制的耐压气瓶装运；苦味酸能与金属化合生成苦味酸盐，其爆炸敏感度比苦味酸更大，所以此类炸药严禁使用金属容器装运。此外，同一危险品还可能因所处的物理状态不同，要求使用不同的包装。液氨是由氨气压缩而成，沸点－33.35℃，乙胺沸点－16.6℃。常温下，都必须将其装入耐压气瓶中运输。但若将氨气、乙胺溶解于水中而生成氢氧化铵（氨水）、乙胺水溶液后，因其状态已发生变化，故可用铁桶盛装运输。

（3）包装物应当符合相关法规中有关材料和构造规格的要求，并应当按照其规定进行测试。用于盛装液体的包装物应当能承受相关法规中所列明的压力而不渗漏。

（4）内包装应当以防止在正常航空运输条件下发生破损或者渗漏的方式进行包装、固定或者垫衬，以控制其在外包装物内的移动。垫衬和吸附材料不得与包装物的内装物发生危险反应。

（5）包装物经检查未受腐蚀或者其他损坏时，方可再次使用。再次使用包装物时，应当采取一切必要措施防止随后装入的物品受到污染；如果由于之前内装物的性质，未经彻底清洗的空包装物可能造成危害，应当将其严密封闭，并按其构成危害的情况加以处理。

（6）包装件外部不得黏附构成危害数量的危险物质。

（7）每一危险品包装件应当标明其内装物的运输专用名称，应当粘贴符合相关规则要求的适当标签和其他相应标记。国际航空运输时，标记时除始发国要求的文字外应当加用英文。

在包装表面必须注明所装货物的运输专用名称，UN/ID 编号，收、发货人的名称和地址，其他相关内容等标记。

为了保证危险品运输安全，使从事运输操作作业的人员在进行作业时提高警惕性，杜绝发生事故的可能性，并在一旦发生事故时，能及时采取正确措施进行施救，危险品运输包装必须具备规定的危险品包装标记与标签并保证贴挂正确、明显和牢固。一种危险品同时具有易燃、有毒等性质，或不同品名的危险品配装在同一包装中时，应根据危险品的不同性质，同时粘贴相应的几种包装标志以便分别进行防护。同时，为了说明货物在装卸、运输、保管、开启时应注意的事项，往往在包装上同时粘贴包装储运操作标签。

相关规则给出了每一种危险品的详细包装说明。危险品航空运输必须按照相应的包装要求进行包装，否则不予运输。

## 三、危险品包装的责任

包装是托运人的主要工作之一。托运人应根据相关规则对航空运输的危险品进行分类、识别、包装、标签和标记，提交正确填制的危险品运输文件。作为货物代理人或承运人的货物接收人员有必要明确托运人应如何对危险品进行包装，他们应遵守哪些规定。

（1）托运人使用的包装、容器可能是由专门的包装生产厂家制造并由其进行过规定的包装试验的，也可能是托运人在提交运输以前先委托他人进行包装的。无论何种情况，托运人都应对所使用的包装质量负全部责任。托运人当然可以就包装质量问题与有关各方交涉，但这与承运人无关。一旦出现问题，承运人只让托运人负全部责任。

（2）托运人必须按照相关规则对货物进行包装，选用允许使用的包装类型，遵守有关各种危险品的适用包装方法、单件净重和总净重的规定。在准备危险品的每一包装件时，托运人必须注意以下六点。

①遵守与所选用包装类型相关的一系列包装要求。

②选用的包装必须是《危险品品名表》中G栏、I栏或K栏指定包装说明中适用的包装。

③对所有包装而言，《危险品品名表》的H栏、J栏或L栏对每一包装件的盛装数量有所限制，而包装设计本身对此也有限制。在这种情况下，应采用两者之中较严格的包装限制。此外，关于组合包装，每一内包装的数量限制，不得超过适用的包装说明中的规定。

④包装的所有组成部分，必须按预定方式组装牢固。

⑤应保证组装的包装件外表面没有灌装过程自身带来的或罐装/组装区周围环境带来的污染。

⑥向经营人交运包装件时，应保证托运人已履行有关包装的全部责任。

（3）托运人不得将危险品装入集装箱或集装器，但下列事项除外。

①装有放射性物品的放射性专用货箱。该集装箱必须有永久性封装功能，坚固，耐重复使用。

②按照包装说明 Y963 准备的装有日用消费品的集装器或其他类型的货盘。

③装有固体二氧化碳（干冰）的集装器，但该干冰用于冷冻，非危险品。

④事先已获经营人批准的装有磁性物质的集装器。

（4）货物交付运输后，在启运前发现包装破损散漏的，如不能证明是承运人过失造成的，托运人有责任修理或更换包装；如果能证明是承运人的过失，也应由托运人责任修理或更换包装，但由承运人赔偿托运人由此而造成的直接损失，经修理或更换后的包装也必须符合相关规则的要求。获准重复使用一个包装或合成包装件之前，托运人必须保证除去或抹掉所有不再适用的危险品标记和标签。

（5）若在特殊情况下，托运人所使用的包装与相关规则中的具体规定不一致，托运人有责任向承运人提供包装试验和适用情况的证明文件。

## 任务二　危险品的包装方式、术语与编号

**【任务详解】**

### 一、包装方式

包装方式主要包括单一包装、组合包装、复合包装、集合包装、联合国规格包装、有限数量包装、例外数量包装、补救包装及其他类型包装。

1. 单一包装（Single Packaging）

单一包装指在运输过程中不需要任何内包装来完成其盛放功能的包装，一般由钢铁、铝、塑料或其他被许可的材料制成（见图 5-1）。

图 5-1　单一包装

2. 组合包装（Combination Packaging）

由木材、纤维板、金属或塑料制成的一层外包装，内装有金属、塑料、玻璃或陶瓷制成的内包装，称为组合包装。根据不同需要，包装内还可以用吸附或衬垫材料（见图 5-2）。

图 5-2 组合包装

3. 复合包装（Composite Packaging）

由内外两层材料组成一个不可分割的整体包装，属于复合包装。

4. 集合包装（Overpack）

集合包装是指为了运输和装载的方便，同一托运人将若干个符合危险品包装、标记、标签要求的包装件合成一个作业单元，可分成封闭性和敞开性两种（飞机集装器不是集合包装件）。封闭性集合包装件如图 5-3 所示，敞开性集合包装件如图 5-4 所示。

图 5-3 封闭性集合包装件

图 5-4 敞开性集合包装件

5. 联合国规格包装（UN Specification Packaging）

联合国规格包装（UN 包装）指经过联合国包装试验，安全达到联合国标准，有联合国试验合格标志的包装（见图 5－5）。

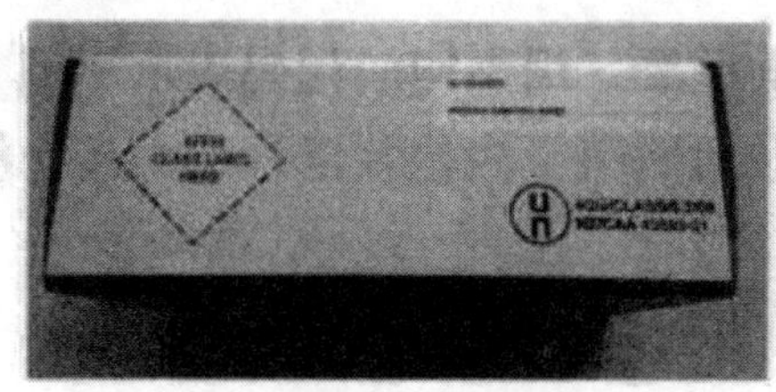

图 5－5　联合国规格包装

6. 有限数量包装（Limited Quantity）

有限数量包装是指用于危险货物数量在一定限量内的包装，没有经过联合国性能测试，其外表上没有 UN 标志，但必须达到强度要求。包装表面粘贴有限数量标记（见图 5－6）。

图 5－6　有限数量标记

7. 例外数量包装（Excepted Quantity）

某些类型的危险品运输量很小时，可以使用内、中、外三层包装以及吸附材料对货物进行包装，要求包装坚固耐用，经例外数量包装的危险品不需要填写危险品申报单。包装表面粘贴例外数量标记（见图 5－7）。

图 5-7　例外数量标记

8. 补救包装（Salvage）

补救包装是指一种特殊的包装，用于运输需要回收或处理的已损坏、有缺陷、有渗漏或不符合规定的危险品包装件，或用于运输已溢出或漏出的危险品。补救包装应使用适合的方法以免破损或渗漏的包装在补救包装中过分移动，如果补救包装中含有液体，应在其中加入有效的吸附材料以免液体流动，托运补救包装必须得到国家主管当局的批准。

使用补救包装的注意事项主要有三点。

（1）补救包装必须是抗化学品腐蚀或防止危险品泄漏或溢出的单一包装。多个破损、残缺或渗漏危险品包装不得使用此补救包装。

（2）破损、残缺或渗漏的第 1、2、7 类和第 6.2 项中的危险品的包装（纳入 UN3291 的临床废弃物和废药品除外）不得采用补救包装运输。

（3）破损、残缺或渗漏的第 4.1 项的自身反应物质和第 5.2 项的有机过氧化物包装件不得使用通过 I 级包装等级要求的金属补救包装进行运输。

9. 其他类型包装

其他类型包装是为一些有特殊运输要求的危险货物特别设计、制造的包装。如某些气体必须装入为特定的储运而专门制造的钢瓶或其他金属高压容器，为空运固体二氧化碳而设计和制造的包装，为运输危害环境物质而设计的中型散装容器等。

## 二、有关包装的术语

Package（包装件）：货物经过包装所形成的整体。

Packing（打包）：将货物用适当材料扎紧、固定或增加强度的工艺和操作。

Inner Packaging（内包装）：为了运输而需要加外包装的包装。

Outer Packaging（外包装）：指复合包装或组合包装的外保护层，包括包容和保护内容器或内包装的吸附材料、衬垫及任何其他必要包装。

## 三、包装编号

在危险货物的包装中，除以限制数量进行运输的危险品和某些有特殊运输要求包装编号的危险品外，绝大多数危险货物的包装均采用联合国规格包装。联合国和国际航空运输协会对这类包装的类型、编号、性能测试及标记等均有严格、统一的规定，本小节就对这类包装做全面介绍。

联合国规格包装分为两种，分别是组合包装和单一包装。

国际航空运输协会根据联合国规格包装的标准，用不同的编号表示不同类型的危险品包装。包装编号分为两个系列，第一个系列适用于内包装以外的包装，第二个系列适用于内包装。

内包装以外的包装中，外包装/单一包装与复合包装的编号位数也有区别。

1. 外包装/单一包装

此两位或三位编号由一个或两个阿拉伯数字加一个字母组成：

第一个符号是阿拉伯数字，表示包装的种类，如桶、箱等。

第二个符号是大写拉丁字母，表示材料的性质，如钢、木等。

第三个符号是阿拉伯数字，表示某一种类包装更细的分类。此符号根据实际情况确定有无，因为有的包装分类中无更细的分类。

2. 复合包装

此三位或四位编号由一个或两个数字和两个字母组成：

两个大写拉丁字母顺次地写在编号中的第二、第三位上，第一个字母表示内容器材料，第二个字母表示外包装的材料。另外两个数字的表示含义同上。

3. 组合包装

仅采用表示外包装的编号，即由一个或两个阿拉伯数字和一个字母组成。

(1) 用于表示包装种类的阿拉伯数字具有如下含义：

1：(圆) 桶

2：预留

3：方形桶

4：箱

5：袋

6：复合包装

(2) 包装材料分别用下列拉丁字母表示：

A：钢（各种型号和各种表面处理的钢） 〔Steel (all types and surface treatments)〕

B：铝（Aluminum）

C：天然木材（Natural Wood）

D：胶合板（Plywood）

F：再生木材（Reconstituted Wood）

G：纤维板（Fiberboard）

H：塑料（Plastic Material）

L：纺织品（Textile）

M：纸、多层的（Paper Multilevel）

N：金属（不包括钢和铝）〔Metal (other than steel or aluminum)〕

(3) 包装编号中的特殊符号。

V：特殊包装（Special Packaging）。

U：感染性物质特殊包装（Special Packaging for Infectious Substance）。

W：非完全符合联合国规格，使用需要始发国批准。

T：补救包装（Salvage Packaging）。

4. 包装编号表

表 5-1 列出了包装说明中的内包装编号。内包装编号包括三个或四个编码：大写拉丁字母“IP”表示“内包装”（Inner Packagings）；阿拉伯数字表示内包装的种类，有的情况下数字后还会有一个大写字母，表示

这一种类内包装的更细分类。

**表 5-1 包装说明中的内包装编号**

| 名称 | 规格编号 |
| --- | --- |
| 陶瓷玻璃或蜡制容器 | IP1 |
| 塑料容器 | IP2 |
| 非铝金属罐、筒或管 | IP3 |
| 铝罐、铝桶或管 | IP3A |
| 多层纸袋 | IP4 |
| 塑料袋 | IP5 |
| 硬纸盒或罐 | IP6 |
| 气溶胶金属容器，一次性使用 | IP7 |
| 玻璃安瓿瓶（玻璃管） | IP8 |
| 金属或塑料软管 | IP9 |
| 有塑料/铝衬的纸袋 | IP10 |

表 5-2 中列出了航空运输使用的联合国规格包装，表中注明了包装类型和规格编号。

**表 5-2 包装说明中的联合国规格包装的包装类型和规格编号**

| 名称 | 规格编号 |
| --- | --- |
| 瓶盖<br>盖子不可取下<br>盖子可取下 | <br>1A1<br>1A2 |
| 铝桶<br>盖子不可取下<br>盖子可取下 | <br>1B1<br>1B2 |
| 胶合板桶 | 1D |
| 纤维板桶 | 1G |
| 钢制方形桶<br>盖子不可取下<br>盖子可取下 | <br>3A1<br>3A2 |

续表5－2

| 名称 | 规格编号 |
| --- | --- |
| 铝制方形桶<br>盖子不可取下<br>盖子可取下 | <br>3B1<br>3B2 |
| 塑料桶及方形桶<br>塑料桶，盖子不可取下<br>塑料桶，盖子可取下<br>方形桶，盖子不可取下<br>方形桶，盖子可取下 | <br>1H1<br>1H2<br>3H1<br>3H2 |
| 金属桶（除钢桶和铝桶之外）<br>盖子不可取下<br>盖子可取下 | <br>1H1<br>1H2 |
| 钢箱、铝箱或其他金属箱<br>钢箱<br>铝箱<br>其他金属箱 | <br>4A<br>4B<br>4N |
| 天然木箱<br>普通型<br>接缝严密型 | <br>4C1<br>4C2 |
| 胶合板箱 | 4D |
| 再生木材箱 | 4G |
| 纤维板箱 | 4F |
| 塑料箱<br>泡沫塑料箱<br>硬质塑料箱 | <br>4H1<br>4H2 |
| 编织袋<br>防漏型<br>防水型 | <br>5L1<br>5L2 |
| 塑料编织袋<br>无里衬或涂层<br>防漏型 | <br>5H1<br>5H2 |
| 防水型 | 5H3 |
| 塑料薄膜袋 | 5H4 |

续表 5-2

| 名称 | 规格编号 |
|---|---|
| 复合包装（塑料材质）<br>钢壳塑料桶<br>钢壳塑料箱<br>铝壳塑料桶<br>铝壳塑料箱<br>木壳塑料箱<br>胶合板壳塑料桶<br>胶合板壳塑料箱<br>纤维板壳塑料桶<br>纤维板壳塑料箱<br>塑料外壳塑料桶<br>硬质塑料外壳塑料箱 | <br>6HA1<br>6HA2<br>6HB1<br>6HB2<br>6HC<br>6HD1<br>6HD2<br>6HG1<br>6HG2<br>6HH1<br>6HH1 |
| 纸袋<br>多层型<br>多层防水型 | <br>5M1<br>5M2 |

5. 联合国规格包装的合格标记

由于危险品的特殊性，为了确保运输安全，避免所装物品在正常运输条件下受到损害，对危险品的包装必须进行规定的性能试验。试验合格并在包装表面标注上持久、清楚、统一的合格标记后，才能使用。联合国为了国际运输的需要，规定了统一的包装合格标记及联合国规格包装。

（1）盛装固体的包装标记（见图 5-8）。

图 5-8 盛放固体的包装标记示例

①(un) 联合国规格包装标记编号。

②“4G”：再生木材箱。

③“Y”：包装等级Ⅱ级可盛放包装等级为Ⅱ、Ⅲ的危险品。

X 用于Ⅰ级包装（本包装用于Ⅰ、Ⅱ、Ⅲ级包装的物品和物质）。

Y 用于Ⅱ级包装（本包装用于Ⅱ、Ⅲ级包装的物品和物质）。

Z 用于Ⅲ级包装（本包装用于Ⅲ级包装的物品和物质）。

④145：包装可以承受的最大允许毛重是 145kg。

⑤S：里面盛放固体或内包装。

⑥02：生产年份编号。

⑦NL：生产国家编号。

⑧VL823：生产厂商编号。

（2）盛装液体的包装标记（见图 5-9）。

图 5-9　盛放液体的包装标记示例

①1A1：小口铁桶（盖子不可取下）。

②Y：包装等级Ⅱ级，可以盛放包装等级为Ⅱ、Ⅲ的危险品。

③1.4：盛放的液体与水的相对密度不能超过 1.4。

④150：最大承受的压强为 150kPa。

⑤05：生产年份编号。

⑥NL：生产国家编号。

⑦VL824：生产厂商编号。

（3）修复包装标记（见图 5-10）。

图 5-10 修复包装标记示例

①1A1：小口铁桶（盖子不可取下）。

②Y：包装等级Ⅱ级，可以盛放包装等级为Ⅱ、Ⅲ的危险品。

③1.4：盛放的液体与水相对密度不能超过 1.4。

④150：最大承受的压强为 150kPa。

⑤86：生产年份编号。

⑥NL：生产国家编号。

⑦RB：修复厂商编号或经国家主管部门规定的识别标记。

⑧05：修复合格年份。

⑨R：修复标记。如成功通过防渗漏试验，另加字母“L”。

（4）A 级感染性物质包装标记（见图 5-11）。

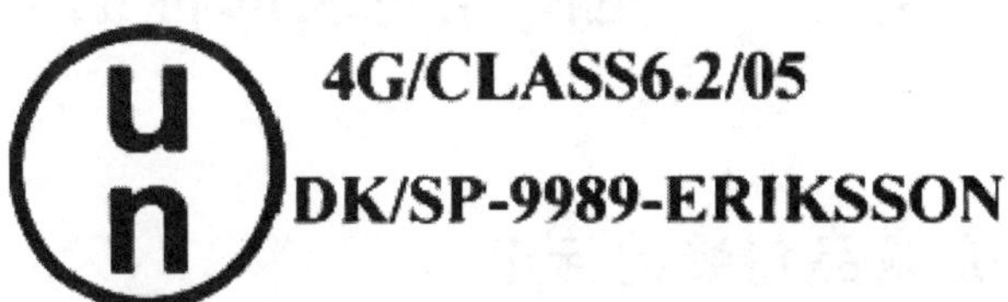


图 5-11 A 级感染性物质包装标记示例

①4G：再生木材箱。

②CLASS 6.2：感染性物质编号。

③05：生产年份编号。

④DK：生产国家编号。

⑤SP-9989-ERIKSSON：生产厂商编号。

（5）补救包装标记（见图 5-12）。

图 5－12　补救包装标记示例

①1A2：小口铁桶（盖子可取下）。

②T：补救包装。

③Y：包装等级Ⅱ级，可以盛放包装等级为Ⅱ、Ⅲ的危险品。

④300：包装可以承受的最大允许毛重是 300kg。

⑤S：里面盛放固体或内包装。

⑥05：生产年份编号。

⑦USA：生产国家编号。

⑧abc：生产厂商编号。

# 项目二　危险品包装的标记

## 任务一　危险品包装的标记

**【任务详解】**

### 一、托运人的具体责任

对于需要做标记的危险品包装件或合成包装件，托运人必须注意下列各项要求。

（1）检查所有有关的标记是否已标注在包装件或合成包装件的正确位置上，是否符合国际航空运输协会《危险品规则》的具体要求；

（2）去除包装件或合成包装件上所有无关的标记；

(3) 按国际航空运输协会《危险品规则》第五章要求使用规格包装件的，确保用来盛装危险品的每一外包装或单层包装上，标出《危险品规则》6.0.4 所规定的规格标记；

(4) 任何适用的新标记都应标注在正确的位置上，并确保标记要经久耐用且有正确的说明；

(5) 托运人必须确保危险品的包装件或合成包装件在交给运营人托运时，标记工作已彻底完成。

## 二、标记种类

### 1. 基本标记

对每一危险品的包装件及集合包装件，必须清晰地书写基本标记。基本标记包括下面三方面内容。

(1) 运输专用名称，内装物品的运输专用名称（如需要，加上技术名称或化学名称）。

(2) 使用的 UN 或 ID 编号，前面冠以字母“UN”或“ID”。

(3) 收、发货人的详细名称、地址，如果包装件的尺寸允许，托运人及收货人的全名和地址与运输专用名称标记相邻，且位于包装件的同一表面。

### 2. 附加标记

(1) 对下列危险品，除需要在外包装上书写基本标记外，还需书写相应的附加标记。

每一包装件必须注明所含危险品的净数量。当《危险品品名表》中的 H 栏所示的最大重量为毛重时，必须注明包装件的毛重并在计量单位后注明字母“G”。重量应标注在运输专用名称和 UN 编号旁。此规定不适用于：

①托运的货物中仅含有一个危险品的包装件；

②托运的货物中含有多个相同危险品的包装件（例如每个包装件具有相同的 UN 编号、运输专用名称、包装等级及相同的数量）；

③ID8000，日用消费品和放射性物品（第 7 类）。

(2) 对于固体二氧化碳（干冰）UN1845，还需书写包装件内固体二氧化碳（干冰）的净重。

（3）对于6.2项感染性物质，书写责任人的姓名及电话号码。

（4）对于第2类深冷冻液化气体，每一包装件上必须用箭头，或用“包装件方向”标签明显标示；环绕包装件每隔120°或每一侧面都必须标出“KEEP UPRIGHT”（保持直立）。

（5）对于UN3373的包装件，标注“生物物质，B级”字样及菱形标记（见图5—13）。

（6）对于按A144运输带有化学氧气发生器的呼吸保护装置，在包装件的运输专用名称旁注明“飞行机组呼吸保护装置（防烟罩），符合A144特殊规定”［air crew protective breathing equipment（smoke hood）in accordance with special provision A144］。

（7）运输危害环境物质UN3077和UN3082时，按要求标注标记（见图5—14）。

**图5—13　包装件菱形标记　图5—14　运输危害环境物质UN3077和UN3082时的标记**

3. 其他规则要求的标记

（1）对于限制数量包装，外包装标注“限制数量”标记。

（2）对于补救包装，注明“补救”（Salvage）字样。

（3）对于空包装，除第7类外，任何装过危险品的包装，在没有经过清洗、蒸汽清洁或重新装入非危险品以消除其有害性前，必须按要求对那些危险品进行标记；装过感染性物质的空包装在返还托运人或运送至其他地点前，必须要进行完全的消毒或灭菌，并且去除原有的感染性物质标记。

（4）当两种或两种以上的危险品被包装在同一外包装中时，应在包装件上按要求标注各自相应的标记。

单个包装件 UN0323 危险品标记实例如图 5－15 所示。

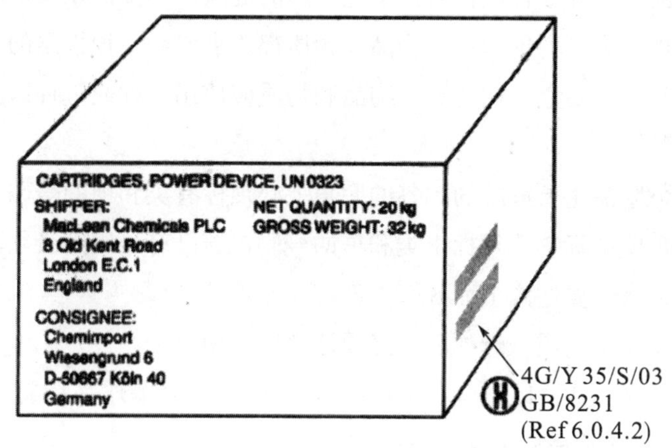


**图 5－15　单个包装件 UN0323 危险品标记实例**

# 项目三　危险品标签

## 任务一　危险品标签详解

**【任务详解】**

### 一、标签的种类

所有的标签在形状、颜色、格式和文字说明上都必须符合相关法规的设计要求。危险品包装标签分为下面两种类项。

（1）危险性标签（菱形）：大多数危险品都需要粘贴此种标签。

（2）操作标签（矩形）：某些危险品需要粘贴此种标签，既可单独使用，也可与危险性标签同时并用。

## 二、标签的使用

### 1. 危险性标签的使用

危险品包装件及合成包装件上应使用的危险性标签都在《危险品品名表》中列出。表中列出的每一物品和物质都要求使用一种指定的主要危险性标签。具有次要危险性的每一物品和物质应使用一种或一种以上的次要危险性标签。

说明危险品主要危险的标签的底角上必须标有类和项的号码。说明危险品次要危险的标签无须标出类和项的号码，若已有号码则必须清除掉。

具体而言，要注意下面 8 个方面。

(1) 第 1 类物质（爆炸品）必须注意以下两点。

①要求贴 1.1、1.2、1.3、1.4、1.5 和 1.6 项爆炸品标签的包装件（少数例外）通常是禁止空运的；

②必要时，类、项及配装组号码或字母必须填写在标签上。

(2) 第 2 类物质（气体），有三种不同标签。

①红色标签用于 2.1 项易燃气体；

②绿色标签用于 2.2 项非易燃无毒气体；

③白色标签用于 2.3 项毒性气体。

(3) 第 4.2 项物质（自燃物质）：如具有易燃固体次要危险性，亦无须标贴 4.1 项的次要危险性标签。

(4) 第 5 类物质（氧化性物质和有机过氧化物）。

①必要时，类别中项的号码，即“5.1”或“5.2”必须填写在底角处。

②盛装有机过氧化物的包装件，又符合 8 类物质Ⅰ级或Ⅱ级包装标准时，必须粘贴腐蚀性的次要危险性标签。

许多液态有机过氧化物的成分是易燃的，但无须粘贴易燃液体的次要危险性标签，因为有机过氧化物标签本身就意味着该产品可能是易燃的。

(5) 第 6.1 项物质（毒性物质）：属于 6.1 项含有主要的或次要的危险性的物质（毒性物质），其毒性物质标签内容可用“毒性的”（Toxic）或“有毒的”（Poison）字样表示。

(6) 第8类腐蚀性物质，具有只破坏皮肤组织的次要危险性，无须使用6.1项次要危险性标签。

(7) 第9类物质的包装件必须贴有危险品表所要求的9类“杂项危险品”(Miscellaneous Dangerous Goods) 标签。当包装件内盛装磁性物质时，必须贴上“磁性物质”(Magnetized Material) 标签代替杂项危险品标签。

(8) 废料包装。货主在交运任何废料包装进行航空运输之前，必须确保按下列要求贴标签：

①包装内所含危险品的所有标签必须在该包装上再贴出；

②仅限货机运输的含有危险品的包装件，必须粘贴“仅限货机”(Cargo Aircraft Only) 标签。

2. 操作标签的使用

操作标签既可单独使用也可与危险性标签一起使用。具体分为如下4个方面。

(1) “磁性物质”标签：必须用在装有磁性物质包装件及合成包装件上。

(2) “仅限货机”标签：必须用在仅限货机运输的危险品包装件上。但当包装说明号及包装件的允许量指明客、货机均可承运时，不得使用“仅限货机”的标签。即使是在同一票货中由于其他包装件而在托运人申报单中标明“仅限货机”时，“仅限货机”标签也不能用于按照客机限制包装的包装件。

(3) “冷冻液体”标签：含有冷冻液体的包装件和合成包装件上的“冷冻液体”操作标签，必须与非易燃无毒气体(2.2项)危险性标签同时使用。

(4) “包装件方向”(向上)标签：盛装液体危险品的组合包装件及合成包装件必须使用“包装件方向”(向上)标签，或者使用事先印制在包装件上的包装件方向标签。但感染性物质、放射性物质或内包装盛有120mL以下的易燃液体的包装件除外。标签的横线下应填入“危险品”字样，标签必须粘贴或者印制在包装件相对的两个侧面以表明包装件的方向，使其封闭处始终朝上。粘贴包装件方向标签时，还应将“THIS END

UP”或“THIS SIDE UP”字样填写在包装件或合成包装件的顶面。

3. 标签的粘贴要求

（1）所有标签必须牢固地粘贴或印制在包装上，以使它们清楚可见，而不被包装的任何部分或其他标签遮盖。

（2）每一标签必须粘贴或印制在颜色对比明显的底面上，标签的外边缘应有虚线和实线。

（3）标签粘贴时不得折叠，不得将同一标签贴在包装件的不同侧面上。

（4）如果包装件的形状非正规，其表面无法粘贴标签，可以使用硬质的拴挂标签。

（5）包装件必须有足够位置粘贴所有要求的标签。

（6）标签位置：如果包装件的尺寸足够，标签应粘贴在标记相应运输专用名称的同一侧面，并靠近运输专用名称的位置；标签应紧接着托运人、收货人的地址贴；如果需要粘贴标明主要危险性和次要危险性的标签，次要危险性标签应紧接主要危险性标签粘贴在包装的同一侧面；若同一包装件中有不同条目的危险品需要粘贴多个危险性标签，则这些标签必须彼此相邻；除包装件的尺寸不足外，危险性标签必须以45°（菱形）的角度粘贴。

（7）“仅限货机”标签：“仅限货机”标签必须紧接着危险性标签粘贴。

（8）方向标签：表示包装件方向的“向上”标签至少在包装件上贴两个，在两个相对的侧面上各贴一个，箭头方向必须保持向上。

（9）合成包装件：要求在一个合成包装内的包装件上使用的标签必须清晰可见，或者重新制作一个标签贴于合成包装件的外部。

（10）其他形式标签：除规则中规定的标签外，其他国际、国家运输规则要求的标签亦可使用，但其颜色、设计及样式不得与《危险品品名表》要求的相矛盾、相混淆。

## 三、标签规格实样

1. 危险性标签实样

危险性标签解释及实样见表5－3。

**表 5-3　危险性标签解释及实样列表**

| 说明 | 标签 |
|---|---|
| 第 1 类　爆炸品（1.1、1.2、1.3 项）<br>名称：爆炸品<br>货运标准代码：适用于 REX、RCX、RGX<br>最小尺寸：100mm×100mm<br>图像符号（爆炸的炸弹）：黑色<br>底色：橘黄色<br>注：1.1、1.2 项爆炸品标签的包装件（少数例外）通常是禁止空运的。 | 1.1<br>1 |
| 第 1 类　爆炸品（1.4 项）包括 1.4 项配装组 S<br>名称：爆炸品<br>货运标准代码：适用于 RXB、RXC、RXD、RXE、RXG、RXS<br>最小尺寸：100mm×100mm<br>图像符号：黑色<br>底色：橘黄色 | 1.4<br>1 |
| 第 1 类　爆炸品（1.5 项）<br>名称：爆炸品<br>货运标准代码：REX<br>最小尺寸：100mm×100mm<br>图像符号：黑色<br>底色：橘黄色<br>注：贴有此标签的包装件通常是禁止空运的 | 1.5<br>1 |
| 第 1 类　爆炸品（1.6 项）<br>名称：爆炸品<br>货运标准代码：REX<br>最小尺寸：100mm×100mm<br>图像符号：黑色<br>底色：橘黄色<br>注：贴有此标签的包装件通常是禁止空运的 | 1.6<br>1 |
| 第 2 类　气体：易燃（2.1 项）<br>名称：易燃气体<br>货运标准代码：RFG<br>最小尺寸：100mm×100mm<br>图像符号（火焰）：黑色或白色<br>底色：红色 | 2 |

续表5－3

| | |
|---|---|
| 第 2 类　气体：非易燃，无毒（2.2 项）<br>名称：非易燃　无毒气体<br>货运标准代码：RNG 或 RCL<br>最小尺寸：100mm×100mm<br>图像符号（火焰）：黑色或白色<br>底色：绿色 | 2 |
| 第 2 类　气体：有毒（2.3 项）<br>名称：毒性气体<br>货运标准代码：RPG<br>最小尺寸：100mm×100mm<br>图像符号（骷髅和交叉股骨）：黑色<br>底色：白色 | 2 |
| 第 3 类　易燃液体<br>名称：易燃液体<br>货运标准代码：RFL<br>最小尺寸：100mm×100mm<br>图像符号（火焰）：黑色或白色<br>底色：红色 | 3 |
| 第 4 类　易燃固体（4.1 项）<br>名称：易燃固体<br>货运标准代码：RFS<br>最小尺寸：100mm×100mm<br>图像符号（火焰）：黑色<br>底色：白色，带有七条红色竖道 | 4 |
| 第 4 类　自燃物质（4.2 项）<br>名称：自燃物质<br>货运标准代码：RSC<br>最小尺寸：100mm×100mm<br>图像符号（火焰）：黑色<br>底色：上半部白色，下半部红色 | 4 |

续表5－3

| | |
|---|---|
| 第 4 类　遇水释放易燃气体的物质（4.3 项）<br>名称：遇湿危险的物质<br>货运标准代码：RFW<br>最小尺寸：100mm×100mm<br>图像符号（火焰）：黑色或白色<br>底色：蓝色<br>注：此标签也可印为蓝色底面，图形符号（火焰）、数字及边线均为黑色 | 4 |
| 第 5 类　氧化性物质（5.1 项）<br>名称：氧化剂（Oxidizer）<br>货运标准代码：ROX<br>最小尺寸：100mm×100mm<br>图像符号（圆圈上带火焰）：黑色<br>底色：黄色<br>注：此标签也可印为红色底面，图形符号（火焰）、数字及边线均为黑色。 | 5.1 |
| 第 5 类　有机过氧化物（5.2 项）<br>名称：有机过氧化物（Organic Peroxide）<br>货运标准代码：ROP<br>最小尺寸：100mm×100mm<br>图像符号（圆圈上带火焰）：黑色或白色<br>底色：上半部红色，下半部黄色 | 5.2 |
| 第 6 类　毒性物质（6.1 项）<br>名称：毒性物质<br>货运标准代码：RPB<br>最小尺寸：100mm×100mm<br>图像符号（骷髅和交叉股骨）：黑色<br>底色：白色 | 6 |
| 第 6 类　感染性物质（6.2 项）<br>名称：感染性物质<br>货运标准代码：RIS<br>最小尺寸：100mm×100mm<br>图像符号（三枚新月叠加在一个圆圈上）和说明文字：黑色<br>底色：白色 | 6 |

续表5－3

| | |
|---|---|
| 第 7 类　放射性物品　Ⅰ级白色<br>名称：放射性物品（Radioactive）<br>货运标准代码：RRW<br>最小尺寸：100mm×100mm<br>图像符号（三叶标记）和说明文字：黑色<br>底色：白色 | <br> |
| 第 7 类　放射性物品　Ⅱ级黄色<br>名称：放射性物品（Radioactive）<br>货运标准代码：RRY<br>最小尺寸：100mm×100mm<br>图像符号（三叶标记）和说明文字：黑色<br>底色：上半部黄色带白边，下半部白色 | <br> |
| 第 7 类　放射性物品　Ⅲ级黄色<br>名称：放射性物品（Radioactive）<br>货运标准代码：RRY<br>最小尺寸：100mm×100mm<br>图像符号（三叶标记）和说明文字：黑色<br>底色：上半部黄色带白边，下半部白色 | <br> |
| 第 7 类　放射性物品　临界安全指数标签<br>最小尺寸：100mm×100mm<br>说明文字（必须注明）：白色底色标签的上半部标注黑色文字"FISSILE"（裂变物质） | 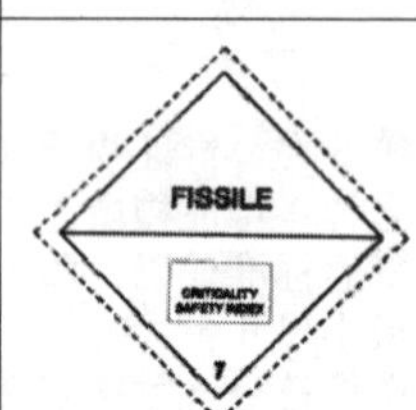<br> |
| 第 8 类　腐蚀性物质<br>名称：腐蚀性物质（Corrosives）<br>货运标准代码：RCM<br>最小尺寸：100mm×100mm<br>图像符号（液体从两只玻璃容器中溢出并溅到手上和金属上）：黑色<br>底色：上半部白色，下半部黑色，带有白色边线 | <br> |

续表5−3

| | |
|---|---|
| 第 9 类　杂项危险品<br>名称：杂项危险品（Miscellaneous）<br>货运标准代码：RMD 或 ICE、RLI、RLM、RSB（聚合物颗粒和适用包装说明 957 的塑料造型化合物）<br>最小尺寸：100mm×100mm<br>图像符号（上半部有七条竖道）：黑色<br>底色：白色 | 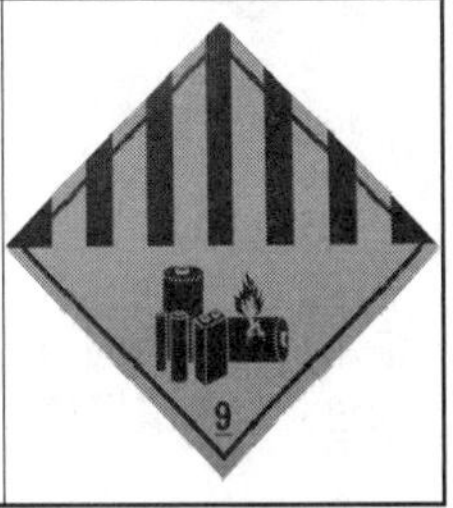 |

## 2. 操作标签实样

操作标签解释及实样见表 5−4。

**表 5−4　操作标签解释及实样列表**

| | |
|---|---|
| 磁性物品<br>名称：磁性物品货运<br>货运标准代码：MAG<br>最小尺寸：110mm×90mm<br>颜色：白色为底，图形和文字为蓝色 | 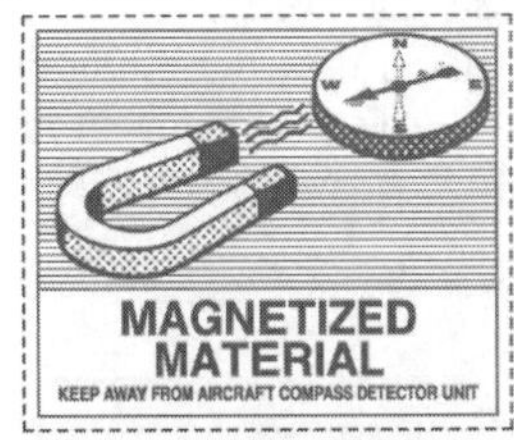 |
| 仅限货机<br>名称：仅限货机<br>货运标准代码：CAO<br>最小尺寸：120mm×110mm<br>感染性物质（6 类，6.2 项）小包装件的尺寸可减半<br>颜色：橘黄色为底，图形和文字为黑色 |  |
| 冷冻液体<br>名称：低温液体<br>货运标准代码：RCL<br>最小尺寸：75mm×105mm<br>颜色：绿色（Pantone 335U 号颜色）为底色，图形和文字为白色<br>注：可选择添加“当心——如果溢出或泄漏，可造成冷灼伤”（caution—may cause cold burn injuries if spilled or leaked）的文字 | 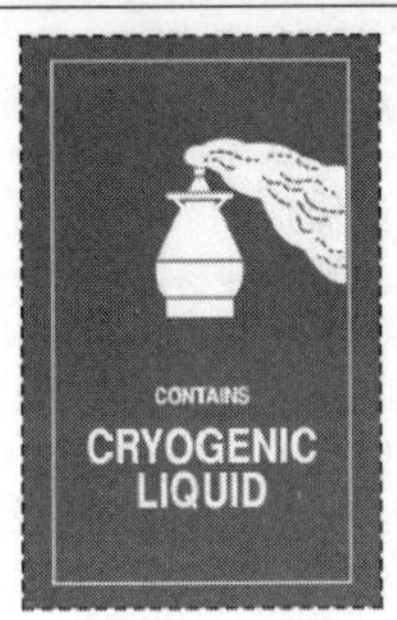 |

续表5-4

| | |
|---|---|
| 包装件方向<br>名称：包装件方向（向上）<br>最小尺寸：74mm×105mm<br>颜色：红色或黑色，配以高反差背景色 |  |
| 远离热源<br>名称：远离热源<br>最小尺寸：74 mm×105mm<br>颜色：红色（Pantone 186U 号颜色）和黑色，配以白色背景或其他可选的颜色 |  |
| 放射性物品<br>名称：放射性物品，例外包装件<br>货运标准代码：RRE<br>颜色：标签的边线必须带有红色斜纹阴影。标签可以用黑色和红色打印在白纸上或仅用红色打印在白纸上。<br>注：1. 可选择性地在标签上添加“此包装件信息不需要列入特种货物机长通知单（NOTOC）上”的文字。<br>2. 适用于特殊规定 A130 的包装件不必粘贴“放射性物品例外包装件”的标签 | 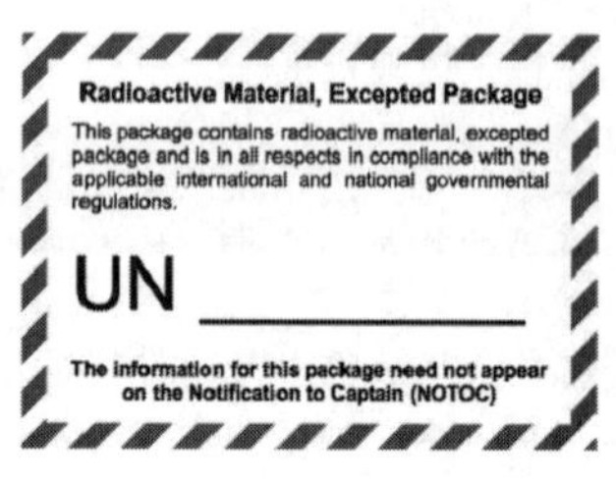 |
| 锂电池标签<br>名称：锂电池标签货运<br>货运标准代码：适用的 RLI，RLM，ELI 或 ELM 当含有锂电池的包装件仅适用小标签时，标签的尺寸可以是 105mm×74mm<br>颜色：标签边框必须为红色斜阴影线。文字和符号为黑色，配以高反差背景色。<br>注：标签中“*”填写“锂离子电池”和/或“锂金属电池” |  |

## 四、标签的贴法

危险品包装件上使用的标签必须做到以下九点。

（1）牢固粘贴或印刷在包装件上，以便清楚可见，且不被包装的任何部分或附件或其他标签遮盖。

（2）包装件的底色应明显区别于标签的颜色，或在标签的周围用虚线或实线圈出。

（3）标签不准折叠，不得使其中的一部分在一个面而另一部分在另一面。

（4）若包装件的现状特殊，标签无法粘贴或印刷在包装件上，必须挂以结实的标签牌。

（5）危险品的包装件必须足够大，使所有必要的标签均可粘贴于其上。

（6）如果包装件的尺寸足够，标签必须粘贴在标记相应运输专用名称的同一侧面，并靠近运输专用名称的位置。

（7）标签应粘贴在托运人、收货人的地址旁边。

（8）如果需要粘贴主要和次要危险性标签，次要危险性标签必须紧接着主要危险性标签粘贴在包装的同一侧面上。

（9）若同一包装件中有不同条目的危险品需要粘贴多个危险性标签，则这些标签必须彼此相邻。

## 五、标记与标签实例

例 1：多个数量不等的危险品包装件，其中一个为 10L 的 UN 1898 包装件的标记与标签（见图 5-16）。

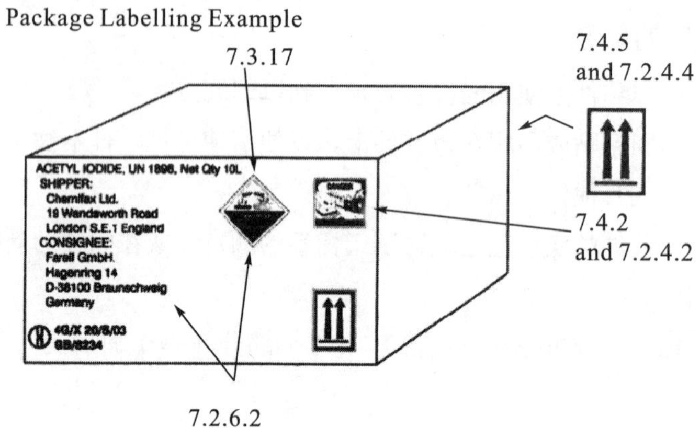


图 5—16 包装件标记与标签实例 1

例 2：0.5L 的 UN2333 包装件的标记与标签（见图 5—17）。

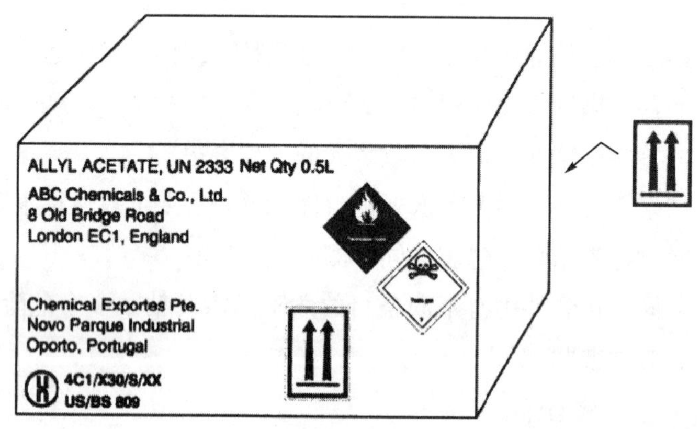


图 5—17 包装件标记与标签实例 2

## 六、集合包装件的标记与标签

### 1. 定义与类型

集合包装件（Overpack）：是指为了运输和装载的方便，同一托运人将若干个符合危险品包装、标记、标签要求的包装件合成一个作业单元。集合包装件分成封闭性和敞开性两种（飞机集装器不是集合包装件）。

例 1：封闭性集合包装件如图 5—18 所示。

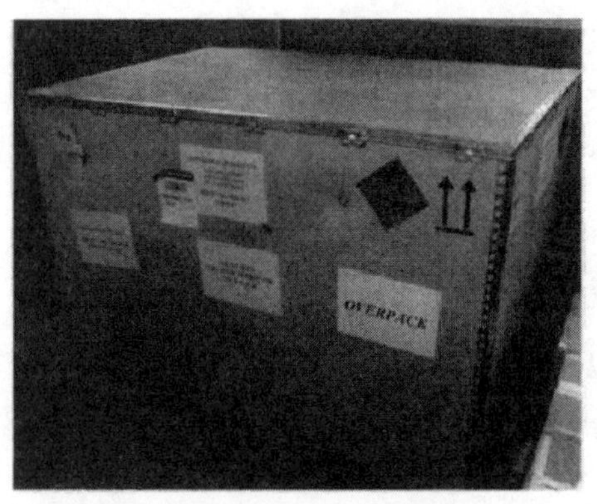


**图 5−18 封闭性集合包装件**

例 2：敞开性集合包装件如图 5−19 所示。

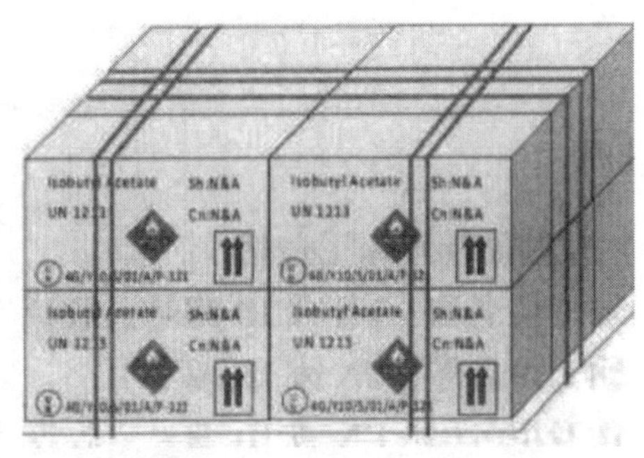


**图 5−19 敞开性集合包装件**

2. 集合包装件的标记

(1) 除非所有危险品的标记在集合包装上清晰可见，否则下列内容必须显示在集合包装外表面上：

① “OVERPACK”（集合包装）字样；

②集合包装件内各包装件上使用的运输专用名称、UN/ID 编号、标记、标签以及特殊运送说明等。

(2) 包装规格标记不得重新标注在集合包装上面，因为“OVERPACK”的标记已表明集合包装内装有的包装件符合了包装规格。但当集合包装中含有限制数量包装时，集合包装的外表面必须显示限制数量标记，除非限制数量标记清晰可见。

（3）当交运货物含有一个以上集合包装时，为了识别、装载和通知，营运人要求在每个集合包装件上标注识别标记及与申报单上所申报一致的危险品的总量。

3. 集合包装件的标签

（1）在集合包装内的所有包装件上使用的标签必须清晰可见，也可重新制作标签与集合包装的外部。包装件中的每类或每项只需要一个危险性标签。

（2）在顶部封盖的单一包装中含有液态危险品的集合包装上必须贴有“方向性”标签，除非这些标签已经粘贴在包装件上，而且可从集合包装的外面看见（见图 5－20）。这些标签必须至少贴在或印在集合包装的两个相对的侧面上，箭头的指向需要指示集合包装顶盖向上的方位，尽管这种单一包装也可能具有侧封盖。

**图 5－20　方向性标签的粘贴**

# 模块六　危险品运输文件

**【本模块要点】**

1. 危险品申报单（DGD）的填制方法。

2. 航空货运单相关栏目的填制方法。

## 项目一　危险品申报单（DGD）

### 任务一　危险品申报单（DGD）填制方法

**【任务详解】**

正确填制危险品运输文件是安全运输的基本要求和必要保证。它的准确性和完整性是保证安全、及时、准确、高效地完成运输工作的基础。托运人填写或需要提供的危险品运输中所涉及的主要运输文件包括：

①托运人危险品申报单；

②航空货运单；

③其他文件。

在托运危险品时，托运人应按国际航空运输协会《危险品规则》中的定义和分类，填写好托运人危险品申报单（简称“申报单”）。交运危险品时托运人必须做到以下几点：

①用正确的方法填写正确的表格；

②确保表格内所填写的内容准确、易读和耐久；

③确保在向公司交运货物时申报单已按规定的要求签署；

④确保货物已经按照国际航空运输协会《危险品规则》的规定准备完毕。

## 一、填写申报单的一般原则

（1）申报单应用英文填写，也可在英文后面附上另一种文字的准确译文。

（2）申报单至少一式三份并签字随货一同交给运营人。一份由收运的运营人保存，一份随货物和货运单送至到达站，一份托运人留存。

（3）托运人必须将申报单和其他信息以及《危险品规则》规定的其他文件至少保存 3 个月。

（4）只有第一承运人需要保留托运人申报单的原件。当货物需要中转时，申报单原件的复印件可以作为文件进行保存。

（5）申报单的货运单号码栏、始发地机场栏和目的地机场栏可以由托运人填写，也可以由收货人填写，但是其他栏目必须由托运人填写。

（6）申报单可以打印或使用打字机填制。

（7）申报单必须由托运人签署姓名和日期，签字必须使用全称，可以手写或盖章，但不得使用打字机。受雇于托运人的个人或组织（包括集运人、运输商或国际航空运输协会货运代理人），如果能够在托运前期作为代表承担托运人的责任并接受过国际航空运输协会要求的培训，方可签署和填制托运人危险品申报单。

（8）申报单上如有涂改，托运人必须在涂改处签字。一批物品的申报单被承运人拒收后，托运人再次交运该批危险品必须重新填制一份完整的申报单。

以下情况托运人不需要填写申报单：例外数量的危险品；UN3373，B 级生物物质；UN2807，磁性物质；UN1845，固体二氧化碳（干冰），用作非危险品的制冷剂；UN3245，转基因生物，转基因微生物；符合包装说明 965—970 的第Ⅱ部分的锂离子电池或锂金属电池；放射性物质，例外包装件（RRE）。

## 二、申报单填写方法

1. 托运人栏（Shipper）

填写托运人的姓名全称及地址。

2. 收货人栏（Consignee）

填写收货人的姓名全称及地址。如果托运人托运感染性物质，还应填写发生事故时可与之联系并能够进行处理的负责人姓名和电话号码。

3. 货运单号码栏（Air Waybill Number）

填写申报的危险品的货运单号码。

4. 页数栏（Page... of... Pages）

填写页码和总页数，如无续页均写为“Page 1 of 1 Pages”（第 1 页，共 1 页）。

5. 机型限制（Aircraft Limitations）

填写危险品运输时对机型的限制。如客机、货机均可或仅限货机等，应根据货物的情况而定。将“Passenger and Cargo Aircraft”（客机、货机均可）或“Cargo Aircraft Only”（仅限货机）的两项中一项划掉，另一项保留。

6. 始发地机场名称（Airport of Departure）

填写始发站机场或城市的全称。

7. 目的地机场名称（Airport of Destination）

填写到达站机场或城市的全称。

8. 运输类型（Shipment Type）

填写危险品是否属于放射性物质。划掉“Radioactive”（放射性）字样表明该货物不含放射性材料。除了用作冷却剂的固体二氧化碳（干冰）外，放射性物质不能与其他危险品合并在同一申报单中。

9. 危险品的数量和性质栏（Nature and Quantity of Dangerous Goods）

填写危险品的类别与数量。

（1）第一步，识别。

①填写联合国编号或识别编号，冠以 UN 或 ID 的前缀；

②填写运输专用名称；

③填写危险品的主要危险性，如果是第 1 类爆炸品，还应填上配装组编号；

④如有次要危险性，则在主性能后用括号把次要危险性表示出来，在主次危险性前可以冠以“Class”或“Division”编号；

⑤填写包装等级，前面可以冠以“PG”编号。

以上内容填写举例：

①UN2683，Ammonium sulphide solution，8（3，6.1），Ⅱ；

② UN2683，Ammonium sulphide solution，Class 8（Class 3，Division 6.1），PGⅡ。

（2）第二步，危险品的数量和包装。

①当包装件内只有一种危险品时，填写包装件的数量、包装件的类型和包装件内的净数量与单位；当危险品在品名表中 H、J 或 L 栏（每件最大允许数量栏）中出现符号“G”时，不仅填写净数量还要在单位后面跟上符号“G”（G：毛重）。

填写举例：

fibreboard boxes X5L；

wooden box 50kg G。

②当两种或两种以上的危险品放入同一外包装时，首先填写不同危险品各自的净数量和单位，然后在下面填写“All packed in one...（包装件的类型）”，最后在下面填写 $Q$ 值（干冰作为冷冻剂无须填写 $Q$ 值）。

填写举例：

7L 8L

All packed in one wooden box

$Q=1.0$

③当使用合成包装时，“Overpack used”必须写在所有使用合成包装的危险品的最下面。

填写举例：

5 fibreboard boxes X5L

1 wooden box X50kg

Overpack used

10. 包装说明栏（Packing Instructions）

填写危险品的包装说明编号，如果是限量包装，“Y”为前缀。

11. 批准栏（Authorizations）

以下情况下需要填写主管部门的批准或认可。

（1）如果危险品在《危险品品名表》的M栏（Special Provision）中有Al、A2、A51、A81、A88、A99或A130，则需填写以上编号。

（2）物质是经过政府当局按A1或A2条款批准运输时，在申报单上应申明该批准或豁免证书随附于申报单。批准内容包括：数量限制、包装要求、机型、其他信息。

（3）当危险品装在移动式的储罐中运输时，必须随附一份主管当局的批准文件。

（4）未列入C1或C2表中的4.1项中的自身反应物质和5.2项的有机过氧化物要有主管当局分类和运输限制条件批准文件的随附声明。

（5）运输爆炸品符合包装说明101并获得国家主管当局的批准时，应在申报单上用国际交通机动车辆国家识别符号（见《危险品规则》附录D. 1）注明所列批准当局的名称。

（6）当危险品装载按《危险品规则》5.0.6.7批准的包装运输时，必须附带一份国家主管当局的批准文件。

12. 附加操作说明栏（Additional Handling Information）

在以下情况下需要填写任何其他有关的特殊操作说明。

（1）4.1项中的自身反应物质和5.2项的有机过氧化物，需要填写“packages containing such substances must be protected from direct sunlight and all sources of heat and be placed in adequately ventilated areas”。

（2）运输自身反应物质和有机过氧化物的样品，应做相应的声明。

（3）根据《危险品品名表》中的 M 栏（Special Provision）中的 A144 来运输保护呼吸装置中的化学氧气发生器时，需填写“air crew protective breathing equipment（smoke hood）in accordance with special provision A144”。

（4）A 类感染性物质（UN2814 和 UN2900）和根据有关国家法律或国际公约的规定不得将运输专用名称中泛指名称（n. o. s.）后跟的技术名称公布时，必须填写负责人的姓名和联系电话。

（5）当运输 UN0336 或 UN0337 的烟火物质时，申报单必须包括主管当局给出的分类编码。

13. 签字人的姓名和职务（Name and Title of Signatory）

填写签字人的姓名和职务。

14. 地点和日期（Place and Date）

填写完成申报单的地点和日期。

15. 签名（Signature）

托运人签字，签字必须使用全称，可以手写或盖章，但不得使用打字机。

## 任务二　危险品申报单（DGD）样本

**【任务详解】**

（1）电脑填制的危险品申报单（见表 6-1）。

表 6－1　电脑填制的危险品申报单实例

**SHIPPER'S DECLARATION FOR DANGEROUS GOODS**

<table>
<tr><td colspan="5">Sipper<br>ABC Company 1000 High Street Youngvlie, Ontario Canada</td><td colspan="3">Air Waybill No.<br>Page 1 of 1 Pages<br>Shipper's Reference Number<br>(optional)</td></tr>
<tr><td colspan="5">Consignee<br>CBA Lte 50 Rue de la Paix<br>Paris 75006 France</td><td colspan="3">For optional use<br>for<br>Company logo<br>Name and address</td></tr>
<tr><td colspan="5">Two completed and signed copies of this Declaration must be handed to the operator</td><td colspan="3" rowspan="5">WARNING<br>Failure to comply in all respects with the applicable Dangerous Goods Regulations may be in breach of the applicable law, subject to legal penalties. This Declaration must not, in any circumstances, be completed and/or signed by a consolidator, a forwarder or an IATA cargo agent.</td></tr>
<tr><td colspan="5">TRANSPORT DETAILS</td></tr>
<tr><td colspan="3">This shipment is within the limitations prescribed for:<br>(delete non-applicable)</td><td colspan="2" rowspan="2">Airport of Departure:</td></tr>
<tr><td colspan="2">PASSENGER AND CARGO AIRCRAFT</td><td>CARGO AIRCRAFT ONLY</td></tr>
<tr style="display:none"></tr>
<tr><td colspan="5">Airport of Destination:</td><td colspan="3">Shipment type (delete non-applicable)</td></tr>
<tr><td colspan="8">NATURE AND QUANTITY OF GOODS</td></tr>
<tr><td colspan="5">Dangerous Goods Identification</td><td rowspan="2">Quantity and Type of Packing</td><td rowspan="2">Packing Inst.</td><td rowspan="2">Authorization</td></tr>
<tr><td>Proper Shipping Name</td><td>Class Or Division</td><td>UN Or ID No.</td><td>Packing Group</td><td>Subsidiary Risk</td></tr>
<tr><td></td><td></td><td colspan="3"></td><td></td><td></td><td></td></tr>
<tr><td colspan="8">Additional Handling Information</td></tr>
<tr><td colspan="6">I hereby declare that the contents of this consignment are fully and accurately described above by the proper shipping name, and are classified, packaged, marked and labeled/placarded, and are in all respects in proper condition for transport according to applicable international and national governmental regulations. I declare that all of the applicable air transport requirement have been met.</td><td colspan="2">Name/Title<br>of Signatory<br><br>Place and Date<br><br>Signature<br>(see warning above)</td></tr>
</table>

（2）人工填制危险品申报单（见表 6－2）。

**表 6－2 人工填制危险品申报单实例**

<table>
<tr><td colspan="5">Sipper<br>ABC Company 1000 High Street Youngish, Ontario Canada</td><td colspan="2">Air Waybill No.<br>Page 1 of 1 Pages<br>Shipper's Reference Number<br>(optional)</td></tr>
<tr><td colspan="5">Consignee<br>CBA Lte 50 Rue de la Paix<br>Paris 75006 France</td><td colspan="2">For optional use<br>for<br>Company logo<br>Name and address</td></tr>
<tr><td colspan="5">Two completed and signed copies of this Declaration must be handed to the operator</td><td colspan="2" rowspan="4">WARNING<br>Failure to comply in all respects with the applicable Dangerous Goods Regulations may be in breach of the applicable law, subject to legal penalties. This Declaration must not, in any circumstances, be completed and/or signed by a consolidator, a forwarder or an IATA cargo agent.</td></tr>
<tr><td colspan="5">TRANSPORT DETAILS</td></tr>
<tr><td colspan="3">This shipment is within the limitations prescribed for:<br>(delete non-applicable)</td><td colspan="2" rowspan="2">Airport of Departure:</td></tr>
<tr><td colspan="2">PASSENGER AND CARGO AIRCRAFT</td><td>CARGO AIRCRAFT ONLY</td></tr>
<tr><td colspan="5">Airport of Destination: Youngish</td><td colspan="2">Shipment type (delete non-applicable)</td></tr>
<tr><td colspan="7">NATURE AND QUANTITY OF GOODS</td></tr>
<tr><td colspan="5">Dangerous Goods Identification</td><td rowspan="2">Packing Inst.</td><td rowspan="2">Authorization</td></tr>
<tr><td>Proper Shipping Name</td><td>Proper Shipping Name</td><td>Class or Division (Subsidiary Risk)</td><td>Packing Group</td><td>Quantity and Type of Packing</td></tr>
<tr><td></td><td></td><td></td><td></td><td></td><td></td><td></td></tr>
</table>

续表6－2

| Additional Handling Information<br>The packages containing UN5226 must be protected from direct sunlight, and all sources of heat and be placed in adequately ventilated area.<br>24-hour Number：＋19051234567 | |
|---|---|
| I hereby declare that the contents of this consignment are fully and accurately described above by the proper shipping name, and are classified, packaged, marked and labeled/placarded, and are in all respects in proper condition for transport according to applicable international and national governmental regulations. I declare that all of the applicable air transport requirement have been met. | Name/Title of Signatory<br><br>Place and Date<br><br>Signature<br>(see warning above) |

（3）两个或两个以上危险品放入同一外包装内，需计算 *Q* 值（见表 6－3）。

**表 6－3　两个或两个以上危险品放入同一外包装内时**

| UN or ID No. | Proper Shipping Name | Class or Division (Subsidiary Risk) | Packing Group | Quantity and Type of Packing | Packing Inst. | Authorization |
|---|---|---|---|---|---|---|
| UN2339<br>UN2653<br>UN2049 | Bromobutance<br>Benzyl iodide<br>D'ethylbenzene | 3<br>6.1<br>3 | Ⅱ<br>Ⅱ<br>Ⅲ | 2L<br>2L<br>5L<br>All packed in one wooden box<br>*Q*=0.9 | 305<br>609<br>309 | |

（4）干冰作为冷冻剂与其他危险品放入同一外包装时，无须计算 *Q* 值（见表 6－4）。

表 6−4　干冰与其他危险品放入同一外包装时

| UN or ID No. | Proper Shipping Name | Class or Division (Subsidiary Risk) | Packing Group | Quantity and Type of Packing | Packing Inst. | Authorization |
|---|---|---|---|---|---|---|
| UN2814 | Infectious substance, affecting humans (Dengue virus culture) | | 6. 2 | 1 Fibreboard X 25g | 602 | |
| UN1845 | Dry ice | 9 | Ⅲ | 20kg All packed in one Fibreboard box | 904 | |

（5）危险品外部由干冰包好再放入一个合成包装件中，且满足包装说明 904 的要求（见表 6−5）。

表 6−5　危险品外部由干冰包好再放入一个合成包装件中时

| UN or ID No. | Proper Shipping Name | Class or Division (Subsidiary Risk) | Packing Group | Quantity and Type of Packing | Packing Inst. | Authorization |
|---|---|---|---|---|---|---|
| UN2814 | Infectious substance, affecting humans (Dengue virus culture) | 6. 2 | | 1 Fibreboard box x 25g | 602 | |
| UN1845 | Dry ice | 9 | Ⅲ | 20kg Overpack used | 904 | |

（6）有三件危险品，其中两件危险品组成一个集合包装件，另一件不在集合包装件内时。此时，集合包装件中的危险品应列于前，后跟文字“使用集合包装件”（Overpack used）（见表 6−6）。

表 6-6　三件危险品（两件组成一个集合包装件，另一件不在其中）的标注

| UN or ID No. | Proper Shipping Name | Class or Division (Subsidiary Risk) | Packing Group | Quantity and Type of Packing | Packing Inst. | Authorization |
|---|---|---|---|---|---|---|
| UN1203 | Motor Spirit | 3 | PGⅡ | | 305 | |
| UN1950 | Aerosols, flammable | 2.1 | | | 203 | |
| UN1992 | Flammable liquid, toxic, n.o.s.(Petrol, Carbon tetrachloride mixture ) | 3（6.1） | Ⅲ | | 904 | |

# 项目二　航空货运单

## 任务一　航空货运单填制方法

**【任务详解】**

本节所述货运单填写内容，只针对有关的危险品。航空货运单填写的全部内容说明见航空货运单手册。

### 一、货运单上“操作说明栏”的填写

对要求填写“危险品申报单”且客机与货机均可运输的危险品，在“Handling Information”（操作信息）栏内注明“Dangerous Goods as per attached Shipper's Declaration”或“Dangerous Goods as per attached DGD”（危险品如所附托运人申报单）（见表 6-7）。

**表 6－7　客机和货机均可运输的危险品**

<table>
<tr><td rowspan="2">Airport of Destination</td><td colspan="2">Requested Flight/Date</td><td rowspan="2">Amount of Insurance</td><td colspan="5" rowspan="2">INSURANCE － if carrier offers insurance, and such insurance is requested in accordance with the conditioners thereof, indicates amount to be in figures in box marked “Amount if Insurance”</td></tr>
<tr><td></td><td></td></tr>
<tr><td colspan="8">Handling Information<br>Dangerous Goods as per attached Shipper's Declaration</td><td>SCI</td></tr>
<tr><td rowspan="2">NO of Pieces RPC</td><td rowspan="2">Gross Weight</td><td rowspan="2">Kg lb</td><td>Rate Class</td><td rowspan="2">Chargeable Weight</td><td rowspan="2">Rate/Charge</td><td rowspan="2">Total</td><td colspan="2" rowspan="2">Nature and Quantity of Goods (incl Dimensions or Volume)</td></tr>
<tr><td>Commodity Item NO</td></tr>
<tr><td></td><td></td><td></td><td></td><td></td><td></td><td></td><td colspan="2">Chemicals</td></tr>
</table>

对于仅限货机运输的危险品，还须注明“Cargo Aircraft Only”（仅限货机）或“CAO”（见表 6－8）。

**表 6－8　仅限货机的危险品**

<table>
<tr><td rowspan="2">Airport of Destination</td><td colspan="2">Requested Flight/Date</td><td rowspan="2">Amount of Insurance</td><td colspan="5" rowspan="2">INSURANCE － if carrier offers insurance, and such insurance is requested in accordance with the conditioners thereof, indicates amount to be in figures in box marked “Amount if Insurance”</td></tr>
<tr><td></td><td></td></tr>
<tr><td colspan="8">Handling Information<br>Dangerous Goods as per attached DGD － Cargo Aircraft Only</td><td>SCI</td></tr>
<tr><td rowspan="2">NO of Pieces RPC</td><td rowspan="2">Gross Weight</td><td rowspan="2">Kg lb</td><td>Rate Class</td><td rowspan="2">Chargeable Weight</td><td rowspan="2">Rate/Charge</td><td rowspan="2">Total</td><td colspan="2" rowspan="2">Nature and Quantity of Goods (incl Dimensions or Volume)</td></tr>
<tr><td>Commodity Item NO</td></tr>
<tr><td></td><td></td><td></td><td></td><td></td><td></td><td></td><td colspan="2">Ammunition</td></tr>
</table>

含有危险品和非危险品混装货物的航空货运单，还必须注明危险品的件数（见表 6－9）。

**表 6—9　同时含有危险品和非危险品的航空货运单**

<table>
<tr><td colspan="2" rowspan="2">Airport of Destination</td><td colspan="2">Requested Flight/Date</td><td rowspan="2">Amount of Insurance</td><td colspan="3" rowspan="2">INSURANCE − if carrier offers insurance, and such insurance is requested in accordance with the conditioners thereof, indicates amount to be in figures in box marked “Amount if Insurance”</td></tr>
<tr><td></td><td></td></tr>
<tr><td colspan="7">Handling Information<br>5 Packages Dangerous Goods as per attached Shipper's Declaration</td><td>SCI</td></tr>
<tr><td rowspan="2">NO of Pieces RPC</td><td rowspan="2">Gross Weight</td><td rowspan="2">Kg lb</td><td>Rate Class</td><td rowspan="2">Chargeable Weight</td><td rowspan="2">Rate/Charge</td><td rowspan="2">Total</td><td rowspan="2">Nature and Quantity of Goods (incl Dimensions or Volume)</td></tr>
<tr><td>Commodity Item NO</td></tr>
<tr><td></td><td></td><td></td><td></td><td></td><td></td><td></td><td>Household goods</td></tr>
</table>

## 二、不需要托运人申报单的危险品

对于不需要托运人申报单的危险品，无须在“操作说明栏”内注明，但必须按以下顺序在货运单的品名栏中依次填入以下内容（见表 6—10）：

①UN 或 ID 编号（磁性物质不需要）；

②运输专用名称；

③包装件数（托运货物内只有一个包装件除外）；

④每一个包装件的净重量（UN1845 必须填写）。

表 6-10　不需要托运人申报单的危险品

Consignment Containing Dangerous Goods for Which a Shipper's Declaration Is Not Required

<table>
<tr><td colspan="2" rowspan="2">Airport of Destination</td><td colspan="3">Requested Flight/Date</td><td colspan="2" rowspan="2">Amount of Insurance</td><td colspan="2" rowspan="2">INSURANCE — if carrier offers insurance, and such insurance is requested in accordance with the conditioners thereof, indicates amount to be in figures in box marked "Amount if Insurance"</td></tr>
<tr><td colspan="2"></td><td></td></tr>
<tr><td colspan="8">Handling Information</td><td>SCI</td></tr>
<tr><td rowspan="2">NO of Pieces RPC</td><td rowspan="2">Gross Weight</td><td rowspan="2">Kg lb</td><td>Rate Class</td><td rowspan="2">Chargeable Weight</td><td rowspan="2">Rate/Charge</td><td rowspan="2">Total</td><td colspan="2" rowspan="2">Nature and Quantity of Goods (incl Dimensions or Volume)</td></tr>
<tr><td>Commodity Item NO</td></tr>
<tr><td></td><td></td><td></td><td></td><td></td><td></td><td></td><td colspan="2">Frozen Fish UN1845 Carbon Dioxide, soild class</td></tr>
</table>

## 三、用作危险品的冷冻剂的干冰

当固体二氧化碳（干冰）作为危险品的冷冻剂并且需要托运人申报单时，干冰的详情必须填写在托运人申报单中。

## 四、例外数量

对于满足规定要求的例外数量包装危险品，只需在货运单的品名栏注明"Dangerous Goods in Excepted Quantities"（例外数量危险品）以及"the Number of Packages"（包装的件数）。若托运货物内只有一个包装件则无须注明件数（见表 6-11）。

表 6−11 例外数量货运单

**Consignment Containing Dangerous Goods for Which a Shipper's Declaration Is Not Required**

<table>
<tr><td colspan="2" rowspan="2">Airport of Destination</td><td colspan="2">Requested Flight/Date</td><td rowspan="2">Amount of Insurance</td><td colspan="3" rowspan="2">INSURANCE − if carrier offers insurance, and such insurance is requested in accordance with the conditioners thereof, indicates amount to be in figures in box marked "Amount if Insurance"</td></tr>
<tr><td></td><td></td></tr>
<tr><td colspan="7">Handling Information<br>Dangerous Goods as per attached Shipper's Declaration</td><td>SCI</td></tr>
<tr><td rowspan="2">NO of Pieces RPC</td><td rowspan="2">Gross Weight</td><td rowspan="2">Kg lb</td><td>Rate Class</td><td rowspan="2">Chargeable Weight</td><td rowspan="2">Rate/Charge</td><td rowspan="2">Total</td><td rowspan="2">Nature and Quantity of Goods (incl Dimensions or Volume)</td></tr>
<tr><td>Commodity Item NO</td></tr>
<tr><td></td><td></td><td></td><td></td><td></td><td></td><td></td><td>Dental Kit−Dangerous Goods in Excepted Quantities</td></tr>
</table>

## 五、非危险品

若怀疑某种物质或物品为危险品（在隐含危险品表中出现），但根据鉴定并不符合危险品各类别或项别的标准，则该物质或物品应作为非危险品运输。在货运单的品名栏中注明："Not Restricted"（不受限制），表示已做过检查。当某件货物根据品名表 M 栏中的特别规定不受《危险品规则》限制时，必须在货运单的品名栏中注明 "Not restricted, as per special provision"（不受限制，根据特殊规定××）的字样来注明已用的特殊规定。

# 模块七　危险品航空运输收运

【本模块要点】

1. 危险品航空运输的收运规定、收运程序。
2. 收运检查的注意事项，正确使用危险品收运检查单收运危险品。
3. 特种货物机长通知单及隔离条件单。
4. 危险品不正常运输的处理方法。

## 项目一　危险品航空运输的收运规定与程序

### 任务一　危险品航空运输的收运限制、规定、特殊要求和程序

【任务详解】

危险品的收运工作应严格遵守运输过程中有关国家适用的法律、政府规定、命令或要求以及有关运营人的规定。

#### 一、危险品收运的限制

运营人不得从托运人方接收装有危险品的集装器或货物集装箱，下列物品除外：

①装有放射性物品的货物集装箱；

②按包装说明 Y963 而准备的装有日用消费品的集装器或其他种类

货盘；

③装有用作非危险品冷冻剂的根据包装说明 954 准备的固体二氧化碳（干冰）的集装器或其他类型的货物托盘；

④经运营人预先批准的装有磁性物质的集装器或其他种类货盘。

接收危险品进行航空运输应满足下面两个条件。

（1）须随货附两份《托运人危险品申报单》。

（2）货物必须经收运工作人员按照《危险品收运检查单》检查并签字，确定《托运人危险品申报单》填写正确，包装上已有正确的标记与标签，而且无渗漏或其他破损的迹象。合成包装件内不得含有“Cargo Aircraft Only”标签的包装件，但以下条件除外：

①合成包装件内只有一个包装件；

②如合成包装件内有一个以上包装件，在组装时应使这些包装件尽可能显而易见和易于接近；

③在国际航空运输协会《危险品规则》第 9 章规定中不要求易于接近的包装件。

除非所有可以说明合成包装件内所有危险品的标记和标签都明显可见，否则“OVERPACK”（合成包装件）、运输专用名称、UN 或 ID 编号和“LIMITED QUANTITY”（限量）的字样、每件危险品的详细操作说明、国际航空运输协会《危险品规则》7.1.5 要求使用的其他包装标记以及 7.2 要求使用的标签都必须显示在合成包装件的外表面上，这些标记和标签都必须重新标注和粘贴在合成包装件的外面。

包装规格标记不需要重新标注在合成包装件上面。“合成包装件”标记足以说明合成包装件内装有的包装件符合规定的规格。

装有放射性物质的货物集装箱，运营人必须确保在集装箱的四边都正确贴有标签。

## 二、危险品收运的规定

货物收运人员必须依照《中国民用航空危险品安全运输管理规定》、国际航空运输协会《危险品规则》及国际民航组织《危险品航空安全运输技术细则》的规定接受初始培训和定期复训。

危险品收运的人员必须检查托运人所有办理托运手续和签署危险品运

输文件的人已按 CCAR－276 或国际航空运输协会《危险品规则》的要求接受了相关危险品运输训练，并在托运时出示训练合格的证明。收运人员必须要求托运人完成危险品申报单的填写，并签字盖章。

防止普通货物中隐含的危险品的措施如下：

（1）应对负责货物收运的人员进行适当的培训，以帮助他们确认和审查作为普通货物交付的危险品。

（2）适当时应查验他们的物品，对于可能隐含危险品的货物，收运人员必须要求托运人提供有关资料（如 MSDS）或出具相应的鉴定证明（出具鉴定证明的机构必须是航空公司指定的专业鉴定机构），以证实托运的物品不是危险品或不含危险品，并在货运单上注明其包装内物品不具危险性。

无论在何种情况下，运营人均保留请专业人士或部门对货物进行最后判定的权利。如果收运人员认为托运人提供的资料不足以说明货物的性质，有权要求托运人到运营人指定的鉴定机构对其所托运的货物进行检测。

对于危险品使用的联合国规格包装，收运人员必须根据国际航空运输协会《危险品规则》第 6、7 章中的规定，检查该包装是否符合危险品运输要求。对于从中国始发危险品的联合国规格包装，公司只认可中华人民共和国出入境检验检疫《出境危险货物运输包装使用鉴定结果单》和《出境货物运输包装性能检验结果单》，特殊批准的除外。

收运人员必须依照当年有效的危险品收运检查单逐项进行检查，不符合要求的应拒绝收运。只有经过检查，方可收运完全符合规定且完全具备收运条件的危险品。

收运人员必须要求托运人完成危险品申报单的填写，并签字盖章。

## 三、收运危险品的特殊要求

### 1. 感染性物质的收运

收运感染性物质必须严格按照国际航空运输协会《危险品规则》的相关要求办理。在运输每批感染性物质前，托运人必须向负责危险品收运的人员证实该感染性物质可合法运输且收货人已经做好提取货物的一切准备工作。托运人还应与收货人员事先安排好运输细节，并将 24 小时专人联系电话写在货运单和货物外包装件上。

必须保证提供安全快捷的运输，如果发现标签或文件方面的错误，应马上通知托运人或收货人以便采取更改措施。

托运人应预定好航班、日期、吨位，尽可能选择就近的航班。如果货物必须转运，必须采取预防措施，确保对载运的物质进行特别管理、快速操作及监控，并且应事先通知中转站，经中转站同意后方可中转。如果航班已经确认，配载人员须拍发装载电报通知目的地站和中转站有关危险品的装载情况，同时在货运单上注明货物出港的航班、日期、目的地站以及经停站。当需要有转运时，运营人必须采取相应预防措施，保证在运输过程中对此类货物特别照管、快速作业和及时处理，使货物按期到达目的站。

受感染的或被怀疑含有感染性物质的活体动物不允许运输。

2. 自身反应物质和有机过氧化物的收运

在运输过程中，装有自身反应物质和有机过氧化物的包装件或集装器必须避免阳光直射，远离热源，通风良好，不能与其他货物堆放在一起。这一说明必须在托运人申报单中列明。

托运人应预定好航班、日期、吨位，选择尽早航班。如果货物必须中转运输，运营人必须事先通知中转站，经中转站同意后方可中转，以保证货物的快捷运输。

当国家有关当局批准运输一种新的自身反应物质的新配方或某种有机过氧化物新配方时，必须在“Additional Handling Information”（其他操作说明）栏中加以说明并指出这是样品，并满足国际航空运输协会《危险品规则》3.4.1.2.5 或 3.5.2.6 中对有机过氧化物和自身反应物质作为样品运输的要求。

3. 机动车辆运输

使用液化石油气驱动的车辆，仅限于货机运输。装机前盛装液化石油气的高压容器、管路、管路控制器内的气体必须完全放空。

使用汽油驱动的车辆，油箱应尽量放空，剩余燃料不得超过油箱容积的 1/4。

使用柴油驱动的车辆，油箱不需要放空，但油箱内必须留有充分的空间以防止柴油膨胀造成泄漏。

收运人员必须仔细检查车辆，确保没有燃料和机油漏出，油箱盖和水箱盖要拧紧。机油和水不需要放干，轮胎不需要放气。汽车电瓶可以不卸掉，也无须切断电源，但必须将电瓶牢牢固定住，始终保持直立方向，并使其不与其他部件相接触，以防止短路。

如果是溢漏型电池组，在运输中不能保持直立，必须拆下，按照国际航空运输协会《危险品规则》中适用的包装说明 433 或 800 进行包装。

机动车辆运输所需要的含有危险品的设备，如灭火器、充气筒、安全装置等，必须在机动车上安装牢固。如果机动车辆上装有《危险品品名表》中所限定为仅限货机运输的危险品时，该机动车应装载于货机航班上。

如果机动车辆是以拆卸的状态运输，那么所有断开的油路必须全部密封。

## 四、危险品收运程序

(1) 托运人或其代理人都必须持有航空公司认可的危险品培训证书。对于未经危险品培训的托运人或其代理人所托运的危险品，公司拒绝收运。

(2) 托运人或其代理人应如实填写托运人危险品申报单，并对所申报内容的正确性负责。托运人或其代理人持托运人危险品申报单、危险品鉴定报告或化学品安全说明书、危险品运输包装鉴定报告等文件到承运人柜台办理托运手续。

(3) 收运人员必须依照危险品收运检查单逐项进行检查。只要收运检查单有一项不符合要求，就应拒绝收运。如果拒绝收运，应将托运人危险品申报单和危险品收运检查单各一份随附货物退还托运人。退回的托运人危险品申报单不得重新使用。托运人可对不符合要求的文件或货物包装重新进行准备。

(4) 托运人应预定全程航班、日期、吨位，如果以直达航班将货物运至目的站，托运人应预先通知收货人所运输的危险品的具体信息。

（5）经过核查，对于完全符合规定且完全具备收运条件的危险品，可以收运。

（6）危险品的航空运费、检查费按照有关规定收取。

# 项目二 危险品航空运输的收运检查

## 任务一 收运检查的注意事项和收运检查单

**【任务详解】**

### 一、收运检查注意事项

收运人员应使用危险品检查单检查危险品的包装、数量限制、包装方法、标记、标签以及完整的运输文件。不符合规定的危险品不予接收，并在检查单上列出不予收运的理由，一份由公司收运部门保存，另一份给货物托运人。

收运人员应检查托运人提供的危险品分类、项以及运输专用名称的有关资料。托运人所提供的资料包括以下一种或几种：产品性质说明、理化检测报告、安全技术数据或同等性质的资料、公司认可的货物运输条件鉴定检测机构出具的货物性质鉴定报告。

对于危险品使用的联合国规格包装，必须根据国际航空运输协会《危险品规则》中的相关规定，检查该包装是否具有包装检测机构出具的包装性能测试报告。在中国境内生产的联合国规格包装，必须具有中华人民共和国出入境检验检疫的《出入境货物包装使用鉴定结果单》和《出入境货物包装性能检验结果单》。

限量包装的生产和测试，必须符合国际航空运输协会《危险品规则》6.7 所规定的限量包装的测试标准。托运人必须提供专业包装检测机构出具的限量包装的性能测试报告。

对于用以判明货物是否为航空运输危险品的性质试验，航空公司只接受公司认可并在中国民用航空局进行备案的检测机构（详见中国民用航空危险品运输网：http://www.caacdgc.net）出具的货物性质鉴定报告。所有鉴定报告必须加盖该专业实验室所在单位的公章（仅限中国境内），并由专业技术人员签字。

## 二、收运检查单

在收运危险品时，为了检查托运人危险品申报单、货运单及危险品包装件是否完全符合要求，负责营运人危险品收运的人员必须使用危险品收运检查单。检查单必须符合现行有效的国际航空运输协会危险品检查单的最低要求。

收运检查单主要是供运营人收运危险品时使用，同时也可以给货主、货运代理人提供一个准备货件的良好依据。

1. 使用说明

（1）危险品收运检查单由营运人收货人员填写，一式两份，经复核签字后生效。如果收货人员未填写危险品收运检查单或者危险品收运检查单未经复核签字，则不得收运该危险品。

（2）危险品收运检查单上的各个项目必须全部检查完毕后方能确定该危险品是否可以收运。

（3）经检查，危险品收运检查单上的各个项目均无问题，则该危险品可以收运。

（4）经检查，危险品收运检查单上如有任意一项或几项结果为否定，则该危险品不得收运。

（5）危险品收运检查单的正本和托运人危险品申报单与货运单附在一起随同货物运输，其副本由始发站留存。

（6）对例外数量的危险品不需要做检查单。

2. 对检查出的问题的处理方法

（1）如果问题出在托运人危险品申报单上，除货运单号码栏、始发站机场栏和目的站机场栏以外，其他的栏目必须由托运人予以更正，并在更正处签名或盖章。

（2）如果危险品包装件有损坏或包装方法不正确，航空公司收货人员应该拒绝收运该危险品。

### 3. 危险品收运检查单类型

危险品收运检查单分为三种：第一种用来检查非放射性物质，第二种用来检查放射性物质，第三种用来检查不要求填制托运人危险品申报单的固体二氧化碳（干冰）。

（1）非放射性物质收运检查单（见图 7－1）。

**2014**

**DANGEROUS GOODS CHECKLIST FOR A NON-RADIOACTIVE SHIPMENT**

The recommended checklist appearing on the following pages is intended to verify shipments at origin.

Never accept or refuse a shipment before all items have been checked.

Is the following information correct for each entry?

| SHIPPERS DECLARATION FOR DANGEROUS GOODS (DGD) | YES | NO* | N/A |
| --- | --- | --- | --- |
| 1. Two copies in English and in the IATA format including the air certification statement [8.1.1, 8.1.2, 8.1.6.12] | ☐ | ☐ | |
| 2. Full name and address of Shipper and Consignee [8.1.6.1, 8.1.6.2] | ☐ | ☐ | |
| 3. If the Air Waybill number is not shown, enter it. [8.1.6.3] | ☐ | | |
| 4. The number of pages shown [8.1.6.4] | ☐ | ☐ | |
| 5. The non-applicable Aircraft Type deleted or not shown [8.1.6.5] | ☐ | ☐ | |
| 6. If full name of Airport or City of Departure or Destination is not shown, enter it. [8.1.6.6 and 8.1.6.7] Information is optional | ☐ | | ☐ |
| 7. The word "Radioactive" deleted or not shown [8.1.6.8] | ☐ | ☐ | |
| **Identification** | | | |
| 8. UN or ID Number, preceded by prefix [8.1.6.9.1, Step 1] | ☐ | ☐ | |
| 9. Proper Shipping Name and the technical name in brackets for asterisked entries [8.1.6.9.1, Step 2] | ☐ | ☐ | |
| 10. Class or Division, and for Class 1, the Compatibility Group, [8.1.6.9.1, Step 3] | ☐ | ☐ | |
| 11. Subsidiary Risk, in parentheses, immediately following Class or Division [8.1.6.9.1, Step 4] | ☐ | ☐ | ☐ |
| 12. Packing Group [8.1.6.9.1, Step 5] | ☐ | ☐ | ☐ |
| **Quantity and Type of Packing** | | | |
| 13. Number and Type of Packages [8.1.6.9.2, Step 6] | ☐ | ☐ | |
| 14. Quantity and unit of measure (net, or gross followed by "G", as applicable) within per package limit [8.1.6.9.2, Step 6] | ☐ | ☐ | |
| 15. When different dangerous goods are packed in one outer packaging, the following rules are complied with: | | | |
| – Compatible according to Table 9.3.A. | ☐ | ☐ | ☐ |
| – UN packages containing Division 6.2 [5.0.2.11(c)] | ☐ | ☐ | ☐ |
| – "All packed in one (type of packaging)" [8.1.6.9.2, Step 6(f)] | ☐ | ☐ | ☐ |
| – Calculation of "Q" value must not exceed 1 [5.0.2.11 (g) & (h); 2.7.5.6; 8.1.6.9.2, Step 6(g)] | ☐ | ☐ | ☐ |
| 16. Overpack | | | |
| – Compatible according to Table 9.3.A. [5.0.1.5.1 and 5.0.1.5.3] | ☐ | ☐ | ☐ |
| – Wording "Overpack Used" [8.1.6.9.2, Step 7] | ☐ | ☐ | ☐ |
| – If more than one overpack is used, identification marks shown and total quantity of dangerous goods [8.1.6.9.2, Step 7] | ☐ | ☐ | ☐ |
| **Packing Instructions** | | | |
| 17. Packing Instruction Number [8.1.6.9.3, Step 8] | ☐ | ☐ | |
| 18. For lithium batteries in compliance with Section IB, "IB" follows the packing instruction [8.1.6.9.2, Step 8] | ☐ | ☐ | ☐ |
| **Authorizations** | | | |
| 19. Check all verifiable special provisions. The Special Provision Number if A1, A2, A4, A5, A51, A81, A88, A99, A130, A190, A191 [8.1.6.9.4, Step 9] | ☐ | ☐ | ☐ |
| 20. Indication that governmental authorization is attached, including a copy in English and additional approvals for other items under [8.1.6.9.4, Step 9] | ☐ | ☐ | ☐ |
| **Additional Handling Information** | | | |
| 21. The mandatory statement shown for self-reactive and related substances of Division 4.1 and organic peroxides of Division 5.2, or samples thereof, for PBE and for fireworks [8.1.6.11.1; 8.1.6.11.2, 8.1.6.11.3 and 8.1.6.11.5] | ☐ | ☐ | ☐ |
| 22. Name and Telephone Number of a responsible person for Division 6.2 Infectious Substance shipment [8.1.6.11.4] | ☐ | ☐ | ☐ |
| 23. **Name and Title (or Department) of Signatory, Place and Date** indicated and **Signature** of Shipper [8.1.6.13, 8.1.6.14 and 8.1.6.15] | ☐ | ☐ | |
| 24. **Amendment** or alteration signed by Shipper [8.1.2.6] | ☐ | ☐ | ☐ |

| | YES | NO* | N/A |
|---|---|---|---|
| **AIR WAYBILL–HANDLING INFORMATION** | | | |
| 25. The statement: "Dangerous goods as per attached Shipper's Declaration" or "Dangerous Goods as per attached DGD" [8.2.1(a)] | □ | □ | |
| 26. "Cargo Aircraft Only" or "CAO", if applicable [8.2.1(b)] | □ | □ | □ |
| 27. Where non-dangerous goods are included, the number of pieces of dangerous goods shown [8.2.2] | □ | □ | □ |
| **PACKAGE(S) AND OVERPACKS** | | | |
| 28. Packaging conforms with packing instruction and is free from damage or leakage [The relevant PI and 9.1.3] | □ | □ | |
| 29. Same number and type of packagings and overpacks delivered as shown on DGD [9.1.3] | □ | □ | |
| **Markings** | | | |
| 30. UN Specification Packaging, marked according to 6.0.4 and 6.0.5: | | | |
| – Symbol and Specification Code | □ | □ | □ |
| – X, Y or Z meets or exceeds Packing Group/Packing Instruction requirements | □ | □ | □ |
| – Gross Weight within limits (Solids, Inner Packagings or IBCs [SP A179]) | □ | □ | □ |
| – Infectious substance package marking [6.5.3.1] | □ | □ | □ |
| 31. The UN or ID number(s) [7.1.4.1(a)] | □ | □ | |
| 32. The Proper Shipping Name(s) including technical name where required [7.1.4.1(a)] | □ | □ | |
| 33. The full name(s) and Address(es) of Shipper and Consignee [7.1.4.1(b)] | □ | □ | |
| 34. For consignments of more than one package of all classes (except ID 8000 and Class 7) the net quantity, or gross weight followed by "G", as applicable, unless contents are identical, marked on the packages [7.1.4.1(c)] | □ | □ | □ |
| 35. Carbon Dioxide, Solid (Dry Ice), the net quantity marked on the packages [7.1.4.1(d)] | □ | □ | □ |
| 36. The Name and Telephone Number of a responsible person for Division 6.2 Infectious Substances shipment [7.1.4.1(e)] | □ | □ | □ |
| 37. The Special Marking requirements shown for Packing Instruction 202 [7.1.4.1(f)] | □ | □ | □ |
| 38. Limited Quantities mark [7.1.4.2] | □ | □ | □ |
| 39. The Environmentally Hazardous Substance Mark [7.1.5.3] | □ | □ | □ |
| **Labelling** | | | |
| 40. The label(s) identifying the Primary risk as per 4.2, Column D [7.2.3.2; 7.2.3.3(b)] | □ | □ | □ |
| 41. The label(s) identifying the Subsidiary risk, as per 4.2, Column D [7.2.3.2; 7.2.6.2.3] | □ | □ | □ |
| 42. Cargo Aircraft Only label [7.2.4.2; 7.2.6.3] | □ | □ | □ |
| 43. "Orientation" labels on two opposite sides, if applicable [7.2.4.4] | □ | □ | □ |
| 44. "Cryogenic Liquid" labels, if applicable [7.2.4.3] | □ | □ | □ |
| 45. "Keep Away From Heat" label, if applicable [7.2.4.5] | □ | □ | □ |
| 46. "Lithium battery" label, if applicable [7.2.4.7] | □ | □ | □ |
| 47. All required labels are displayed correctly [7.2.6] and all irrelevant marks and labels removed or obliterated [7.1.1; 7.2.1] | □ | □ | |
| **For Overpacks** | | | |
| 48. Packaging Use markings and hazard and handling labels, as required must be clearly visible or reproduced on the outside of the overpack [7.1.7.1, 7.2.7] | □ | □ | □ |
| 49. The word "Overpack" marked if markings and labels are not visible [7.1.7.1] | □ | □ | □ |
| 50. If more than one overpack is used, identification marks shown and total quantity of dangerous goods [7.1.7.2] | □ | □ | □ |
| 51. "Cargo Aircraft Only" restrictions [5.0.1.5.3] | □ | □ | □ |
| **GENERAL** | | | |
| 52. State and Operator variations complied with [2.8] | □ | □ | □ |
| 53. Cargo Aircraft Only shipments, a cargo aircraft operates on all sectors | □ | □ | □ |
| 54. One "lithium battery document" with the required information accompanying the consignment | □ | □ | □ |

Comments: ____________________

____________________

Checked by: ____________________

Place: ____________________ Signature: ____________________

Date: ____________________ Time: ____________________

*IF ANY BOX IS CHECKED "NO", DO NOT ACCEPT THE SHIPMENT AND GIVE A DUPLICATE COPY OF THIS COMPLETED FORM TO THE SHIPPER.

图 7—1 非放射性物质收运检查单

（2）放射性物质收运检查单（见图 7—2）。

## 2014
## DANGEROUS GOODS CHECKLIST FOR A RADIOACTIVE SHIPMENT

The recommended checklist appearing on the following pages is intended to verify shipments at origin.

Never accept or refuse a shipment before all items have been checked.

Is the following information correct for each entry?

| **SHIPPERS DECLARATION FOR DANGEROUS GOODS (DGD)** | YES | NO* | N/A |
|---|---|---|---|
| 1. Two copies in English and in the IATA format including the air certification statement [10.8.1.2, 10.8.1.4, 8.1.1 and 10.8.3.12.2] | ☐ | ☐ | |
| 2. Full name and address of Shipper and Consignee [ [10.8.3.1, 10.8.3.2] | ☐ | ☐ | |
| 3. If the Air Waybill number is not shown, enter it. [10.8.3.3] | ☐ | | |
| 4. The number of pages shown [10.8.3.4] | ☐ | ☐ | |
| 5. The non-applicable Aircraft Type deleted [10.8.3.5] | ☐ | ☐ | |
| 6. If full name of Airport or City of Departure or Destination is not shown, enter it. [10.8.3.6 and 10.8.3.7] Information is optional | ☐ | | ☐ |
| 7. The word "Non-Radioactive" deleted [10.8.3.8] | ☐ | ☐ | |
| **Identification** | | | |
| 8. UN Number, preceded by prefix "UN" [10.8.3.9.1, Step 1] | ☐ | ☐ | |
| 9. Proper Shipping Name [10.8.3.9.1, Step 2] | ☐ | ☐ | |
| 10. Class 7 [10.8.3.9.1, Step 3] | ☐ | ☐ | |
| 11. Subsidiary Risk, in parentheses, immediately following Class [10.8.3.9.1, Step 4] and Packing Group if required for Subsidiary Risk [10.8.3.9.1, Step 5] | ☐ | ☐ | ☐ |
| **Quantity and Type of Packing** | | | |
| 12. Name or Symbol of Radionuclide(s) [10.8.3.9.2, Step 6 (a)] | ☐ | ☐ | |
| 13. A description of the physical and chemical form if in other form [10.8.3.9.2, Step 6 (b)] | ☐ | ☐ | ☐ |
| 14. "Special Form" (not required for UN 3332 or UN 3333) or low dispersible material [10.8.3.9.2, Step 6 (b)] | ☐ | ☐ | ☐ |
| 15. The number and type of packages and the activity in becquerel or multiples thereof in each package. For Fissile Material the total weight in grams or kilograms of fissile material may be shown in place of activity [10.8.3.9.2, Step 7] | ☐ | ☐ | |
| 16. For different individual radionuclides, the activity of each radionuclide and the words "All packed in one" [10.8.3.9.2, Step 7] | ☐ | ☐ | ☐ |
| 17. Activity within limits for Type A packages [Table 10.3.A], Type B, or Type C (see attached competent authority certificate) | ☐ | ☐ | ☐ |
| 18. Words "Overpack Used" shown on the DGD [10.8.3.9.2, Step 8] | ☐ | ☐ | ☐ |
| **Packing Instructions** | | | |
| 19. Category of package(s) or overpack [10.8.3.9.3, Step 9 and Table 10.5.C] | ☐ | ☐ | |
| 20. Transport Index and dimensions (Length x Width x Height) for Category II and Category III only [10.8.3.9.3, Step 9] | ☐ | ☐ | ☐ |
| 21. For Fissile Material the Criticality Safety Index or the words "Fissile Excepted" [10.8.3.9.3, Step 9] | ☐ | ☐ | ☐ |
| **Authorizations** | | | |
| 22. Identification marks shown and a copy of the document in English attached to DGD for the following [10.8.3.9.4, Step 10; 10.5.7.2.2]: | | | |
| – Special Form approval certificate | ☐ | ☐ | ☐ |
| – Low dispersible material approval certificate | ☐ | ☐ | ☐ |
| – Type B package design approval certificate | ☐ | ☐ | ☐ |
| – Other approval certificates as required | ☐ | ☐ | ☐ |
| 23. **Additional Handling Information** [10.8.3.11] | ☐ | ☐ | ☐ |
| 24. **Name and Title (or Department) of Signatory, Place and Date** indicated [10.8.3.13 and 10.8.3.14] and **Signature** of Shipper [10.8.3.15] | ☐ | ☐ | |
| 25. **Amendment** or alteration signed by Shipper [10.8.1.7] | ☐ | ☐ | ☐ |

| | YES | NO* | N/A |
|---|---|---|---|
| **AIR WAYBILL–HANDLING INFORMATION** | | | |
| 26. The statement: "Dangerous goods as per attached Shipper's Declaration" or "Dangerous Goods as per attached DGD" [10.8.8.1(a)] | ☐ | ☐ | |
| 27. Cargo Aircraft Only or CAO, if applicable [10.8.8.1(b)] | ☐ | ☐ | ☐ |
| 28. Where non-dangerous goods are included, the number of pieces of dangerous goods shown [10.8.8.2] | ☐ | ☐ | ☐ |
| **PACKAGE(S) AND OVERPACKS** | | | |
| 29. Same number and type of packagings and overpacks delivered as shown on DGD | ☐ | ☐ | |
| 30. Unbroken transportation seal [10.6.2.4.1.2] and package in proper condition for carriage [9.1.3; 9.1.4] | ☐ | ☐ | |
| **Markings** | | | |
| 31. The UN Number [10.7.1.3.1] | ☐ | ☐ | |
| 32. The Proper Shipping Name [10.7.1.3.1] | ☐ | ☐ | |
| 33. The full Name and Address of the Shipper and Consignee [10.7.1.3.1] | ☐ | ☐ | |
| 34. The permissible gross weight if it exceeds 50 kg [10.7.1.3.1] | ☐ | ☐ | ☐ |
| 35. Type A packages, marked as per 10.7.1.3.4 | ☐ | ☐ | ☐ |
| 36. Type B packages, marked as per 10.7.1.3.5 | ☐ | ☐ | ☐ |
| 37. Type C packages, Industrial Packages and packages containing Fissile material marked as per 10.7.1.3.6, 10.7.1.3.3 or 10.7.1.3.7 | ☐ | ☐ | ☐ |
| **Labelling** | | | |
| 38. Two correctly completed Radioactive Hazard labels on opposite sides [10.7.3.3; 10.7.4.3.1] | ☐ | ☐ | |
| 39. Applicable label(s) identifying the Subsidiary [10.7.3.2; 10.7.4.3] | ☐ | ☐ | ☐ |
| 40. Two Cargo Aircraft Only labels, if required, on the same surface near the Hazard labels [10.7.4.2.4; 10.7.4.3.1; 10.7.4.4.1] | ☐ | ☐ | ☐ |
| 41. For fissile materials, two correctly completed Criticality Safety Index (CSI) labels on the same surface as the hazard labels [10.7.3.3.4; 10.7.4.3.1] | ☐ | ☐ | ☐ |
| 42. All displayed labels correctly located, affixed, and irrelevant marks and labels removed or obliterated [10.7.1.1; 10.7.2.1; 10.7.4] | ☐ | ☐ | |
| **For Overpacks** | | | |
| 43. Packaging markings as required must be clearly visible or reproduced on the outside of the overpack [10.7.1.4.1] | ☐ | ☐ | ☐ |
| 44. If more than one overpack is used, identification marks shown [10.7.1.4.2] | ☐ | ☐ | ☐ |
| 45. Hazard labels reflect total for overpack [10.7.3.4] | ☐ | ☐ | ☐ |
| **GENERAL** | | | |
| 46. State and Operator variations complied with [2.8] | ☐ | ☐ | ☐ |
| 47. Cargo Aircraft Only shipments, a cargo aircraft operates on all sectors | ☐ | ☐ | ☐ |
| 48. Packages containing Carbon dioxide solid (dry ice), the marking, labelling and documentary requirements complied with [Packing Instruction 954; 7.1.5.1 (d); 7.2.3.9] | ☐ | ☐ | ☐ |

Comments: ____________________

____________________

Checked by: ____________________

Place: ____________________ Signature: ____________________

Date: ____________________ Time: ____________________

* IF ANY BOX IS CHECKED "NO", DO NOT ACCEPT THE SHIPMENT AND GIVE A DUPLICATE COPY OF THIS COMPLETED FORM TO THE SHIPPER.

图 7–2 放射性物质收运检查单

（3）干冰收运检查单（见图 7—3）。

**2014**
**ACCEPTANCE CHECKLIST FOR DRY ICE (Carbon Dioxide, solid)**
**(For use when a Shipper's Declaration for Dangerous Goods is not required)**

A checklist is required for all shipments of dangerous goods (9.1.4) to enable proper acceptance checks to be made. The following example checklist is provided to assist shippers and carriers with the acceptance of dry ice when packaged on its own or with non-dangerous goods.

Is the following information correct for each entry?

**DOCUMENTATION**

| | YES | NO* | N/A |
|---|---|---|---|
| The Air Waybill contains the following information in the "Nature and Quantity of Goods" box (8.2.3) | | | |
| 1. The UN Number "1845", preceded by the prefix "UN" | ☐ | ☐ | |
| 2. The words "Carbon dioxide, solid" or "Dry ice" | ☐ | ☐ | |
| 3. The number of packages of dry ice (may be in the pieces field of the AWB when they are the only packages in the consignment) | ☐ | ☐ | |
| 4. The net quantity of dry ice in kilograms | ☐ | ☐ | |
| ***Note:*** *The packing instruction "954" is optional.* | | | |
| **Quantity** | | | |
| 5. The quantity of dry ice per package is 200 kg or less [4.2] | ☐ | ☐ | |
| **PACKAGES AND OVERPACKS** | | | |
| 6. The number of packages containing dry ice delivered as shown on the Air Waybill | ☐ | ☐ | |
| 7. Packages are free from damage and in a proper condition for carriage | ☐ | ☐ | |
| 8. The packaging conforms with Packing Instruction 954 and the package is vented to permit the release of gas | ☐ | ☐ | |
| **Markings & Labels** | | | |
| 9. The UN number "1845" preceded by prefix "UN" [7.1.4.1(a)] | ☐ | ☐ | |
| 10. The words "Carbon dioxide, solid" or "Dry ice" [7.1.4.1(a)] | ☐ | ☐ | |
| 11. Full name and address of the shipper and consignee [7.1.4.1(b)] | ☐ | ☐ | |
| 12. The net quantity of dry ice within each package [7.1.4.1(d)] | ☐ | ☐ | |
| 13. Class 9 label affixed [7.2.3.9] | ☐ | ☐ | |
| 14. Irrelevant marks and labels removed or obliterated [7.1.1(b); 7.2.1(a)] | ☐ | ☐ | ☐ |
| ***Note:*** *The Marking and labelling requirements do not apply to ULDs containing dry ice* | | | |
| **For Overpacks** | | | |
| 15. Packaging Use markings and hazard and handling labels, as required must be clearly visible or reproduced on the outside of the overpack [7.1.7.1, 7.2.7] | ☐ | ☐ | ☐ |
| 16. The word "Overpack" marked if markings and labels are not visible [7.1.7.1] | ☐ | ☐ | ☐ |
| 17. The total net quantity of carbon dioxide, solid (dry ice) in the overpack [7.1.7.1] | ☐ | ☐ | ☐ |
| ***Note:*** *The Marking and labelling requirements do not apply to ULDs containing dry ice* | | | |
| **State and Operator Variations** | | | |
| 18. State and operator variations complied with [2.8] | ☐ | ☐ | ☐ |

Comments: ______________________________

______________________________

Checked by: ______________________________

Place: ______________ Signature: ______________

Date: ______________ Time: ______________

*** IF ANY BOX IS CHECKED "NO", DO NOT ACCEPT THE SHIPMENT AND GIVE A DUPLICATE COPY OF THIS COMPLETED FORM TO THE SHIPPER.**

**图 7—3　干冰收运检查单**

4. 使用收运检查单的实例

（1）包装件实物（见图 7—4）。

| | | |
|---|---|---|
| Date | : | 17 January 20 |
| Proper Shipping Name | : | Propyltrichlorosilane |
| UN Number | : | UN 1816 |
| Net Quantity | : | 5 Litres |
| Type of Packing | : | UN 4G Specification fibreboard box |
| From | : | Sydney, NSW, Australia |
| To | : | Paris, France |
| Routing and operator | : | Sydney to Tokyo by Qantas (QF)<br>Tokyo to Paris by Air France (AF)<br>The shipment has been booked with QF and AF. |
| Aircraft type | : | Both flights are operated as **cargo aircraft.** |

Propyltrichlorosilane
UN 1816

CONSIGNEE:
Dreyfus Chemicals, Inc.
30 rue du Nord
Paris 15ème
France

SHIPPER:
Chemicals Importers Corp.
Newtown Industrial Park
Sydney, N.S.W.
Australia

CORROSIVE

4G/X 5/S/96
AUS/LNE 123

图 7—4　包装件实物

（2）货运单（见图 7—5）。

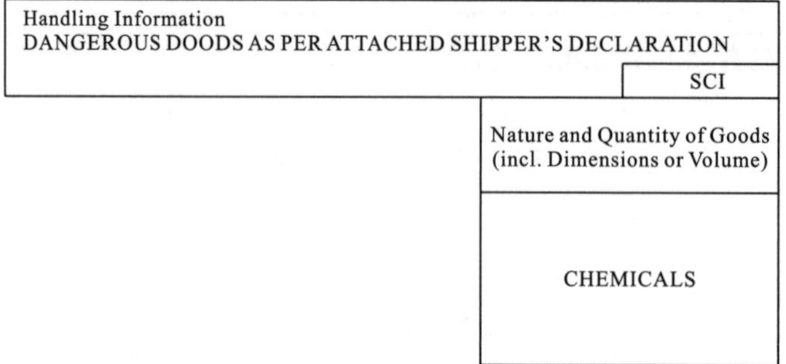
Handling Information
DANGEROUS DOODS AS PER ATTACHED SHIPPER'S DECLARATION
SCI

Nature and Quantity of Goods (incl. Dimensions or Volume)
CHEMICALS

图 7—5　货运单

（3）托运人危险品申报单（见表7－1）。

**表7－1　托运人危险品申报单**

<table>
<tr><td colspan="4">Shipper</td><td colspan="3">Air Waybill No.<br>Page of Pages<br>Shipper's Reference Number<br>(optional)</td></tr>
<tr><td colspan="4">Consignee</td><td colspan="3">For optional use<br>for<br>Company logo<br>Name and address</td></tr>
<tr><td colspan="4">Two completed and signed copies of this Declaration must be handed to the operator</td><td colspan="3" rowspan="4">WARNING<br>Failure to comply in all respects with the applicable Dangerous Goods Regulations may be in breach of the applicable law, subject to legal penalties. This Declaration must not, in any circumstances, be completed and/or signed by a consolidator, a forwarder or an IATA cargo agent.</td></tr>
<tr><td colspan="4">TRANSPORT DETAILS</td></tr>
<tr><td colspan="3">This shipment is within the limitations prescribed for:<br>(delete non-applicable)</td><td rowspan="2">Airport of Departure:</td></tr>
<tr><td colspan="2">PASSENGER AND CARGO AIRCRAFT</td><td>CARGO AIRCRAFT ONLY</td></tr>
<tr><td colspan="4">Airport of Destination:</td><td colspan="3">Shipment type (delete non-applicable)</td></tr>
<tr><td colspan="7">NATURE AND QUANTITY OF GOODS</td></tr>
<tr><td colspan="4">Dangerous Goods Identification</td><td rowspan="2">Quantity and Type of Packing</td><td rowspan="2">Packing Inst.</td><td rowspan="2">Authorization</td></tr>
<tr><td>Proper Shipping Name</td><td>Class or Division</td><td>UN or ID No.</td><td>Packing Group</td></tr>
<tr><td></td><td></td><td></td><td></td><td></td><td></td><td></td></tr>
<tr><td colspan="7">Additional Handling Information</td></tr>
<tr><td colspan="5">I hereby declare that the contents of this consignment are fully and accurately described above by the proper shipping name, and are classified, packaged, marked and labeled/placarded, and are in all respects in proper condition for transport according to applicable international and national governmental regulations. I declare that all of the applicable air transport requirements have been met.</td><td colspan="2">Name/Title of Signatory<br><br>Place and Date<br><br>Signature<br>(see warning above)</td></tr>
</table>

(4) 收运检查单（见图 7—6）。

## 2014
## DANGEROUS GOODS CHECKLIST FOR A NON-RADIOACTIVE SHIPMENT

The recommended checklist appearing on the following pages is intended to verify shipments at origin.

Never accept or refuse a shipment before all items have been checked.

Is the following information correct for each entry?

**SHIPPERS DECLARATION FOR DANGEROUS GOODS (DGD)**

| | YES | NO* | N/A |
|---|---|---|---|
| 1. Two copies in English and in the IATA format including the air certification statement [8.1.1, 8.1.2, 8.1.6.12] | ☑ | ☐ | |
| 2. Full name and address of Shipper and Consignee [8.1.6.1, 8.1.6.2] | ☑ | ☐ | |
| 3. If the Air Waybill number is not shown, enter it. [8.1.6.3] | ☑ | | |
| 4. The number of pages shown [8.1.6.4] | ☑ | ☐ | |
| 5. The non-applicable Aircraft Type deleted or not shown [8.1.6.5] | ☐ | ☑ | |
| 6. If full name of Airport or City of Departure or Destination is not shown, enter it. [8.1.6.6 and 8.1.6.7] Information is optional | ☑ | | ☐ |
| 7. The word "Radioactive" deleted or not shown [8.1.6.8] | ☑ | ☐ | |
| **Identification** | | | |
| 8. UN or ID Number, preceded by prefix [8.1.6.9.1, Step 1] | ☑ | ☐ | |
| 9. Proper Shipping Name and the technical name in brackets for asterisked entries [8.1.6.9.1, Step 2] | ☑ | ☐ | |
| 10. Class or Division, and for Class 1, the Compatibility Group. [8.1.6.9.1, Step 3] | ☑ | ☐ | |
| 11. Subsidiary Risk, in parentheses, immediately following Class or Division [8.1.6.9.1, Step 4] | ☑ | ☐ | ☐ |
| 12. Packing Group [8.1.6.9.1, Step 5] | ☑ | ☐ | ☐ |
| **Quantity and Type of Packing** | | | |
| 13. Number and Type of Packages [8.1.6.9.2, Step 6] | ☑ | ☐ | |
| 14. Quantity and unit of measure (net, or gross followed by "G", as applicable) within per package limit [8.1.6.9.2, Step 6] | ☑ | ☐ | |
| 15. When different dangerous goods are packed in one outer packaging, the following rules are complied with: | | | |
| – Compatible according to Table 9.3.A. | ☐ | ☐ | ☑ |
| – UN packages containing Division 6.2 [5.0.2.11(c)] | ☐ | ☐ | ☑ |
| – "All packed in one (type of packaging)" [8.1.6.9.2, Step 6(f)] | ☐ | ☐ | ☑ |
| – Calculation of "Q" value must not exceed 1 [5.0.2.11 (g) & (h); 2.7.5.6; 8.1.6.9.2, Step 6(g)] | ☐ | ☐ | ☑ |
| 16. Overpack | | | |
| – Compatible according to Table 9.3.A. [5.0.1.5.1 and 5.0.1.5.3] | ☐ | ☐ | ☑ |
| – Wording "Overpack Used" [8.1.6.9.2, Step 7] | ☐ | ☐ | ☑ |
| – If more than one overpack is used, identification marks shown and total quantity of dangerous goods [8.1.6.9.2, Step 7] | ☐ | ☐ | ☑ |
| **Packing Instructions** | | | |
| 17. Packing Instruction Number [8.1.6.9.3, Step 8] | ☐ | ☑ | |
| 18. For lithium batteries in compliance with Section IB, "IB" follows the packing instruction [8.1.6.9.2, Step 8] | ☐ | ☐ | ☑ |
| **Authorizations** | | | |
| 19. Check all verifiable special provisions. The Special Provision Number if A1, A2, A4, A5, A51, A81, A88, A99, A130, A190, A191 [8.1.6.9.4, Step 9] | ☐ | ☐ | ☑ |
| 20. Indication that governmental authorization is attached, including a copy in English and additional approvals for other items under [8.1.6.9.4, Step 9] | ☐ | ☐ | ☑ |
| **Additional Handling Information** | | | |
| 21. The mandatory statement shown for self-reactive and related substances of Division 4.1 and organic peroxides of Division 5.2, or samples thereof, for PBE and for fireworks [8.1.6.11.1, 8.1.6.11.2, 8.1.6.11.3 and 8.1.6.11.5] | ☐ | ☐ | ☑ |
| 22. Name and Telephone Number of a responsible person for Division 6.2 Infectious Substance shipment [8.1.6.11.4] | ☐ | ☐ | ☑ |
| 23. **Name and Title (or Department) of Signatory, Place and Date** indicated and **Signature** of Shipper [8.1.6.13, 8.1.6.14 and 8.1.6.15] | ☑ | ☐ | |
| 24. **Amendment** or alteration signed by Shipper [8.1.2.6] | ☐ | ☐ | ☑ |

| | YES | NO* | N/A |
|---|---|---|---|
| **AIR WAYBILL–HANDLING INFORMATION** | | | |
| 25. The statement: "Dangerous goods as per attached Shipper's Declaration" or "Dangerous Goods as per attached DGD" [8.2.1(a)] | ☑ | ☐ | |
| 26. "Cargo Aircraft Only" or "CAO", if applicable [8.2.1(b)] | ☐ | ☑ | ☐ |
| 27. Where non-dangerous goods are included, the number of pieces of dangerous goods shown [8.2.2] | ☐ | ☐ | ☑ |
| **PACKAGE(S) AND OVERPACKS** | | | |
| 28. Packaging conforms with packing instruction and is free from damage or leakage [The relevant PI and 9.1.3] | ☑ | ☐ | |
| 29. Same number and type of packagings and overpacks delivered as shown on DGD [9.1.3] | ☑ | ☐ | |
| **Markings** | | | |
| 30. UN Specification Packaging, marked according to 6.0.4 and 6.0.5: | | | |
| – Symbol and Specification Code | ☑ | ☐ | ☐ |
| – X, Y or Z meets or exceeds Packing Group/Packing Instruction requirements | ☑ | ☐ | ☐ |
| – Gross Weight within limits (Solids, Inner Packagings or IBCs [SP A179]) | ☑ | ☐ | ☐ |
| – Infectious substance package marking [6.5.3.1] | ☐ | ☐ | ☑ |
| 31. The UN or ID number(s) [7.1.4.1(a)] | ☑ | ☐ | |
| 32. The Proper Shipping Name(s) including technical name where required [7.1.4.1(a)] | ☑ | ☐ | |
| 33. The full name(s) and Address(es) of Shipper and Consignee [7.1.4.1(b)] | ☑ | ☐ | |
| 34. For consignments of more than one package of all classes (except ID 8000 and Class 7) the net quantity, or gross weight followed by "G", as applicable, unless contents are identical, marked on the packages [7.1.4.1(c)] | ☐ | ☐ | ☑ |
| 35. Carbon Dioxide, Solid (Dry Ice), the net quantity marked on the packages [7.1.4.1(d)] | ☐ | ☐ | ☑ |
| 36. The Name and Telephone Number of a responsible person for Division 6.2 Infectious Substances shipment [7.1.4.1(e)] | ☐ | ☐ | ☑ |
| 37. The Special Marking requirements shown for Packing Instruction 202 [7.1.4.1(f)] | ☐ | ☐ | ☑ |
| 38. Limited Quantities mark [7.1.4.2] | ☐ | ☐ | ☑ |
| 39. The Environmentally Hazardous Substance Mark [7.1.5.3] | ☐ | ☐ | ☑ |
| **Labelling** | | | |
| 40. The label(s) identifying the Primary risk as per 4.2, Column D [7.2.3.2; 7.2.3.3(b)] | ☑ | ☐ | ☐ |
| 41. The label(s) identifying the Subsidiary risk, as per 4.2, Column D [7.2.3.2; 7.2.6.2.3] | ☑ | ☐ | ☐ |
| 42. Cargo Aircraft Only label [7.2.4.2; 7.2.6.3] | ☐ | ☑ | ☐ |
| 43. "Orientation" labels on two opposite sides, if applicable [7.2.4.4] | ☐ | ☑ | ☐ |
| 44. "Cryogenic Liquid" labels, if applicable [7.2.4.3] | ☐ | ☐ | ☑ |
| 45. "Keep Away From Heat" label, if applicable [7.2.4.5] | ☐ | ☐ | ☑ |
| 46. "Lithium battery" label, if applicable [7.2.4.7] | ☐ | ☐ | ☑ |
| 47. All required labels are displayed correctly [7.2.6] and all irrelevant marks and labels removed or obliterated [7.1.1; 7.2.1] | ☐ | ☑ | |
| **For Overpacks** | | | |
| 48. Packaging Use markings and hazard and handling labels, as required must be clearly visible or reproduced on the outside of the overpack [7.1.7.1, 7.2.7] | ☐ | ☐ | ☑ |
| 49. The word "Overpack" marked if markings and labels are not visible [7.1.7.1] | ☐ | ☐ | ☑ |
| 50. If more than one overpack is used, identification marks shown and total quantity of dangerous goods [7.1.7.2] | ☐ | ☐ | ☑ |
| 51. "Cargo Aircraft Only" restrictions [5.0.1.5.3] | ☐ | ☐ | ☑ |
| **GENERAL** | | | |
| 52. State and Operator variations complied with [2.8] | ☑ | ☐ | ☐ |
| 53. Cargo Aircraft Only shipments, a cargo aircraft operates on all sectors | ☑ | ☐ | ☐ |
| 54. One "lithium battery document" with the required information accompanying the consignment | ☐ | ☐ | ☑ |

Comments: ______________________________

Checked by: ______________________________

Place: ______________________ Signature: ______________________

Date: ______________________ Time: ______________________

*IF ANY BOX IS CHECKED "NO", DO NOT ACCEPT THE SHIPMENT AND GIVE A DUPLICATE COPY OF THIS COMPLETED FORM TO THE SHIPPER

图 7－6　收运检查单

# 项目三　特种货物机长通知单

## 任务一　特种货物机长通知单

【任务详解】

### 一、特种货物机长通知单的填写

1. 特种货物机长通知单通用栏的填写

(1) Station of Loading：装机站全称。

(2) Flight Number：航班号。

(3) Date：航班离港日期。

(4) Aircraft Registration：飞机机号。

(5) Prepared By：填写人签字。

(6) ULD Built-Up By：集装器监装员签字。

(7) Loaded By：飞机货物监装员签字。

(8) Captain's Signature：执行该航班的机长签字。

(9) Next Captain's Signature：接班机长签字。

(10) Received By：目的站接班人签字。

2. 特种货物机长通知单危险品栏目的填写

(1) Station of Unloading：卸机站名称。

(2) Air Waybill Number：货运单号码。

(3) Proper Shipping Name：危险品运输专用名称，必要时填写技术名称。当遵照特殊规定 A144 运输安装在呼吸保护装置（PBE）中的化学氧气发生器时，必须在运输专用名称“Oxygen generator，chemical”（化学氧气发生器）后添加声明“Air Crew Protective Breathing Equipment (smoke hood) in accordance with Special provision A144”［符合特殊规定 A144 的机组呼吸保护装置（防烟面罩）］。

(4) Class or Division：for class 1，Compatibility group。危险品类别或项别，如果是第一类爆炸品，还要求注明配装组代码。

(5) UN or ID Number：危险品联合国编号或国际航空运输协会编号。

(6) Subsidiary Risk：次要危险性的类别或项别。

(7) Number of Packages：危险品的包装件数量。

(8) Net Quantity or Transport Index Per Package：填写每一包装件内危险品的净重，如果运输放射性物质则此栏填写包装件的运输指数。

(9) Radioactive Category：放射性物质包装等级和标签颜色。

(10) Packing Group：危险品运输包装等级。

(11) Code (See reverse)：危险品的三字代码（见背面）。

(12) CAO：如果该危险品包装件仅限货机运输，在此栏标注“×”。

(13) Loaded ULD Number：装有危险品的集装器编号。

(14) Loaded Position：危险品的装机位置。

(15) ERG Code：应急处理措施编号。

## 二、签收与存档

特种货物机长通知单一式 4 份，其分配如下：

①随航空货运单带往目的站 1 份；

②交配载部门 1 份；

③交机长 1 份；

④始发站留存 1 份。

## 三、特种货物机长通知单（见图 7—7）

特种货物机长通知单—正面 Special Load-Notification To Captain (NOTOC)

<table>
<tr><td colspan="3">装机站:<br>Station of Loading</td><td colspan="3">航班号:<br>Flight No.</td><td colspan="3">离港日期:<br>Date</td><td colspan="3">航空器注册号:<br>Aircraft Registration</td><td colspan="3">填写人:<br>Pprepared By:</td></tr>
<tr><td colspan="3">危险品:<br>DANGEROUS GOODS</td><td colspan="12">本架航空器上的危险品已正确装载，件数准确，并且包装件完好，无任何破损、泄露或渗漏迹象。Dangerous are properly loaded on this aircraft, are in correct pieces, and here is no evidence that any damaged or leaking packages containing dangerous goods have been loaded.</td></tr>
<tr><td rowspan="2">卸机站<br>Station of unloading</td><td rowspan="2">货运单号码<br>Air Waybill Number</td><td rowspan="2">运输专用名称<br>Proper Shipping Name</td><td rowspan="2">类别或项别<br>（第1类的配装组）<br>Class or Division<br>(for class1, comp.group)</td><td rowspan="2">UN或ID编号<br>UN or ID Number</td><td rowspan="2">次要危险性<br>Sub Risk</td><td rowspan="2">包装件数<br>No of PCs</td><td rowspan="2">净重或运输指数<br>Net Quantity or trans.index</td><td rowspan="2">放射性物质等级<br>Radioactive Material Category</td><td rowspan="2">包装等级<br>Packing Group</td><td rowspan="2">代码<br>（见本表背面）<br>Code(see reverse)</td><td rowspan="2">仅限货机<br>CAO</td><td colspan="2">装机位置<br>Loaded</td><td rowspan="2">应急处理措施代号<br>ICG Code</td></tr>
<tr><td>集装器识别编号<br>ULD ID</td><td>装机位置<br>Position</td></tr>
<tr><td></td><td></td><td></td><td></td><td></td><td></td><td></td><td></td><td></td><td></td><td></td><td></td><td></td><td></td><td></td></tr>
</table>

<table>
<tr><td colspan="3">其他特种货物<br>OTHER SPECIAL LOAD</td><td colspan="6">机长和监装人员应采取相应措施，确保正常情况下以及发生延误或其他情况时动物和鲜活货物的温度和通风。Temperature and ventilation requirements for live animals and perishable cargo must be met by captain and loading supervisor especially in flight delaying and other conditions.</td></tr>
<tr><td rowspan="2">卸机站<br>Station of unloading</td><td rowspan="2">货运单号码<br>Air Waybill Number</td><td rowspan="2">货物品名及种类<br>Contents and Description</td><td rowspan="2">包装件数<br>No. of packages</td><td rowspan="2">重量<br>Quantity</td><td rowspan="2">附加说明<br>Supplementary Information</td><td rowspan="2">代码<br>（见本表背面）<br>Code<br>(see reverse)</td><td colspan="2">装载位置<br>Loaded</td></tr>
<tr><td>集装器识别编号<br>ULD ID</td><td>装机位置<br>Position</td></tr>
<tr><td></td><td></td><td></td><td></td><td></td><td>温度要求<br>TEMPERATURE REQUIREMENTS<br>□ HEATING REQUIRED FOR (SPECIFY)<br>□℃-□℃<br>□ COOLING REQUIRED FOR (SPECIFY)<br>□℃-□℃</td><td></td><td></td><td></td></tr>
<tr><td colspan="2">集装器组装人签字:<br>ULD Built-Up By:</td><td colspan="3">装载负责人签字:<br>Loading Supervisor' s signature:</td><td>机长签字:<br>Captain' s signature:</td><td colspan="2">接班机长签字:<br>Next Captain' s signature:</td><td>目的站接机人签字:<br>Received By:</td></tr>
</table>

图7–7　特种货物机长通知单

# 项目四　危险品不正常运输的处理

## 任务一　危险品不正常运输的处理方法

【任务详解】

### 一、一般规定

（1）对于危险品不正常运输和危险品事故，应采取及时有效的措施加以处理。根据具体情况，把危害或损失控制在最低限度内。

（2）危险品不正常运输和危险品事故的处理，应严格遵守运输过程中有关国家适用的法律、政府规定、命令或要求，以及有关承运人的规定。

## 二、危险品不正常运输

1. 危险品丢失

如发现只持有货运单，而危险品部分或全部下落不明，应按照下列程序处理。

①立即将情况报告给领导。

②核对运输文件，分析可能丢失的原因。

③查找危险品可能放置的地方。

④向各有关航站发出查询电报。收到查询电报的航站，应立即查找危险品的下落，做好查询记录，并在收到电报后 24 小时内答复查询站。

⑤找到丢失危险品的航站，应立即通知危险品丢失站及其各有关航站，并安排最早航班将危险品运至目的站。

2. 退回始发站货物的处理

(1) 退回始发站的货物必须符合国际航空运输协会的《危险品规则》的相关规定，退运的货运单必须随托运人危险品申报单、危险品收运检查单及其他相关文件，如有缺失，则要求始发站提供所缺失的文件。

(2) 退回货物产生的费用按照运费到付处理。

(3) 退回货物应重新填制货运单，随附原始的托运人危险品申报单及其他原随附文件，并重新填制危险品收运检查单。

(4) 包装件发生破损，并且内装危险品泄漏时，则按相关规定处理。

(5) 包装件上原有标记、标签如有缺损，应按国际航空运输协会的《危险品规则》相关规定补充或重新粘贴，并将货运单交付查询部门，由查询部门通知始发站货物状态以及退运航班。

## 三、危险品的货物运输事故记录

交付危险品时，发现危险品损坏、短缺、延误或污染、丢失，收货人提出异议，应会同收货人填写货物运输事故记录，详细记录危险品提供提取时的真实状态，由承运人和收货人双方签字。

货物运输事故记录一式三份。第一份交给收货人，第二份交给查询部门，第三份留仓库保存。

## 四、危险品事故的调查及报告

托运人未如实申报，或货运销售代理人、地面工作人员操作不当以及其他意外情况的发生，都可能造成危险品运输事故。一旦发生事故，认真调查，总结经验，吸取教训，这是把事故发生率降到最低的重要途径。只有从调查中得出科学、正确的结论，才能使有关人员引以为戒，才能有助于我们制定出预防措施。

关于危险品事故的相关内容，参见本书模块十二。

# 模块八　危险品航空运输的存储与装载

**【本模块要点】**

1. 危险品存储基本要求。
2. 危险品装载基本要求。

## 项目一　危险品存储

### 任务一　危险品存储基本要求

**【任务详解】**

危险品存储应严格遵守CCAR－276部的规章及运输过程中有关国家适用的法律法规、政府规定命令或要求以及有关运营人的规定。

#### 一、危险品仓库设施

(1) 危险品仓库必须设置安全、充足的照明设备和足够、有效的消防设施，以备在发生意外时能及时采取应急措施。

(2) 危险品仓库应通风良好，无阳光直射，远离各种热源，夏季温度不宜高。

(3) 仓库内的输配电线、灯具、火灾事故照明和疏散指示标志，都应符合要求。

(4) 每个分库房必须有相应通风设施，如换气扇等，以便有效地消除仓库内因储存大量的危险品而散发出的化学物品气味。

(5) 用于存储第 7 类放射性物质的仓库，其墙壁及仓库大门必须坚固，并在一定程度上具有降低放射性物质辐射水平的功能。

(6) 危险品仓库应配备防护服和防护面罩及其他防护必需品，以便在发生危险品泄漏及危险品事故时，能够及时从容地采取应急措施。防护面罩主要包括过滤式防毒面具和隔绝式氧气或空气面具等。

(7) 危险品仓库应配备个人防护用品，个人经常使用的防护用品主要包括工作服、工作帽、鞋靴、胶皮手套、口罩等。

(8) 危险品仓库必须保证有水源及一定数量的沙土，以便在发生非正常情况时，能够及时采取措施。

(9) 危险品仓库内还应配备必要的报警装置。

(10) 仓库及其附近区域严禁使用明火，严禁吸烟。特别是储存易燃、易爆品的仓库绝不允许在仓库内用火，并必须接装避雷设备。

(11) 普通货仓库内危险品储存的指定区域也应具备上述设施。

## 二、危险品仓库管理

(1) 危险品仓库工作人员必须进行培训，并经过危险品仓库工作人员上岗考试合格后持证上岗。危险品仓库工作人员还必须接受防火与灭火的专门训练，熟悉各类危险品的性质及其事故的处理方法。

(2) 危险品的包装件应在专门设计的危险品仓库中分类别存放。危险品仓库的管理部门必须制定完备、有效的规定和措施，切实做好仓库的防火、防盗、防鼠、防水、防晒、防冻等工作。

(3) 危险品仓库严禁吸烟和使用明火，特别是储存易燃、易爆品的仓库绝不允许在仓库内用火，并必须接装避雷设备。

(4) 未经批准的任何人员不得进入危险品仓库。特殊情况下，需要货物托运人、收货人或其代理人进入仓库时，必须有运营人的工作人员陪同进入。有关人员离开库区时应及时上锁。

(5) 危险品仓库内外明显位置应明示应急电话号码。

(6) 危险品入库和出库时，应核对货物的货运单号码，清点货物的件数，检查货物的包装。

(7) 危险品仓库应保持整洁、干燥、卫生。

（8）破损、泄漏、有异味的危险品不应存放冷库。

（9）对于不正常运输的危险品，应定期与相关部门联系，确认其处理情况，避免危险品长期积压。

（10）危险品仓库应定期清仓。

（11）正常中转运输的危险品，如果滞留危险品仓库达 3 天以上，则应及时与吨位控制部门联系，通知货物滞留情况，以尽早安排运输。

（12）对于收运的危险品，如果由于托运人或其代理人原因造成货物滞留危险品仓库，应收取一定金额的仓库保管费用。

## 三、危险品的存储

（1）危险品在危险品仓库中的存储，按照其危险性的类别、项别分别放置在不同的仓库中或不同的区域内。

（2）危险品如需在普通货物仓库中存储，则必须存放在指定区域以便集中管理，这一区域必须设有明显标志，必须有明显的隔离设施。

（3）性质相抵触的危险品包装件在仓库的存放，必须符合 9.3.A 表隔离包装件的隔离原则。包装件在任何时候不得相互接触或相邻放置。在仓库中存储时应有 2m 以上的间隔距离。

（4）操作人员必须依照轻拿轻放原则和请勿倒置原则搬运和存放危险品包装件。

（5）危险品标志应处于易见位置，桶不得卧堆，桶口朝上或按标签指示方向放置。

（6）危险品入库时，应根据其不同的类别、项别或配装组分别存放。例如，第 1 类爆炸品应按照不同的项别和配装组分别存放。危险品操作中要防止撞击、震动、摩擦、翻滚，做到小心轻放，轻装轻卸。

（7）入库的货物应按照小心轻放、箭头向上、标记和标签朝上的要求存放，遵循大不压小、重不压轻、木箱或铁箱不压纸箱的原则。一般情况下，货物存放高度不宜超过同类货物 4 层或 3m 的高度。

（8）危险品入库时，如果货运单或货物包装时有要求冷藏或冷冻存储和特殊要求的，应根据其不同的危险性采取不同的处理方式。

（9）如没有专门的危险品冷库，需要冷冻的危险品必须存放在容易管理的指定区域内。

## 四、特殊要求的危险品存放

1. 压缩气体钢瓶

压缩气体钢瓶可以直立放在瓶架上，也可以放在干燥的地面上，但不可倒置。气体钢瓶在平放时，必须用三角木卡牢，以免滚动。多个钢瓶存放时，钢瓶的头部朝向要一致，并应避免将瓶口指向人多的地方。库房温度高于 35℃时，应采取降温措施。

2. 深冷液化气体

（1）液氮罐必须保持直立、箭头向上。

（2）液氮罐数量较多时，如果放置于密封空间内，应注意通风以防窒息。

3. 自反应物质与有机过氧化物

自反应物质与有机过氧化物的包装件，必须避免阳光直射，应放在远离任何热源且通风良好的地方。

4. 放射性物质

Ⅱ级黄色和Ⅲ级黄色的放射性物质包装件、合成包装件及放射性专用箱，无论在什么地方摆放，每一堆货物的总运输指数不得超过 50。任意两堆货物之间的距离至少保持 6m。

人员接触的辐射限量如下：

（1）放射性物质必须与工作人员和公众有足够的隔离间距。必须使用以下剂量值来计算隔离距离或辐射等级：

①工作人员常规工作区域的剂量为每年 5mSv；

②公众经常活动区域的剂量为每年 1mSv。

（2）所有存储有关人员必须得到其所面临的危险及应遵守的预防措施之类的必要指导。

（3）为了保证尽可能降低放射性辐射的原则，Ⅱ级黄色和Ⅲ级黄色包装件、合成包装件或容器临时存储时应当与人员隔离。最小隔离距离应当符合 9.3.A 表和 9.3.B 表的规定，如条件允许则应保持更远的隔离距离。无论这些放射性物质储存多久，这些距离都是从包装件、合成包装件或容器的表面开始计算。

（4）在收运、操作过程中应尽可能降低放射性辐射。

## 五、仓库管理人员的注意事项

（1）不准无关人员靠近危险品包装件。

（2）仓库及附近区域严禁使用明火，禁止吸烟。

（3）经常查看危险品包装件，及时发现问题。

（4）牵引车、叉车不准在危险品旁边停靠。

（5）重视托运人或收货人提出的关于危险品的特殊存储要求。

（6）对于未按时运出、中转或提取的危险品，应及时处理，不得在库内长期存放。

（7）做好日常防火、消防设备的养护和检查工作。熟练使用消防设备，并熟悉各类危险品的性质及其事故的处理办法。

# 项目二　危险品装载

## 任务一　危险品的装载基本要求

**【任务详解】**

危险品在运输装载过程中应严格遵守国际航空运输协会《危险品规则》的装载原则。除国际航空运输协会《危险品规则》允许的和放射性物质例外包装件外，危险品不准带入飞机客舱或驾驶舱。另外，只有客机的主货舱符合B级或C级货舱的所有适航标准，才可以将危险品装入该舱。贴有仅限货机标签的危险品不得装在客机上。

### 一、装载原则

1. 预先检查原则

危险品在装机之前，必须进行认真检查，包装件在完全符合要求的情况下才可以继续进行作业。检查包括以下六方面的内容。

①装有危险品的包装件、合成包装件和装有放射性物质的专用货箱在装上航空器或装入集装器之前，应当检查是否有泄漏和破损的迹象。泄漏和破损的包装件、合成包装件的专用货箱不得装上航空器。

②集装器未经检查并经证实其内装危险品无泄漏或无破损迹象之前不得装上航空器。

③装上航空器的危险品的任何包装件如出现破损或泄漏，应将此包装件从航空器卸下，在此之后应当保证该交运货物的其余部分状况良好并符合航空运输条件，并保证其他包装件未受污染。

④装有危险品的包装件，合成包装件和装有放射性物质的专用货箱在卸下航空器或集装器时，应当检查是否有破损或泄漏的迹象。如发现破损或泄漏的迹象，则应当对航空器或集装器装载危险品的部位进行破损或污染的检查。

⑤包装件上的危险性标签和操作标签应准确无误、粘贴牢固；如出现标签未贴或贴错现象，应立即停止装载并反馈给收货部门。

⑥包装件上的文字标记［包括运输专用名称、UN 或 ID 编号、包装件内危险品的净重或毛重（如适用）、托运人和收货人的姓名及地址］应书写正确，字迹清楚，如有遗漏，应立即停止装载并通知收货部门。

2. 方向性原则

装有液体危险性物品的包装件均按要求贴上危险品的向上标签（需要时还应注明“THIS SIDE UP”）。操作人员在搬运、装卸、装集装板或集装箱以及装机的全过程中，必须按该标签的指向使包装件始终保持直立向上。

3. 轻拿轻放原则

在搬运或装卸危险品包装件时，无论是采用人工操作还是机械操作，都必须轻拿轻放，切忌砸、摔、碰、撞。

4. 固定货物，防止滑动原则

危险品包装件装入飞机后，为防止损坏，装卸人员应将它们固定在货舱内，以免危险品在飞机飞行中滑动或倾倒。

危险品包装件的装载应该符合如下要求：

①体积小的包装件不会通过网孔从集装板上掉下；

②散装的包装件不会在货舱内移动；

③桶状包装件，难以用尼龙带捆绑或固定时，要用其他货物卡紧；

④用其他货物卡住散装的包装件时，必须从五个方向（前后左右上）卡紧；

⑤如果集装箱内的货物未装满（即使用的容积未超过总容积的 2/3）应将货物固定。

5. 可接近性原则

可接近性原则仅适用于仅限货机危险品的装载，是指危险品的包装件和合成包装件必须放在机组人员眼看得见、手摸得到的地方。如果大小和重量允许，将该包装件和合成包装件与其他货物分开。相关的危险性标签和仅限货机操作标签必须明示。

以下类别的危险品不受可接近原则的包装限制：

①第 3 类易燃液体，Ⅲ级包装，无次要危险性；

②第 6 类毒性和感染性物质；

③第 7 类放射性物质；

④第 9 类杂项类。

仅限货机的包装件只能装在集装板上，不准装入集装箱内。为了使包装件保持可接近性，集装板上的货物不得用整块塑料布完全遮盖。在地面运输中为防雨而使用的塑料布，在装机时必须去掉。

仅限货机的包装件在装板时应符合如下要求：

①必须装在集装板的靠外一侧，并且标签朝外，可以看到；

②危险品集装器挂牌和包装件上的标签必须位于集装板的同一侧；

③集装板装入飞机后，上述侧面应靠近货舱内的走道。

仅限货机的货物装载高板上的一侧，以保证可接近性原则。

## 二、装载要求

（1）当危险品按照要求装入航空器时，装载人员必须保证该危险品的包装件不得破损，且必须特别注意在运输准备过程中包装件的操作和装机方式，以避免由于拖、拉或不正确的操作产生事故性破坏。

（2）如果发现破损或泄漏的迹象，必须检查飞机上堆放过该危险品或集装设备的位置是否有损坏或被污染的迹象，如果有危险品的污染，必须立即清除。

（3）当装载人员发现标签丢失、损坏或字迹模糊时，必须通知有关部门更换标签。

（4）如果负责运输或开启含有污染性物质包装件的任何人员发现该包装件上有破损或泄漏的迹象，上述有关人员必须：

①避免接触或尽可能少地接触该包装件；

②立即通知专业人员，由专业人员检查相邻的包装件的污染情况，将可能污染的包装件分开放置；

③立即通知有关部门，向该货物经过的其他国家提供有关接触该包装件的人员可能受到的伤害和信息；

④通知托运人及收货人。

## 三、不相容危险品的装载和隔离

有些不同类别的危险品，互相接触时可以发生危险性很大的化学反应，称为性质抵触的危险品。为了避免这样的危险品在包装件偶然漏损时发生危险的化学反应，必须在储存和装载时对它们进行隔离。

彼此能产生危险反应的危险品的包装件，不得在航空器上靠在一起码放，应注意危险品码放的位置，必须遵守表8－1中的隔离要求。

**表8－1 《危险品规则》表9.3.A中包装件的隔离要求**

| 主要危险性类别或项别 | 1除了1.4S | 1.4S | 2 | 3 | 4.2 | 4.3 | 5.1 | 5.2 | 8 |
|---|---|---|---|---|---|---|---|---|---|
| 1除了1.4S | 注1 | 注2 | × | × | × | × | × | × | × |
| 1.4S | 注2 | — | — | — | — | — | — | — | — |
| 2 | × | — | — | — | — | — | — | — | — |
| 3 | × | — | — | — | — | — | × | — | — |
| 4.2 | × | — | — | — | — | — | × | — | — |
| 4.3 | × | — | — | — | — | — | — | — | × |
| 5.1 | × | — | — | × | × | — | — | — | — |

续表8-1

| 主要危险性类别或项别 | 1除了1.4S | 1.4S | 2 | 3 | 4.2 | 4.3 | 5.1 | 5.2 | 8 |
|---|---|---|---|---|---|---|---|---|---|
| 5.2 | × | — | — | — | — | — | — | — | — |
| 8 | × | — | — | — | — | × | — | — | — |

在行和列的交叉点上注有“×”，表明装有这些类或项的危险品的包装件必须相互隔开。若在行和列的交叉点上注有“－”，则表明装有这些类或项的危险品包装件无须相互隔开。

在确定分隔要求时，表8-1中的项目仅考虑主要危险性的类别或项别，而不考虑其他次要危险性。

由于4.1项及6、7和9类不需与其他类别的危险品隔开，因此，本表中不包含这类危险品。

不相容的危险品包装件在任何时候都不得相互接触或处于相邻位置。在实际操作中，不相容的危险品要装入不同的货舱、不同的集装箱或集装板，或用普通货物隔开。在运输与存储时应满足下面两方面的条件。

（1）在仓库中存储时，应保持2m以上的间隔。

（2）装在集装板上装入散货舱时，可采用如下方法中的任何一种。

①将性质相抵触的危险品分别用尼龙带固定在集装板或飞机货舱地板上，两者之间至少间隔1m（如图8-1所示）。

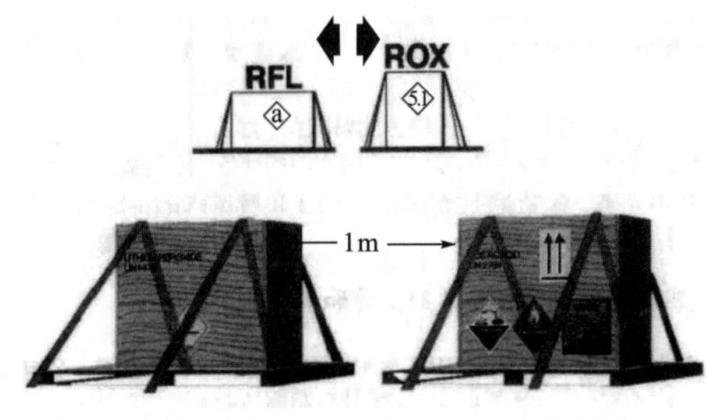


**图8-1　包装件隔离1**

②用普通货物的包装件将性质相抵触的两个危险品分开，两者之间至

少间隔 0.5m（如图 8-2 所示）。

图 8-2　包装件隔离 2

## 任务二　爆炸品的装载基本要求

**【任务详解】**

（1）由配装决定飞机中爆炸品可码放在一起的范围。如果它们能码放在一起而不会大幅增加事故可能性，也不会因其数量而增加此类事故的等级（破坏性），则认为爆炸品是可以配装的（即不需隔离）。

（2）同一配装组字母和同一项别号的爆炸品包装件可码放在一起。

（3）同一配装组但不同项别的爆炸品可码放在一起，条件是全部爆炸品被看作较小数字的项别。例如 1.2 项 G 配装组的爆炸品与 1.4 项 G 配装组的爆炸品码放在一起时，全部爆炸品应被看作 1.2 项 G 配装组。然而，当 1.5 项 D 配装组的爆炸品与 1.2 项 D 配装组的爆炸品一起码放时，全部货运单必须被视为 1.1 项，D 配装组，用于运输目的。

（4）不同配装组字母的包装件一般不能码放在一起。

（5）S 配装组中的爆炸品可与所有配装组中的爆炸品一起码放。

（6）只有 1.4 项、配装组 S 的爆炸品允许使用客机运输，只有 1.3C、1.3G、1.4B、1.4C、1.4D、1.4E、1.4G、1.4S 的爆炸品可以使用货机运输。

## 任务三　特殊物品的装载基本要求

【任务详解】

### 一、含液体的危险品包装件的操作和装载

在运输过程中，包装件上有“THIS WAY UP”（向上）标记的，必须按此类标签的方向装运、码放和操作。在顶端封口的液体危险品的单一包装件上，必须保证封口朝上码放和装载。

### 二、毒性和感染性物质的装载

毒性物质或感染性物质与食品或动物分装在不同的集装器内，装入同一货舱时，两个集装器必须分开装载。如果毒性物质或感染性物质与食品或动物分装在密闭式的集装器内，两个集装器则可以相邻放置。

### 三、有机过氧化物和自身反应物质的装载

在整个装载过程中，含有4.1项中的自身反应物质和5.2项有机过氧化物的包装件，都不得被阳光直射，并应远离任何热源，且保持通风良好。另外，含有4.1项中的自身反应物质和5.2项有机过氧化物的包装件不得与其他货物码放在一起。

### 四、磁性物品的装载

不得将磁性物品装载于直接影响航空器的直读磁罗盘或罗盘传感器的位置上。磁性物质的装载必须保证飞机的罗盘指向保持在此飞机适航要求允许的公差范围内，在实际过程中，应装载在对罗盘影响最小的位置上。注意多个包装件会产生累积效应。

运营人对磁性物质的收运有专门的《磁性类物质航空运输管理规定》，其关于装载的规定主要有以下三点。

①经检测机构检测，距包装件外表任意一点2.1m（7ft）处测得磁场强度小于0.159A/M（0.002高斯），或罗盘磁针无明显偏转（低于0.5°）的磁性类物质，运输时不受限制。

②经检测机构检测，距包装件表面任何一点2.1m（7ft）处测得磁场强度大于0.159A/M（0.002高斯），或距包装件外表任意一点4.6m

(15ft) 处测得磁场强度不超过 0.418A/M (0.00525 高斯) 或罗盘磁针的偏转不超过 2°的磁性类物质，运输时按国际航空运输协会《危险品规则》规定的第 9 类危险品操作。

③经检测机构检测，距包装件外表面任意一点 4.6m (15ft) 处测得磁场强度超过 0.418A/M (0.00525 高斯)，或罗盘磁针的偏转超过 2°的磁性类物质，公司不予以接受。

## 五、固体二氧化碳（干冰）的装载

固体二氧化碳（干冰）单独作为货物或把它作为其他货物的制冷剂可以载运，但经营人应根据机型、飞机通风率、干冰包装与码放方法以及是否在同一航班上装有动物和其他因素做好合理的安排。

干冰对于活体动物存在两种危险性。一是放出二氧化碳气体。二氧化碳气体密度比空气大，而且会取代空气中的氧气。空气中二氧化碳含量若大于 2.5%，就会影响到人和动物的正常生理功能。二是降低周围温度，使动物处于低温环境。

经营人必须确认航空器上装有或已装有固体二氧化碳（干冰）的情况已通知地面人员。飞机在经停站着陆时，都应打开舱门，以利空气流通而降低货舱的二氧化碳浓度。如果需要装卸货物，必须待货舱内空气充分流通后，工作人员才可进入货舱进行装卸工作。

对于 UN1845 固体二氧化碳（干冰），在《特种货物机长通知单》上只需反映联合国编号，专用运输名称、类别、每个舱内总重量以及这些包装件的卸机站。

如果干冰由单一托运人按包装说明 954 准备，装在集装器或其他类型的货盘中，而运营人在收运后又额外添加了干冰，则运营人必须保证在提供给机长的信息中，干冰的数量已经进行了修改。

机组和旅客的交运行李中如果有干冰，则必须使用标记，表明其中含有干冰，且标明干冰数量，或标明内装不超过 2.5kg 的干冰。为了便于处理含有干冰的机组和旅客交运行李，图 8-3 为行李牌示样，运营人可使用这种行李牌来标识此类交运行李。

含有干冰的行李使用的行李牌

DRY ICE

2.5kg or less of dry ice

**图 8-3　《危险品规则》图 9.3.B 中含有干冰行李使用的行李牌示样**

## 六、膨胀性聚酯颗粒的装载

膨胀性聚酯颗粒是用来生产聚合物的半成品。当作为发泡剂与易燃气体或液体混合的时候，有可能释放出少量的易燃气体。净重不超过 100kg 的膨胀性聚酯颗粒或可塑性的成型材料可以装载在任何飞机上的不可接近的货舱内。

## 七、作为交运行李的轮椅或其他用电池驱动的移动辅助工具的装载

轮椅或其他用电池供给动力的移动辅助工具作为交运行李运输时，必须按下列要求装载。

①如果轮椅或移动辅助工具在装载、码放、固定和卸机时方向始终朝上，则电池不得接通；电极应绝缘以防止短路，并要稳固地安装在轮椅或移动辅助工具上。

②如果轮椅或移动辅助工具在装载、码放、固定和卸机时不能保持向上，必须将电池卸下，这样轮椅或移动辅助工具可以作为交运行李不受限制地载运。卸下的电池必须按下列要求装运在坚固、密封的包装内：包装必须防漏和不受电解液的影响，并用板带、夹子等将其固定在货舱内或集装板上，以防止翻倒；必须防止电池短路，保证电池在包装内稳固向上，在电池周围填充能吸收全部电解液的吸附材料；这些包装必须标有"BATTERY，WET，WITH WHEELCHAIR"（电池，湿的，轮椅用）或"BATTERY，WET，WITH MOBILITY AID"（电池，湿的，辅助行动器材用），并贴上"CORROSIVE"（腐蚀品）的标签和"PACKAGE ORIENTATION"（包装件向上）标签。

当飞机上装有轮椅或其他用电池供给动力的移动辅助工具时，必须通

知机长它们所在的位置。旅客与运营人事先做好安排，如有可能，易溢漏的电池应配有抗溢漏的通气孔塞。

含非溢漏电池的轮椅或其他电池驱动的移动辅助工具，由运营人批准可以作为交运行李运输时，其电池不得接通，应使电极绝缘以防止意外短路，并把电池紧固在轮椅或移动辅助工具上。

为便于操作，装有电池的轮椅或移动辅助工具，可以使用标签来帮助识别是否已经取出轮椅中的电池。此标签分为两部分，前半部分粘贴在轮椅上用于表明是否已经取出电池；在电池与轮椅分开运输的特殊情况下，使用后半部分来识别电池，同时可以保证电池和轮椅能够相对应。

# 模块九　危险品运输限制

**【本模块要点】**

1. 旅客与机组人员携带危险品的规定。
2. 例外数量和限制数量危险品的规定。
3. 隐含的危险品名称。
4. 国家与营运人差异条款。

## 项目一　危险品运输限制

### 任务一　旅客与机组人员携带危险品的规定

**【任务详解】**

旅客或机组人员在乘坐飞机时有可能会携带危险品，这些危险品可能会对飞行安全构成一定程度的威胁。尽管这些危险品的数量很小，但是为了保障安全，必须严格执行关于行李中的危险品的运输规定。

#### 一、机组或旅客禁止携带的危险品

1. 公文箱、现金箱/袋

内装有锂电池或烟火装置等危险品的保险公文箱及公文包绝对禁止携带。

2. 使人丧失能力的装置

装有压缩液态毒气、胡椒喷雾器和重头棍棒等刺激性或使人致残的器具，禁止随身携带或在交运行李和手提行李中携带。

3. 液氧装置

使用液态氧作为主要或次要氧气液的个人医用氧气装置，禁止随身携带或在交运行李和手提行李中携带。

4. 电击武器

禁止在手提行李或交运行李中随身携带含有诸如爆炸品、压缩气体、锂电池等危险品的电击武器。

## 二、经经营人同意，只能作为交运行李运输的危险品

1. 固态二氧化碳（干冰）

在允许交运行李（或包裹）释放二氧化碳气体时，每人携带的用于易腐败变质物品制冷剂的干冰的量不得超过 2kg。

2. 体育运动用弹药

安全装箱的供旅客个人使用的体育运动用弹药（用于武器、小型枪支），其毛重限量不得超过 5kg，且不含炸弹和燃烧弹。两名旅客允许携带的枪弹不得合成一个或数个包装件。

3. 装有非易漏电池的轮椅/辅助行动器材

装有非易漏电池的轮椅或电池驱动的辅助行动器材，电池处于非连接状态，电池终端须绝缘以防止意外短路，并且电池须牢固附于轮椅或辅助行动器材上。

4. 装有易漏电池的轮椅/辅助行动器材

装有易漏电池的轮椅或电池驱动的辅助行动器材，轮椅或辅助行动器材保持直立装运、存放、固定与卸下，并且电池须处于非连接状态。电池终端须绝缘以防止意外短路，并且电池须牢固附于轮椅或辅助行动器材上。如果轮椅或辅助行动器材不能直立装运、存放、固定与卸下，轮椅或辅助行动器材可作为非限制的交运行李携带。卸下的电池须按下列方式用

牢固的硬式包装携带：

①包装须紧密坚固，电池液不得渗漏，并用适当的固定方式，如使用紧固带、托架或固定装置，将其固定在集装板上或固定在货舱内（非固定于货物或行李上）；

②电池须防其短路，应直立固定于包装内，周围填满吸附材料，使之能吸收电池所泄漏的全部溶液；这些包装须标有“BATTERY，WET，WITH WHEELCHAIR”（电池，湿的，轮椅用）或“BATTERY，WET，WITH MOBILITY AID”（电池，湿的，辅助行动器材用）字样，并加贴“腐蚀剂”标签和“包装件方向”标签。

必须通知机长轮椅的位置或装有电池的辅助移动装置或安装好电池的位置。建议旅客事先同每一个运营人做好安排；方便时，应将易溢漏电池装上防溢漏盖。

## 三、仅可作为随身携带行李的危险品

### 1. 水银气压计或水银温度计

政府气象局或类似官方机构的每一代表可携带一支含水银的气压计或水银温度计，只作为随身行李登记。气压计或温度计须有坚固的外包装、密封内衬或防止水银泄漏的坚固防漏和防穿刺材料制成的口袋，以使以任何方式安置该包装时水银都不会从包装件中渗漏。机长须知晓机上有人携带气压计或温度计。

### 2. 产生热量的物品

产生热量的物品，诸如水下喷灯和焊接设备这类一旦受到意外催化即可产生高热和着火的电池驱动设备，只可作为随身行李携带。产生热量的部件或能源装置须拆下，以防运输中意外起作用。

## 四、经经营人同意，可以作为行李运输的危险品

（1）医用氧气。

（2）安装在设备上的小型非易燃气罐。

（3）雪崩救援包。

（4）化学品监控设备。

（5）固体二氧化碳（干冰）。

(6) 产生热量的物品。

(7) 锂电池供电的电子设备。

## 五、可直接作为行李的危险品

下列危险品，未经运营人允许，可作为行李，用航空器装运。

1. 药用或梳妆物品

非放射性药用或梳妆物品（包括化溶胶）。每一旅客或机组人员所携带这类物品的总净重量不得超过 2kg 或 2L，每一单件物品净重量不得超过 0.5kg 或 0.5L。

注：“药用或梳妆物品”这一术语指发胶、香水、古龙香水和含酒精的药物。

2. 用于机械肢的二氧化碳气瓶

用来操纵机械肢运动的小型二氧化碳气瓶。为保证旅途中的需要，还可携带同样大小的备份气瓶。

3. 心脏起搏器/放射性药剂

放射性同位素心脏起搏器或其他装置，包括那些植入人体内以锂电池为动力的装置或作为治疗手段置于人体内的放射性药剂。

4. 医疗/临床温度计

一支置于保护盒内的个人用小型医疗和临床水银温度计。

5. 固态二氧化碳（干冰）

每人可在随身行李中，或经运营人允许在交运行李中，携带用于易腐败变质物品制冷剂的固态二氧化碳（干冰），总量不超过 2kg，但包装能释放二氧化碳气体。

6. 安全火柴或打火机

个人用随身携带的安全火柴或一个可完全被一固体吸收的燃料/液体打火机。但是装有不能吸收的液体燃料（而非液体气）的易燃液体蓄池打火机、打火机燃料和打火机备份燃气不允许随身携带，也不可置于交运行李或随身行李中。注意，“一划即燃”火柴禁止航空运输。

7. 酒精饮料

以零售包装的酒精饮料，其浓度在24%以上，但不超过70%；盛于容器中的此类饮料，每人携带的净重量不超过5L。(注：酒精浓度等于或低于24%的酒精饮料不受任何限制。)

8. 卷发器

含碳氢化合气体的卷发器，每一旅客或机组人员只可携带一支，但其安全盖须紧扣于电热元件上。此种卷发器都不得在航空器上使用。此种卷发器的气体填充器不得装入交运的或随身携带的行李中。

## 六、旅客和机组人员携带危险品的规定列表

除表9-1中所列的规定外，危险品不得由旅客或机组人员放入或作为交运行李或手提行李携带到航空器上。

## 表 9-1　旅客机组人员携带危险品规定（同《危险品规则》2.3.A 表）

| 允许在手提行李中或作为手提行李 | 允许在交运行李中或作为交运行李 | 允许随身携带 | 需经运营人批准 | 必须通知机长装载位置 | |
|---|---|---|---|---|---|
| 否 | 否 | 否 | n/a | n/a | 使人丧失行为能力的装置　含有刺激性和使人丧失行为能力的物质，如催泪瓦斯、胡椒喷雾剂等，禁止随身、放入交运行李和手提行李中携带。 |
| 否 | 否 | 否 | n/a | n/a | 电击武器（如泰瑟枪）含有诸如爆炸品、压缩气体、锂电池等危险品，禁止放入手提行李或交运行李或随身携带。 |
| 否 | 否 | 否 | n/a | n/a | 保险型公文箱、现金箱、现金袋　除2.3.2.6节以外，装有锂电池和/或烟火材料等危险品，是完全禁运的。见《危险品规则》4.2危险品表中的条目。 |
| 否 | 是 | 否 | 是 | 否 | **安全包装的弹药（武器弹药筒、子弹夹）**（只限1.4SUN0012和UN0014），仅限本人自用，每人携带毛重不超过5kg。一人以上所携带的弹药不得合并成一个或数个包装件。 |
| 否 | 是 | 否 | 是 | 否 | **装有密封型湿电池或符合特殊规定A123或A199电池的电动轮椅或其他类似助行器**（见2.3.2.2）。 |
| 否 | 是 | 否 | 是 | 否 | **装有非密封型电池或锂电池的轮椅或其他类似电动助行器**（详见2.3.2.3和2.3.2.4）。 |
| 是 | 否 | 否 | 是 | 是 | **装有锂离子电池（可拆卸的）的电动助行器**　锂离子电池必须拆卸下来，且在客舱内携带（详见2.3.2.4（d））。 |
| 否 | 是 | 否 | 是 | 否 | **野营炉具和装有易燃液体燃料的燃料罐**　带有空燃料罐和/或燃料容器（详见2.3.2.5）。 |
| 是 | 否 | 否 | 是 | 是 | **水银气压计或温度计**　由政府气象局或其他类似官方机构携带的（详见2.3.3.1）。 |
| 否 | 是 | 否 | 是 | 否 | **装有锂电池的保安型设备**（详见2.3.2.6）。 |
| 是 | 否 | 是 | 是 | 否 | **备用锂电池**　轻便电子装置（包括医用装置）使用的瓦特小时大于100Wh但不大于150Wh的锂离子电池，锂含量超过2g但不超过8g的医用电子装置专用锂金属电池，最多2个备用电池仅限在手提行李中携带。这些电池必须单独保护以防短路。（见2.3.3.2）。 |
| 是 | 是 | 否 | 是 | 否 | **雪崩救援背包**　每人允许携带一个。含有2.2项压缩气体的气瓶。也可装备有净重小于200毫克1.4S项物质的焰火引发装置。这种背包的包装方式必须保证不会意外开启。背包中的气囊必须装有减压阀。 |
| 是 | 是 | 否 | 是 | 否 | **固体二氧化碳（干冰）**用于不受本规则限制的鲜活易腐食品保鲜的干冰，每位旅客携带不得超过2.5千克，可以作为手提或交运行李，但包装要留有释放二氧化碳气体的通气孔。交运的行李必须标注"干冰"或"固体二氧化碳"及其净重，或注明干冰小于或等于2.5千克。 |
| 是 | 是 | 否 | 是 | 否 | **化学品监视设备**　由禁止化学武器组织（OPCW）的官方人员公务旅行携带的（见2.3.4.4）。 |
| 是 | 是 | 否 | 是 | 否 | **产生热量的物品**　如水下电筒（潜水灯）的电烙铁（详见2.3.4.6）。 |
| 是 | 是 | 是 | 是 | 否 | **锂电池供电的电子装置**　轻便电子装置（包括医用装置）使用的瓦特小时大于100Wh但不大于160Wh的锂离子电池，锂含量超过2g但不超过8g的医用电子装置专用锂金属电池， |
| 是 | 是 | 是 | 是 | 是 | **氧气或空气气瓶**　用于医学用途，气瓶的毛重不得超过5千克。<br>**注：液态氧装置禁止航空运输。** |

续表9-1

| 允许在手提行李中或作为手提行李 | 允许在交运行李中或作为交运行李 | 允许随身携带 | 需经运营人批准 | 必须通知机长装载位置 | |
|---|---|---|---|---|---|
| 是 | 是 | 是 | 是 | 否 | **小型非易燃气罐** 安装在自动充气安全设备；如救生衣或背心上的装有二氧化碳或其他2.2项气体的小型气罐，每个设备携带不超过2个气罐，每位旅客携带不超过1个设备和不超过2个备用小型气罐，不超过4个其他设备用的水容量最多50mL的气罐。（见2.3.4.2） |
| 是 | 是 | 是 | 否 | 否 | **酒精饮料** 在零售包装内体积浓度在24%以上但不超过70%的酒精饮料，装于不超过5升的容器内，每个人携带的总净数量不超过5升。 |
| 否 | 是 | 否 | 否 | 否 | **2.2项的气溶胶** 无次要危险性，体育运动用或家用。<br>和 |
| 是 | 是 | 是 | 否 | 否 | **非放射性药品或化妆用品**（包括气溶胶）如发胶、香水、科隆香水以及含酒精的药品。上述2条的物品总净数量不得超过2千克或2升，每单个物品的净数量不超过0.5千克或0.5升。气溶胶阀门必须有盖子或用其他方法保护，以防止意外打开阀门释放内容物。 |
| 是 | 是 | 是 | 否 | 否 | **节能灯** 个人或家庭使用的装在零售包装内的节能灯。 |
| 是 | 是 | 是 | 否 | 否 | **燃料电池及备用燃料罐** 为轻便电子装置供电（如：照相机、手机、笔记本电脑及小型摄像机等），详见2.3.5.10。 |
| 是 | 是 | 否 | 否 | 否 | **含有烃类气体的卷发器** 如果卷发器的加热器上装有严密的安全盖，则每名旅客或机组人员最多可带一个，这种卷发器任何时候都禁止在航空器上使用，其充气罐不准在手提行李或交运行李中携带。 |
| 是 | 是 | 否 | 否 | 否 | **含有冷冻液氮的隔热包装**（液氮干装）液氮被完全吸附于多孔物质中，内装物仅为非危险品。 |
| 是 | 是 | 否 | 否 | 否 | **内燃机或燃料电池发动机** 必须符合A70（详见2.3.5.15） |
| 是 | 是 | 是 | 否 | 否 | **医疗或临床用温度计** 含汞，个人使用每人允许携带一支，放在保护盒内。 |
| 是 | 是 | 是 | 否 | 否 | **非易燃无毒气体气瓶** 用于操作机械假肢的气瓶。以及，为保证旅途中使用而携带的同样大小的备用气瓶。 |
| 是 | 是 | 否 | 否 | 否 | **非感染性样本** 与少量易燃液体包装在一起，必须符合A180（详见2.3.5.14） |
| 否 | 是 | 否 | 否 | 否 | **渗透装置** 必须符合A41（详见2.3.5.16） |
| 是 | 是 | 是 | 否 | 否 | **含有锂金属或锂离子电池芯或电池的轻便电子装置（包括医疗装置）** 如旅客或机组人员携带的供个人使用的手表、计算器、照相机、移动电话、笔记本电脑、便携式摄像机等（见2.3.5.9）。锂金属电池的锂含量不得超过2g，锂离子电池的瓦时数不得超过100Wh。 |
| 是 | 否 | 是 | 否 | 否 | **所有备用电池，包括备用锂金属或锂离子电池芯或电池** 这种轻便电子装置的电池只允许旅客在手提行李中携带。这些电池必须单独保护以防止短路。 |
| 是 | 是 | 否 | 否 | 否 | **含有密封型电池的轻便电子装置** 电池必须符合A67且等于或小于12V和等于或小于100Wh。最多可携带2个备用电池（详见2.3.5.13）。 |
| 否 | 否 | 是 | 否 | 否 | **放射性同位素心脏起搏器** 或其他装置，包括那些植入体内或体外安装的以锂电池为动力的装置或作为治疗手段植入体内的放射性药剂。 |
| 否 | 否 | 是 | 否 | 否 | **安全火柴（一小盒）或一个小型香烟打火机** 个人使用带在身上的不含未被吸附的液体燃料且非液化气体的打火机。打火机燃料或燃料充装罐不允许随身携带，也不允许放入交运行李或手提行李中。<br>注："即擦式"火柴，"蓝焰"或"雪茄"打火机禁止运输。 |

注：1.n/a表示不适用

2.表中所标的参见标号为国际民航运输协会《危险品规则》对应的内容的章节条款编号

# 项目二　例外数量的危险品

## 任务一　例外数量危险品的规定

**【任务详解】**

极少量的危险品可以作为例外数量危险品载运，并可以免受国际航空运输协会《危险品规则》关于危险品标记、装载和文件要求的限制，该货物定义为例外数量的危险品。

### 一、适用范围

极少量的危险品可以作为例外数量危险品载运，并可以免受国际航空运输协会《危险品规则》关于危险品标记、文件要求的限制，但以下规定除外：

①细节要求；

②航空邮件中的危险品；

③分类和包装等级；

④装载限制；

⑤危险品事故、时间和其他情况报告；

⑥如属放射性物质，关于放射性物质例外包装件的要求；

⑦定义。

### 二、允许以例外数量运输的危险品

只有允许客机运输且符合下列类别、项别和包装等级适用标准的危险品，方可按例外数量危险品的规定进行运输。

①无次要危险性的可运物质，但不包括 UN1950、UN2037、UN2857、UN3164。

②第 3 类物质，所有包装等级，但不包括次要危险性，包装等级Ⅰ级的物质和 UN1204、UN2059、UN3473。

③第 4 类物质，Ⅱ级和Ⅲ级包装，但不包括自身反应物质和 UN2555、UN2556、UN2557、UN2907、UN3292、UN3476。

④5.1 项的物质，Ⅱ级和Ⅵ级包装。

⑤限于装在化学品箱或急救箱中的 5.2 项物质。

⑥除了Ⅰ级包装具有吸入毒性的物质外，所有 6.1 项中的物质。

⑦第 8 类物质，Ⅰ级和Ⅱ级包装，但 UN1774、UN2794、UN2795、UN2800、UN2803、UN2809、UN3028 和 UN3477 除外。

⑧第 9 类物质，仅限固态二氧化氮、转基因生物、转基因微生物。

⑨以上类别、项别和包装等级的物品和物质也可以是例外包装件中的放射性物质，关于放射性物质例外包装件参见本书模块十。

## 三、托运人责任

在向运营人交运货物前，托运人必须确保例外数量危险品的包装件能够承受正常航空运输的条件，不需要特别操作、装载或仓储条件，即可避免阳光直射、通风及远离热源等。

## 四、行李和航空邮件

例外数量的危险品不允许装入或作为交运行李、手提行李以及航空邮件运输。

## 五、包装

例外数量危险品运输所用的包装必须符合《危险品规则》2.7.5 中的各条要求，如下所述：

必须有一个内包装，而且内包装必须用塑料制造（当用于液体危险品包装时，它必须有不少于 0.2mm 的厚度），或者用玻璃、瓷器、石器、陶瓷或金属制造。每个内包装必须用衬垫材料牢固地包装在中间包装中，包装方式是要求在正常运输条件下，它们不会破裂、穿孔或泄漏内容物。有足够的吸附材料，以吸收内包装的全部内容物。

高强度的刚性外包装（木材、纤维板或其他等强度材料）。

包装件要进行跌落和堆码试验，而且任何内包装没有断裂或泄漏，也不显著降低其效能。跌落试验从 1.8m 高度跌落至一个坚硬、无弹性、平坦的水平面。堆码试验在持续 24 小时内对试样顶面施加一个等于同样包

装件（包括试样）堆码到3m高度总质量的力。

# 项目三　限制数量的危险品

## 任务一　限制数量危险品的规定

**【任务详解】**

通常认为，装入联合国规格包装内的危险品是可以安全运输的，其盛装危险品的数量在危险品表中有明确的规定。现已公认，许多危险品如果合理限制数量，能降低运输过程中的危险性，能够使用没有经过相应试验及标记的优质组合包装进行安全运输。盛装在这类包装中的危险品数量必须比盛装在联合国规格包装内的危险品数量要少。盛装在这类包装中的危险品称为“限制数量”的危险品。

在航空运输中，如果危险品符合《危险品航空安全运输技术细则》《危险品规则》关于限制数量危险品包装、数量限制和包装件测试等相关规定，可以作为限制数量危险品进行运输。除另有规定外，对于限制数量危险品的数量限制以及其他规定同样适用于客机和货机的运输。

### 一、准许以限制数量运输的危险品

只有允许在客机上装载并且符合下列类别或项别标准和包装等级（如适用）的危险品方可按照限制数量的规定进行运输。

（1）第2类：仅限2.1项和2.2项下的UN 1950，2.1项和2.2项下无次要危险性的UN 2037、UN 3478（燃料电池盒，含有液化易燃气体）和UN 3479（燃料电池盒，含有金属氢化物）。

（2）第3类：Ⅱ级和Ⅲ级包装。

（3）第4类：4.1项中Ⅱ级和Ⅲ级包装，但任何包装等级的自身反应物质除外；4.3项中Ⅱ级和Ⅲ级包装，只限固体。

（4）第5类：5.1项中Ⅱ级和Ⅱ、Ⅲ级包装，5.2项中仅限装在化学品箱或急救箱内。

（5）第 6 类：6.1 项中Ⅱ级和Ⅲ级包装。

（6）第 8 类：Ⅱ级和Ⅲ级包装但不包括 UN 2794、UN 2795、UN 2803、UN 2809、UN 3028 和 UN 3506。

（7）第 9 类：仅限 UN 1941、UN 1990、UN 2071、UN 3077、UN 3082、UN 3316、UN 3334、UN 3335 和 ID8000。

## 二、包装和数量限制

限制数量的危险品必须符合前缀为“Y”的适用的限制数量包装说明的内外部包装要求。

限制数量包装件的毛重不能超过 30kg。

不同种类的危险品放入同一个限量外包装内。

当不同种类的危险品放入同一个限制数量危险品外包装内时，这些危险品的数量必须符合如下限制。

（1）这些危险品间或危险品与其他物品间不发生危险的化学反应。

（2）各种危险品间不需要隔离。

（3）每一种危险品所使用的内包装及其所含数量，均满足各自包装说明的相关规定。

（4）不属于第 2 类（但不包括 UN 2037、UN 3478 和 UN 3479）和第 9 类的危险品，每个包装件的净数量，$Q$ 值用如下公式计算后不超过 1：

$$Q=\frac{n_1}{M_1}+\frac{n_2}{M_2}+\frac{n_3}{M_3}+\cdots$$

式中，$n_1$、$n_2$等是不同危险品的净数量。$M_1$、$M_2$等是《危险品品名表》中不同种类危险品对应的相关“Y”包装说明的最大净数量。

（5）第 2 类（但不包括 UN 2037、UN 3478 和 UN 3479）和第 9 类危险品：

①当未与其他类的危险品包装在一起时，该包装件的毛重不得超过 30kg；

②当与其他类的危险品放在同一个包装内时，每个包装件的毛重不得超过 30kg，非第 2 类（但不包括 UN 2037、UN 3478 和 UN 3479）或第

9 类物品包装件的净数量的 Q 值不能超过 1。

(6) 固体二氧化碳（干冰）UN1845，如果其包装件的毛重不超过 30kg，则可以与其他类的物品包装在一起。在计算 Q 值时不必考虑干冰数量。然而，含有固体二氧化碳（干冰）的包装及其外包装必须能释放二氧化碳气体。

(7) 当同一个外包装内装不同的例外数量危险品，而其之间具有相同的联合国编号、包装等级、物理状态（即固体或液体）时，不要求计算 Q 值，但包装件内的净数量之和不得超过《危险品品名表》中规定的最大净数量。

## 三、包装件性能试验

1. 跌落试验

准备载运的包装件，必须有能力承受由 1.2m 高度最易造成很大损坏的位置跌落于坚硬的、无弹性的水平面上。经测试后，外包装不得有任何在运输过程中影响安全的损坏，内包装亦不得有泄漏迹象。

2. 堆压试验

交运的每一个包装件，必须能够承受压在其顶部表面、持续 24 小时、与同样包装件堆叠至 3m 高的总重量的负荷。试验后，任何内包装不发生破损或泄漏且其效能无明显削弱。

## 四、限制数量危险品的标记

限制数量危险品的包装上须清晰印上限制数量包装的标记，图 9-1 为限制数量危险品的包装件示例。

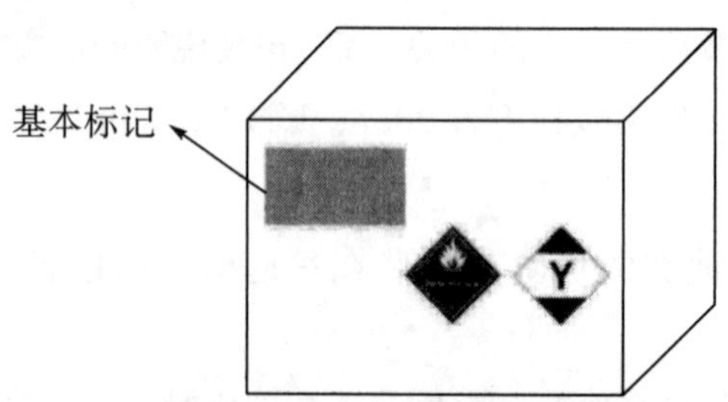


**图 9-1 限制数量危险品的包装件示例**

# 任务二　国家与运营人的差异

**【任务详解】**

各国及运营人可以提出比国际规则的要求更严格、更具限制性的差异，这些差异须通报给国际民航组织，并在国际民航组织《危险品航空安全运输技术细则》和国际航空运输协会《危险品规则》中列出。

## 一、国家差异

当这些差异较之国际规则所要求的规定更严格时，它们应适用于下列危险品的航空运输：

①到达、始发或经过所有运营人通告的国家领土的危险品，应尊重该国的主权；

②通告国家领土以外的地方，对所有运营人而言，其通告的国家即该运营人所属国。

如果这些差异不及国际规则所要求的规定严格，则所列的差异仅作为参考，并且运营人仅可用于通知国为运营人国家的通知国境内。

### 1. 国家差异通报情况

表 9-2 列出了部分已通报差异的国家。

**表 9-2　部分已通报差异的国家**

| 国家 | 代码（代码范围） |
| --- | --- |
| 澳大利亚 | AUG（01—05） |
| 巴林 | BHG（01—03） |
| 比利时 | BEG（01-05） |
| 巴西 | BRG（01—08） |
| 文莱 | BNG（01） |
| 加拿大 | CAG（01—20） |
| 中国 | CNG（01） |
| 克罗地亚 | HRG（01—05） |
| 朝鲜 | KPG（01—03） |

续表9－2

| 国家 | 代码（代码范围） |
|---|---|
| 丹麦 | DKG（01—02） |
| 埃及 | EGG（01—02） |
| 斐济 | DQG（01—04） |
| 法国 | FRG（01—06） |
| 德国 | DEG（01—05） |
| 印度 | ING（01—03） |
| 伊朗 | IRG（01—04） |
| 意大利 | ITG（01—07） |
| 牙买加 | JMG（01—04） |
| 日本 | JPG（01—26） |
| 吉尔吉斯斯坦 | KGG（01—03） |
| 卢森堡 | LUG（01） |
| 马来西亚 | MYG（01—06） |
| 荷兰 | NLG（01—06） |
| 阿曼 | OMG（01） |
| 巴基斯坦 | PKG（01—03） |
| 波兰 | PLG（01） |
| 罗马尼亚 | ROG（01—04） |
| 俄罗斯 | RUG（01—02） |
| 沙特阿拉伯 | SAG（01—06） |
| 新加坡 | SGG（01—02） |
| 南非 | ZAG（01—04） |
| 西班牙 | ESG（01） |
| 斯里兰卡 | VCG（01－07） |
| 瑞士 | CHG（01—04） |
| 土耳其 | TRG（01—02） |
| 乌克兰 | UKG（01） |

续表 9-2

| 国家 | 代码（代码范围） |
| --- | --- |
| 阿联酋 | AEG（01—09） |
| 英国 | GBG（01—07） |
| 美国 | USG（01—18） |
| 瓦努阿图 | VUG（01—05） |

2. 国家差异一览表范例

国家差异以三个英文字母组识别，前两个字母为国家的二字代码，最后一个字母都是“G”（意指国家），随后是两个数字组，严格按顺序排列，自 01 开始，如“AUG－01”“DEG—05”等。差异按其指定的代码的字母顺序列出。

以中国的国家差异为例：CNG（中国）。

CNG－01：欲使用航空器载运危险品运进、运出中国或飞越中国的运营人，必须预先得到中国民用航空局的书面许可。更多信息可从下列部门获得：

中国民用航空局运输司

中国北京市东城区东四西大街 155 号（100710）

网址：http://www.caac.gov.cn/dev/yshs/

## 二、运营人差异

在国际航空运输协会备案的运营人差异将在《危险品规则》中列出，并按下列方式使用：

①运营人差异必须不低于《危险品规则》的限制；

②运营人差异适用于有关运营人所从事的一切运输。

经营人差异以航空公司的二字代码加编号的形式表示，编号始于“01”，例如“CA－01”。

1. 运营人差异备案情况

目前，有百余家航空公司在国际航空运输协会备案了运营人差异。其中，在我国大陆备案的航空公司有：

①Air China：中国国际航空集团公司（CA）；

②China Eastern Airlines：中国东方航空公司（MU）；

③China Southern Airlines：中国南方航空公司（CZ）；

④Great Wall Airlines：长城航空公司（IV）。

在我国香港备案的航空公司有：

①Air Hong Kong：香港航空公司（LD）；

②Cathay Pacific Airlines：香港国泰航空公司（CX）；

③Hong Kong Dragon Airlines (Dragonair)：港龙航空公司（香港）（KA）。

在我国台湾备案的航空公司有：

①China Airlines：中华航空公司（CI）；

②EAV Airways：长荣航空公司（BR）。

2. 运营人差异一览表范例

下面以中国东方航空公司的差异为例进行说明。

MU（中国东方航空公司）

MU－01：不收运第7类可裂变的放射性物品。

MU－02：不收运集运的危险品，以下两种情况除外。

①集运货物中含有用作冷冻剂的UN1845，固体二氧化碳（干冰）；

②集运货物只有一票分运单。

MU－03：拒绝收运从中国始发的夹带危险品的邮件。

MU－04：不收运从中国始发的烟花爆竹（见包装说明135）。

MU－05：旅客不允许携带医疗用小型氧气瓶或空气瓶登机。如旅客需要额外的氧气，必须预先向中国东方航空公司提出申请。

# 模块十　放射性物质

**【本模块要点】**

1. 放射性物质的基础知识。
2. 放射性物质的包装要求。
3. 放射性物质包装件的标记和标签。
4. 放射性物质运输文件的填写，包括托运人申报单和货运单。
5. 使用放射性物质收运检查单进行放射性物质的收运检查。
6. 放射性物质的事故处理。

## 项目一　放射性物质的基础知识和包装

### 任务一　基础知识

**【任务详解】**

放射性物质是危险品中较为特殊的一类，它的危险性在于能自发地和连续地放射出某种类型的辐射，这种辐射不仅对人体有害，还能使照相底片或未显影的 X 光胶片感光。

对放射性物质的安全运输，各种运输方式都有特殊的规定。国际原子能机构（International Atomic Energy Agency），简称 IAEA，在同联合国有关专门机构及其成员国协商的基础上制定了《放射性物质安全运输规则》。各种运输方式的国内、国际放射性物质安全运输法规都是以此为基础制定的。

我国于1990年7月1日实施GB11806－89《放射性物质安全运输规定》，该标准对各种运输方式的放射性物质运输都有规范作用。

## 一、运输指数TI

运输时，把辐射水平转化为运输指数（Transport Index，简记为TI），以确定放射性货物的危险程度。运输指数是距放射性货包或货物外表面1m处最大辐射水平的数值，单位是毫雷姆/小时（mrem/h）。它是运输中对放射性物质进行管理的一个重要参数。

运输指数是分配给每一个包装件、集合包装（Overpack）或放射性专用货箱用以控制其辐射暴露的一个数值。可用来确定与人、动物、未曝光的胶片和其他放射性物质相隔的最短安全距离，以保证在整个运输过程中公众及相关操作人员受到最小辐射。

运输指数也可用来确定标签的类别，确定是否需要专载运输，确定中转储存的空间间隔要求，以及确定放射性专用货箱内或航空器内允许的包装件的数量。

## 二、最大容许剂量

随着放射性同位素及其制品的广泛应用，运输量也随之不断增长，接触放射性物质的人也越来越多。为了确保人身安全，国际上统一制定了人体所能允许的最大剂量当量限制。所谓最大允许剂量，是人们通过大量的实践并从现有知识水平来看，这样大的剂量在人一生中任何时间都不会引起对人体的显著伤害，即人体所受到的对身体健康没有危害的最大的射线照射量。在实际工作中，即使在最大允许剂量下，仍应争取将辐射的强度降至尽可能低的程度。

实际上，我们就生活在放射性的世界中。一般说每人每年从天然辐射受到的剂量当量为0.1～0.5雷姆（rem）。在地壳放射性含量较高的地区，居民每年从天然辐射中受到的剂量当量可达0.5～1雷姆，也未发现对人体或后代引起任何异常效应。此外，一次医疗X光胸部透视就可使人体受到40毫雷姆（mrem）的剂量当量辐射。所以，我国把除天然辐射和医疗辐射以外的受照射剂量当量限制在每人每年500毫雷姆以下，这个标准是国际公认的安全标准。而放射性物质的专业运输人员所受的年有效剂量当量的限制值为不超过 5 雷姆。

### 三、临界安全指数

临界安全指数是指给装有裂变物质的包装件、集合包装（Overpack）或放射性物质专用货箱的指定数字，利用它对含裂变物质的包装件、集合包装（Overpack）或放射性物质专用货箱的聚集作用加以控制。

## 任务二　包装要求

**【任务详解】**

### 一、放射性物质的包装说明及一般包装要求

1. 包装说明

放射性物质的包装要求随着所装的放射性核素的不同而变化。在所有情况下都应考虑到放射性辐射问题。如果物质不是“特殊形式”的，应考虑到泄漏的可能性；如果物质是可裂变的，则应考虑到临界危险性的可能。进一步考虑的因素就是如果放射性物质数量非常大，即活度很大，辐射可能会产生相当多的热量，在这种情况下应考虑到散热问题。

辐射水平由几种因素决定，而放射性物质的活度（数量）仅仅是这些因素之一。同等量的两种不同的放射性核素，若以同一类型的包装要求包装起来，可能在包装件的外表面和在任何特定的距离上具有显著不同的辐射水平。因此，为了确保辐射水平符合规定的允许限值，规定所允许的放射性物质随着所包装的特定放射性核素的不同而变化。

这类包装要求中使用的术语 $A_1$ 和 $A_2$ 分别指每种核素允许装在 A 型包装件中的“特殊形式 $A_1$”和“其他形式 $A_2$”的最大活度限制，并且也可作为其他用途的基本限值。大多数放射性核素的 $A_1$ 和 $A_2$ 值均列在《危险品规则》表 10.3.A 中。

从《危险品规则》表 10.3.A 中可以看到，许多放射性核素的 $A_2$ 值小于 $A_1$ 值，其余的核素则 $A_2$ 值与 $A_1$ 值相同。A2 值不可能大于 $A_1$ 值。

当某种放射性物质已按这些包装要求包装时，在大多数情况下，包装件必须给出“运输指数”要求。

在大多数情况下，一个完整的包装件必须被划分为三种等级中的一种，然后贴上该等级的危险性标签。

2. 一般包装要求

（1）设计包装件时，必须考虑它的重量、体积和形状，使其能容易和安全地操作和运输。另外它的设计应能在运输中恰当地固定在飞机上。

（2）包装件上的任何提吊附件在按预定的方式使用时不会失灵。即使发生附件失灵，包装件符合其他要求的能力不会降低。估算应力时，必须考虑适当的安全系数以应付突然起吊。

（3）包装件外表面应没有凸出的部分，易于去污。

（4）包装件外层的设计必须做到避免集水和积水。

（5）在运输期间加到包装件上不属于包装件的任何设施，绝不能降低包装件的安全性。

（6）包装件必须能够经受住在常规运输条件下可能遇到的任何加速、振动和共振的影响，而不同容器上的密封件的有效性或整个包装件的完好性没有任何破坏。特别是螺母、螺栓和其他紧固器件必须设计得即使在重复使用之后也能防止它出现意外的松动和脱落。

（7）在环境温度38℃并且无绝热条件下，包装件的接近表面温度不得超过50℃。

（8）包装件的设计还必须考虑到：若包装件在−40℃到+55℃范围内暴露，密封的完整性也能不下降。

（9）含有液体放射性物质的包装件必须经受住内压力造成不小于95 kPa压差时不泄漏。

（10）装有放射性物质时，包装的材料以及任何其他部件和构件在物理上和化学上必须相互兼容，必须考虑辐照下内装物的变化情况。

（11）所有能使放射性内容物外泄的阀门，都必须有防止随意被启开的措施。

（12）任何包装件的任一外表面上的非固着放射性污染，必须能够保持尽可能低的水平。在正常运输条件下，不得超过以下限值：

①β和γ辐射体以及低毒性α辐射体为4Bq/cm$^2$；

②其他所有的 α 辐射体为 $0.4Bq/cm^2$。

这些限值适用于在任意一个 $300cm^2$ 的表面上测得的平均值。

3. 其他要求

（1）一个包装件内的不同放射性核素。

当不同种的多种放射性核素一起包装在同一包装件内时，总的活度必须按国际航空运输协会《危险品规则》10.3.2.4 至 10.3.2.5 所规定的要求进行确定。

（2）含有其他物品的包装。

低比度放射性物质（LSA）和表面污染物体（SCO）可以同其他物品包装在一起，只要这些物品与包装或其内装物之间不会产生降低包装安全性的相互作用。除此以外的放射性物质的包装件，除了使用放射性物质所必需的物品和文件以外，包装件中不得有任何其他物品。

（3）含有放射性物质包装件的集合包装（Overpack）。

①放射性物质包装件可以混合在一个集合包装（Overpack）内运输，只要其中所包含的每一个放射性物质包装件都符合国际航空运输协会《危险品规则》的相关要求；

②只允许集合包装（Overpack）内包装件的原始托运人采用直接测量辐射水平的方法来测定整个集合包装（Overpack）的运输指数。

## 二、包装类型

放射性物质的包装必须具有以下功能：

①密封容器：防止人类和环境受到污染。

②提供辐射防护：包装类型取决于辐射（α、β、γ、中子）的种类和辐射量。

③阻止到达临界状态：当涉及裂变物质的运输时。

④防止内部热量的产生。

放射性物质包装分为：

①例外包装件；

②工业包装件；

③A 型包装件；

④B型包装件；

⑤C型包装件；

⑥含裂变物质的包装件。

包装类型的选择取决于放出的辐射（活度）量，以及包装件泄漏或损坏对人和环境污染的可能性和物质的物理状态。

1. 例外包装件

（1）概述。

限制数量的放射性物质、含放射性物质的仪器、制品和空包装，可作为例外包装件运输，但应符合下列条件：

①包装件外表面任一点的辐射水平不超过5mSv/h（0.5mrem/h）；

②若例外包装件中含有裂变物质，则应符合“裂变例外”的要求；

③在例外包装件的任一外表面的非固着放射性污染不超过《危险品规则》10.5.3.2的限值；

④如果通过邮件运输，应符合《危险品规则》10.2.2的要求。

放射性物质例外包装件的其他具体要求参见《危险品规则》10.5.8.2和10.5.8.3。

放射性物质例外包装件不需要分类，贴危险性标签和填写托运人申报单。

（2）有限数量的（放射性）物质。

活度不超过表10－1中项头为“放射性物质—包装件限值”一栏中列出的有关例外限值的放射性物质，可分类为UN2910、放射性物质、例外包装件——有限数量物质（Radioactive Material，Excepted Package—Limited Quantity of Material），但要符合下列条件：

①此类物质的包装方式应在常规运输情况（无事故情况）下，包装件不出现放射性物质泄漏；

②在包装内表面标注“RADIOACTIVE”（放射性）标记，在启封包装件时即可看到放射性物质存在的警示。

**表 10－1　例外包装件的放射性活度限值（《危险品规则》10.3.D）**

| 内装物性质 | 放射性物质 | 仪器和制成品 | |
|---|---|---|---|
| | 包装件限值 | 物件限值 | 包装件限值 |
| 固体： | | | |
| 特殊形式 | $10^{-3}A_1$ | $10^{-2}A_1$ | $A_1$ |
| 其他形式 | $10^{-3}A_2$ | $10^{-2}A_2$ | $A_2$ |
| 液体： | $10^{-4}A_2$ | $10^{-2}A_2$ | $10^{-1}A_2$ |
| 气体： | | | |
| 氚 | $2\times10^{-2}A_2$ | $2\times10^{-2}A_2$ | $2\times10^{-1}A_2$ |
| 特殊形式 | $10^{-3}A_1$ | $10^{-3}A_1$ | $10^{-2}A_1$ |
| 其他形式 | $10^{-3}A_2$ | $10^{-3}A_2$ | $10^{-2}A_2$ |

（3）仪器和制成品。

作为部件零件封闭在或包括在仪器或其他制品中的放射性物质可分类为 UN2911，放射性物质、例外包装件——物品或放射性物质、例外包装件——仪器（Radioactive Material，Excepted Package—Articles or Radioactive Material，Excepted Package—Instruments）。

注意：

①距离未包装的仪器或制品外表面任意一点 10cm 处的辐射水平不超过 0.1mSv/h（10mrem/h）；

②仪器或制品的放射性活度不超过《危险品规则》表 10.3.D“仪器和制品——物品限值”一栏中列出的相关例外限值；

③每个包装件的总辐射活度不超过《危险品规则》表 10.3.D“仪器和制品——包装件限值”一栏中列出的相关例外限值；

④每台仪器或制品都已标注“RADIOACTIVE”（放射性）字样。辐射发光涂层时钟或设备、部分消费品、用放射性物质成分将放射性物质完全密封起来除外。

（4）天然铀、贫铀或天然钍的制品。

天然铀、贫铀或天然钍制造的物品或其中仅有的放射性物质是非辐射天然铀、非辐射贫铀或非辐射天然钍的物品（如果铀或钍的外表面被封闭在一个由金属或某种其他坚实的材料制造的非放射性的外壳中）可以分类为 UN2909、放射性物质、例外包装件——贫铀制品或放射性物质、例外包装件——天然铀制品或放射性物质、例外包装件——天然钍制品。

（5）空包装件。

以前曾装放射性物质的空包装件可以分类为 UN2908、放射性物质、例外包装件——空包装（Radioactive Material，Excepted Package—Empty Packaging），但要符合下列条件：

①它处于一个保持很好的状态，而且牢靠地封闭；

②铀或钍的外表面由金属或某种其他坚实的材料制造的非放射性的套所覆盖；

③在任何 300$cm^2$ 面积上的平均内部非固定污染的水平不超过 400Bq/$cm^2$（β和 r 辐射源和低 α 辐射源）、40Bq/$cm^2$（其他 α 辐射源）；

④在包装上看不到原来粘贴的有关放射性物质的任何标签。

（6）例外包装件的活度限值。

例外包装件的活度值限值通过《危险品规则》表 10.3.D 和《危险品规则》表 10.3.A 来确定，此时必须考虑以下几点：

①是放射性物质本身，还是含有放射性物质的仪器或制品；

②放射性物质的物理状态，如固体、液体或气体；

③形式，如特殊形式、其他形式。

2. 工业包装件

工业包装可用于低比度放射性（LSA）和表面污染物体（SCO）的包装。

（1）工业包装件的类型。

工业包装件分为下面三个类型。

①1 型工业包装件（IP-1 型）是指装有低比度放射性物质（LSA）或表面污染物体（SCO），符合一般包装要求设计，包装件的最小外部总体尺寸不小于 100mm 的包装或放射性专用货箱。

②2 型工业包装件（IP-2 型）是指装有低比度放射性物质（LSA）或表面污染物体（SCO），符合一般包装要求设计的包装或放射性专用货箱。2 型工业包装件的设计也必须满足 1 型工业包装件的要求，另外它应防止放射性内装物的损失和弥散，防止由于密封屏蔽的损失而使包装的任一外表面的辐射水平的增加超过 20%。

③3 型工业包装件（IP-3 型）是指装有低比度放射性物质（LSA）或

表面污染物体（SCO），符合一般包装要求设计的包装或放射性专用货箱。3 型工业包装件的设计还必须满足 1 型工业包装件和 A 型包装件的要求。

（2）可替代的放射性专用货箱。

具有永久封闭特性的放射性专用货箱可替代 2 型（IP-2 型）及 3 型（IP-3 型）工业包装件。

此时必须满足下面三个条件。

①放射性内装物限于固体材料。

②符合 1 型工业包装件的要求。

③它们的设计要符合 ISO1496－1：1900“第 1 系列放射性专用货箱——规格和试验——第 1 部分：普通放射性专用货箱”及后续修订 1993 年第 1 次修订、1998 年第 2 次修订、2005 年第 3 次修订、2006 年第 4 次修订和 2006 年第 5 次修订中规定的要求，尺寸、等级除外。如果它们已符合该文件规定的试验和常规运输条件下产生的加速度，同时还应能防止放射性内装物的损失和弥散以及由于密封屏蔽的损失而使放射性专用货箱任一外表面的辐射水平的增加超过 20％。

（3）LSA 和 SCO 的数量限制。

对单个 1 型工业包装件、2 型工业包装件、3 型工业包装件或物体或集成物体中所含的低比度放射性物质（LSA）或表面污染物体（SCO）的数量来说，无论哪一种包装件都必须在离未屏蔽的物质、物体或集成物体表面 3m 处的辐射水平不超过 10mSv/h（1rem/h）。

（4）LSA 和 SCO 的整体限制。

低比度放射性（LSA）或表面污染物体（SCO），必须按表 10－2 中所规定的包装件完好性级别来进行包装，其包装方法应当是：在常规运输中可能碰到的那些情况下（无事故情况），既不会发生包装件内装物弥散的可能，也不会引起包装所提供的屏蔽层的损失。

表 10-2　低比度放射性物质（LSA）和表面污染物体（SCO）的工业包装件完好性要求（《危险品规则》10.5.A）

| 内装物 | | 工业包装件类型 | |
|---|---|---|---|
| | | 专载运输使用 | 非专载运输使用 |
| LSA—Ⅰ | 固体 | 1 型 | 1 型 |
| | 液体 | 1 型 | 2 型 |
| LSA—Ⅱ | 固体 | 2 型 | 2 型 |
| | 液体和气体 | 2 型 | 3 型 |
| LSA—Ⅲ | | 1 型 | 3 型 |
| SCO—Ⅰ | | 2 型 | 1 型 |
| SCO—Ⅱ | | 2 型 | 2 型 |

3. A 型包装件

(1) 活度限值。

当放射性物质的活度值及辐射水平超过例外包装件时使用 A 型包装（见图 10-1）。

A 型包装件不需要政府批准，除非用来包装裂变物质。如果是特殊形式的放射性物质，则需要特殊形式放射性物质的批准。

A 型包装是一种既安全又经济的包装，内装物的量相对较少。

A 型包装件所含活度不得大于下列标准：

①特殊形式放射性物质：$A_1$；

②其他形式放射性物质：$A_2$。

(2) 特殊形式放射性物质的包装设计。

用于不可弥散固体放射性物质或储藏有放射性物质的密封盒的特殊形式的放射性物质的包装设计，要求单方批准，即仅由始发国主管当局批准。

(3) 特殊形式的批准证书。

主管当局必须开具一份证明，证明这种设计满足特殊形式放射性物质定义的“特殊形式批准证书”，而且必须标上识别标记。

(4) A 型包装件的设计要求。

A 型包装件的设计不要求主管当局核准。

①总要求。

A 型包装件的最小外部总体尺寸不得小于 100mm；每个包装件外面都必须有封条之类的封口设施，并且应该是不易损坏的。当它完整无缺时，可证明包装件未被打开过；包装件上的任何固定附件的设计，必须能在正常情况下和事故情况下，使作用在附件上的力不致削弱该包装件应满足的性能；包装件的设计必须考虑到包装部件应适应温度从－40℃至＋70℃的变化范围，必须特别注意液体内装物的凝固温度，以及在此温度范围内包装材料性能的潜在下降；设计、制造和加工工艺必须符合国家或国际标准，或主管当局提出的其他方面的要求；如果包装件符合相关规定，应能防止：由于密封屏蔽的损失而使包装件的任一外表面辐射强度的增加超过 20％，以及放射性内装物的损失和弥散。

②密封系统。

包装件设计必须包括一个用可靠的紧固器件牢固地密封的系统，该系统不会意外地被打开，也不会被包装件内部可能产生的压力所打开；特殊形式放射性物质可以看成是封闭系统的一个组成部分；如果密封包装系统构成包装件的一个独立单元，它必须用一个与包装件其他部分无关的可靠的紧固器件牢固地密封起来；设计密封系统任何部件时，必须考虑到液体和其他易损物质的辐射分解，以及化学反应和辐射分解所产生的气体；在环境压力降到 60kPa 情况下，密封系统必须能保留住放射性内装物；除减压阀以外的所有阀门必须加设密封罩以防止通过阀门的任何泄漏；辐射屏蔽体作为密封系统的一个部分把包装件的部件包裹起来，其设计必须防止部件意外地从屏蔽体脱落。辐射屏蔽体和这些部件构成一个独立单元时，该屏蔽体应能通过一个与任何其他包装结构无关的可靠的紧固器件被牢固地密封起来。

③对盛装液体的 A 型包装件的附加设计要求。

设计用于盛装液体放射性物质的 A 型包装件，如果按“为液体和气体设计的 A 型包装件的附加测试”进行测试，必须满足总要求中规定的条件；必须提供足以吸收两倍液体内装物体积的充足吸附材料。这种吸附材料必须安放在适当的位置，以便在泄漏事件中能接触到液体，或必须配备由初级内部密封部件和次级外部封闭部件组成的密封系统，在设计上应保证即使在初级内部部件泄漏情况下也能将液体放射性内装物保留在次级外部密封部件内；盛装液体放射性物质的包装件的设计必须留有余地，以适应内装物温度、动力效应和填充动力学方面的变化。

④对盛装气体的 A 型包装件的附加设计要求。

用于盛装压缩气体或非压缩气体的包装件，如果已承受为液体和气体设计的 A 型包装件的附加测试，应能防止放射性内装物的损失和弥散。对为盛装气态惰性气体等而设计的 A 型包装件可免除这项要求。

**图 10－1　A 型包装件**

4. B 型包装件

B 型包装件用于运输活度值较高的放射性物质，超过 A 型包装件活度值限制的放射性物质使用 B 型包装件。

B 型包装件分为 B（U）型包装件和 B（M）型包装件。其中 B（M）型包装件禁止用客机运输。

（1）活度限值。

B（U）型和 B（M）型包装件的放射性活度不得超过以下限值：

①对于低弥散性放射性物质，包装件设计批准证书上许可的限值；

②对于特殊形式放射性物质，3000$A_1$ 和 100000$A_2$ 中的较小值；

③对于其他所有放射性物质，3000$A_2$。

（2）单方批准。

每个 B（U）型包装件的设计都需要单方批准，即仅需始发国有关当局的批准。但符合 10.5.11.3 和 10.5.7.2.2 规定的，为裂变物质设计的

B（U）型包装件，需经过多方批准；为低弥散性放射性物质设计的B（U）型包装件必须经过多方批准。

（3）多方批准。

每个B（M）型包装件的设计都需要多方批准，即除始发国主管当局批准外，还需由包装件经过和到达的每个国家有关当局批准。

（4）B型包装使用的限制。

按照批准证书规定，B型包装件不得含有：

①活度超过包装件设计许可的放射性物质；

②与包装件设计许可的放射性核素不同的核素；

③在外形上或在物理、化学形态上与包装件设计许可的物质不同的内装物。

（5）B（U）型包装件的设计要求。

①B型包装件必须设计为能保持足够的屏蔽性，以保证在包装件内装有所设计的最大量放射性内装物时，距包装件表面1m处的辐射水平不超过10mSv/h（1rem/h）。

②在下面规定的环境条件下，包装件设计必须做到：在正常运输条件下，包装件内放射性内装物产生的热，对包装件不会产生不利影响。

必须特别注意可能产生下列后果的热效应：

a. 可能改变放射性内装物的排列、几何形状或物理状态，或者如果放射性物质是封装在罐内或容器内（例如带包壳的燃料元件），可能导致盒、容器或者放射性物质变形或熔化；

b. 由于辐射屏蔽材料不同程度的热膨胀，产生裂缝或熔化而降低包装的效能；

c. 与湿气结合，加速腐蚀。

为满足上述要求，环境温度须为38℃，且太阳曝晒条件必须符合表10－3中所示的规定。

**表10－3　B型包装件曝晒标准表（《危险品规则》表10.6.A）**

| 情况 | 表面形状和位置 | 每天12小时的防晒：$W/m^2$ |
|---|---|---|
| 1 | 水平运输的平坦表面——朝下 | 0 |

续表10－3

| 情况 | 表面形状和位置 | 每天 12 小时的防晒：$W/m^2$ |
|---|---|---|
| 2 | 水平运输的平坦表面——朝上 | 800 |
| 3 | 垂直运输的表面 | 200＊ |
| 4 | 其他朝下（非水平运输的）表面 | 200＊ |
| 5 | 所有其他表面 | 400＊ |

＊另一种办法是采用一个吸收系数并忽略邻近物体可能产生的反射效应，然后使用正弦函数来估计曝晒量。

③为满足加热试验要求而带有热保护装置的包装件设计必须做到：在对包装进行第一次跌落试验和第二次跌落试验或第二次跌落试验和第三次跌落试验时，这种保护装置保持有效。在常规装卸和运输中，在事故情况中，以及在上面提到的试验中未模拟过的，例如划破、割开、滑移、磨损或其他野蛮操作等条件下，包装件外部的任何此类保护装置仍然有效。

④B 型包装件设计必须做到：包装件承受水淋测试、自由跌落测试、堆码测试和穿透测试时，放射性内装物的损失限制在每小时不大于 $10^{-6}$ $A_2$；在进行第二次跌落试验、第三次跌落试验，当包装件重量不大于 500kg 时，放射性内装物的活度大于 $1000A_2$，又不作为特殊形式放射性物质处理时，或者第一次跌落试验对所有其他包装件的试验，根据外部尺寸计算的总体密度不大于 $1000kg/m^3$，包装件在一周内放射性内装物的累积散失（氪－85）不大于 $10A_2$，对其他放射性核素的累积散失不大于 $A_2$。

⑤装有放射性活度大于 $10^5 A_2$ 的放射性内装物的核燃料包装件必须这样设计，即如果它承受水浸试验，应确保密封系统不破裂；为满足容许的放射性活度释放限值而采取的措施，不得依赖于过滤器和机械冷却系统；包装件不得包括密封系统中的减压系统，因为在性能测试规定的试验条件下它会引起放射性物质排入环境；包装件必须设计为包装件于最大正常压力下接受性能测试时，密封系统的变形不会到能产生使包装件不能满足有关要求的不利影响的数值；包装件的最大正常工作压力不得超过 700kPa 表压。

（6）B（M）型包装件（见图 10－2）。

B（M）型包装件必须满足对 B（U）型包装件规定的要求，但下述情况除外，即包装件在一个指定的国家内运输，或者在几个指定的国家之间运输时，当得到这些国家主管部门的批准后，它可以在 38℃以上的温度和太阳曝晒条件下运输。

**图 10－2　B 型包装件**

### 5. C 型包装件

C 型包装件是含放射性活度可超过 $A_1$（特殊形式放射性物质）或可超过 $A_2$（其他形式放射性物质）的包装件。

C 型包装件的测试要求比 B 型包装更加严格，如增加了强热实验时间（由 30 分钟增加至 60 分钟）及穿透实验的高度等。

活度限值：对 C 型包装件中含有的活度的唯一限值是在包装批准证明书上标出的限值。

批准：C 型包装需要单方设计批准，即仅需要始发国有关当局的批准。

装有裂变物质及低弥散放射性物质的 C 型包装件需要多方批准。即除由始发国主管当局批准外，还须由包装件经过和到达的每个国家有关当局批准。

### 6. 含裂变物质的包装件

（1）活度限值。

任何含裂变物质的包装件必须符合国际航空运输协会《危险品规则》中关于包装件活度限值的规定。除了含有裂变例外的物质以外，不得含有：与包装件设计所允许的裂变物质的质量不同的裂变物质；任何不同于包装件设计批准认可的核素或裂变物质；不同于包装件设计批准认可的，在外形上、物理状态、化学状态或特殊安排中的不同的内装物。

（2）批准。

每个裂变物质包装件的设计都要求多方批准，即要求始发国的主管当局及托运货物途经或抵达的每个国家的主管当局的批准。

（3）含裂变物质包装件的设计要求。

裂变物质必须在正常运输过程中和在事故中可能碰到的情况下仍保持次临界状态。“在事故中可能碰到的情况”是指：水渗入包装件或从包装件中泄出；装入的中子吸收剂或慢化剂失效；放射性内装物或在包装件内部或从包装件散失后可能的重新排列；各包装件之间或放射性内装物之间的间隔减小；包装件没入水中或埋放雪中；温度变化可能引起的效应。

作为评价核临界状态控制基础的体积或任何间距不允许减少超过5%，并且包装的结构能够防止每边为100mm的立方体进入；水不能渗入包装件或从包装件的任何部分泄出；放射性内装物的构型和密封系统的几何形状不能改变，以导致中子显著倍增。

7. 特殊安排批准的运输

如果放射性物质不符合任何一种包装方法，这种物质也可以在特殊安排下准予运输。特殊安排下运输放射性物质的规定必须得到有关国家主管当局的批准（注意对于放射性货物托运来说，包括始发、中转和到达国家）。这些规定必须足以保证在运输和中转储存中总体安全水平至少要相当于满足国际航空运输协会《危险品规则》全部适用要求所具有的安全水平。每票货物必须经多方批准。

8. 专载运输

（1）除专载运输的托运货物以外，任何单个包装件或集合包装（Overpack）的运输指数都不得超过10，临界安全指数不得超过50。

（2）除按规定专载运输的包装件和集合包装外，单个包装件或集合包装外表面任何一点的最大辐射水平均不得超过2mSv/h（200mrem/h）。

（3）专载运输包装件外表面任何一点的最大辐射水平不得超过

10mSv/h（1000mrem/h）。

## 三、运输指数

运输指数（TI）系分配给包装件、集合包装或放射性专用货箱的单一数字。运输指数也可用于确定标签的级别，确定是否需要按专载方式运输，确定在中转储存期间的空间间隔要求，以及确定一个放射性专用货箱内或一架飞机上容许装有的包装件数目。

对于包装件、集合包装或放射性专用货箱来说，以辐射照射量为基础的运输指数，是按下列步骤推导出来的数字。

（1）第一步：确定出距离包装件、集合包装或放射性专用货箱外表面1m远处的最高辐射水平。如果该辐射水平以mSv/h为单位表示，测定值必须乘以100（如果是以mrem/h为单位表示，测定值不改变）。对于铀和钍的矿石和浓缩物，在距离包装件外表面1m远处的任意一点，其最大辐射剂量率可采用：

0.4 mSv/h（40 mrem/h）——对铀和钍的矿石和浓缩物；

0.3 mSv/h（30 mrem/h）——对钍的化学浓缩物；

0.02 mSv/h（2 mrem/h）——对除六氟化铀以外的铀的化学浓缩物。

（2）第二步：放射性专用货箱按上面第一步的方法确定的值必须乘以表10－4（DGR表10.5.B）所规定的一个适当的因子。

（3）第三步：除了等于或小于0.05的数值考虑作为0值外，第一步和第二步中得到的数字必须进位到第一位小数。

**表10－4　放射性专用货箱的倍数因子（《危险品规则》表10.5.B）**

| 放射性专用货箱的最大截面积 | 倍数因子 |
| --- | --- |
| ≤1m² | 1 |
| >1m²，≤5m² | 2 |
| >5m²，≤20m² | 3 |
| >20m² | 10 |

当根据表10－5（《危险品规则》表10.5.C）确定包装件的类型时，应考虑运输指数和每个包装件表面的辐射水平。

表 10－5　包装件、集合包装（Overpack）及放射性专用货箱级别的确定（《危险品规则》表 10.5.C）

| 包装件分类（例外包装件除外） | | |
|---|---|---|
| 运输指数 | 外表面任一点最大辐射水平 | 级别 |
| 0* | 不大于 5μSv/h（0.5mrem/h） | Ⅰ级白色 |
| 大于 0 而不大于 1* | 大于 5μSv/h（0.5mrem/h）而不大于 0.5mSv/h（50mrem/h） | Ⅱ级黄色 |
| 大于 1 而不大于 10 | 大于 0.5mSv/h（50mrem/h）而不大于 2mSv/h（200mrem/h） | Ⅲ级黄色 |
| 大于 10 | 大于 2mSv/h（200mrem/h）而不大于 10mSv/h（1000mrem/h） | Ⅲ级黄色（专载运输并特殊安排） |

注：* 如果 TI 值不大于 0.05，根据运输指数的确定要求可以视为 0。

## 四、有关包装件及集合包装的运输指数（TI）、临界安全指数（CSI）和辐射水平的限制

1. 包装件及集合包装

包装件及集合包装都必须分别根据表 10－5（《危险品规则》表 10.5.C）和下面的规定划分为Ⅰ级白色、Ⅱ级黄色或Ⅲ级黄色。每个级别都有具体的标签。

(1) 对于包装件，在确定划归哪一类更为合适时，运输指数和表面辐射水平两者都必须加以考虑。如果运输指数满足其中某一类要求的条件，而表面辐射水平满足另一类条件，该包装件必须划归两类中较高的那一类，由于这个原因，将Ⅰ级白色看作最低的一类。

(2) 任何单个包装件或集合包装的运输指数都不得超过 10。如果运输指数大于 10，则包装件或集合包装必须按专载运输方式运输。

(3) 一个包装件或集合包装的任一外表面的任何一点上的最大辐射水平均不得超过 2mSv/h（200mrem/h）。如果表面辐射水平大于 2mSv/h（200mrem/h），则包装件或集合包装必须按专载运输方式运输。

(4) 属于专载运输的包装件的任一表面的任何一点上最大辐射水平不得超过 10mSv/h（1000mrem/h）。

（5）在特殊安排下运输的包装件或含有多个包装件的集合包装必须划归Ⅲ级黄色，除非始发国的设计认证特殊指定。

2. 货物的运输指数

每个集合包装或放射性专用货箱的运输指数必须根据内装所有包装件的运输指数总和或直接测量辐射水平来确定。非刚性集合包装的运输指数只能根据内装所有包装件的运输指数总和来确定。

3. 临界安全指数（CSI）的确定

裂变物质包装件的临界安全指数（CSI）必须用50除以从《危险品规则》10.6.2.8.3规定的方法求得的两个N值中较小的一个而得出，即CSI=50/N。如果无限多个包装都是次临界，即N无限大，则临界安全指数的值可能为0。

每个集合包装或放射性专用货箱的临界安全指数（CSI）必须根据内装所有包装件的临界安全指数（CSI）总和来确定。确定货物或者航空器上的临界安全指数（CSI）总和也必须采用同样的方法。

## 五、包装的性能测试

1. 性能测试的基本要求

（1）性能测试标准的依据。

①必须用下列任何一种方法或者是多种方法的组合来完成性能测试：

a. 使用样板或样品进行性能测试，要求供测试的包装件的内装物尽可能地接近实际放射性内装物预期范围，并且用于测试的包装件应按正常提交运输的情况来制备；

b. 参考以前性质非常类似的令人满意的论证；

c. 当工程经验已证明，测试的结果适合于设计目的，可使用具有适当比例模型连同那些对所研究的项目具有意义的设施进行性能测试，凡使用这种比例模型时，必须考虑到调整某些测试参数，例如穿透器的直径或压缩负载；

d. 在一般认为计算程序和参数是可靠的或保守时，可采用计算方法或推理的论据。

②在原型包装、试样或样品承受测试之后，必须采用适当的评估方

法，以确保规定的性能和验收标准一致。

③所有样板或样品在测试前必须进行检查，以便鉴别和记录偏离设计的程度、结构方向的缺陷、腐蚀或其他变质、部件变形等缺陷和损坏。

④必须清楚地说明包装件的密封系统。试样外部设施必须能被清晰地识别，以便简单明了地对该试样的任何部位做出标记。

（2）密封系统和屏蔽体完好性测试及临界安全性评估。

在经受规定的适用的试验后：

①必须鉴别和记录缺陷和损坏；

②必须确定密封系统和屏蔽体的完好性是否保持在对承受试验的包装要求的范围内；

③对装有裂变物质的包装件必须确定相关要求是否达到，如最易反应的结构、裂变内装物的慢化程度、任何逸出物质的慢化程度及一个或多个包装件的慢化程度等。

（3）跌落测试的标的。

规定的跌落测试标的，必须是具有这样一种特性的平坦水平面，即受到试样冲击时，其在抵抗位移或抗形变中任何增加的力不会显著地增加对试样的损坏。

2. 承受正常运输条件的性能测试

这些测试是：水淋测试、自由跌落测试、堆码测试和穿透试验。包装件的试样必须承受自由跌落测试、堆码测试和穿透测试。在每种测试之前先进行水淋测试。只要满足测试顺序要求，一个试样可以用作所有测试。

（1）测试顺序。

从淋水测试结束到相继的其他测试之间的时间间隔必须这样安排，即试样受到最大程度的水浸湿，试样外表面没有明显干处。在没有任何相反证据的情况下，如果水淋测试是从四个方向同时进行，则时间间隔应取大约两小时。倘若水淋测试是依次对每个方向进行的，相继的实验不需留有时间间隔。

（2）水淋测试。

试样必须承受，暴露在类似于每小时约 50mm 的降雨量的水花中至少 1 小时的水淋测试。

(3) 自由跌落测试。

试样必须跌落到标的上，以测试其安全设施受到的最大损坏。

①从试样的最低点算起到标的的上表面的跌落高度不得小于表 10－6(《危险品规则》表 10.6.B) 中对相应的重量所规定的距离。

**表 10－6 正常运输条件下包装件测试的自由跌落距离(《危险品规则》表 10.6.B)**

| 包装件重量 (kg) | 自由跌落距离 (m) |
| --- | --- |
| 5000 | 1.2 |
| ≥5000，<10000 | 0.9 |
| ≥5000，<15000 | 0.6 |
| ≥15000 | 0.3 |

②对质量不超过 50kg 的长方形瓦楞纸或木质包装件，每次必须更换一个试样进行每个角上 0.3m 高度的自由跌落测试。

③对质量不超过 100kg 的桶形纤维板包装件，每次必须更换另一试样在每一边缘的四个方位中，每个方位进行 0.3m 高度的自由跌落测试。

(4) 堆码测试。

试样必须接受 24 小时的压力负载试验，包装件的形状无法堆码的除外，其压力为下列两者中的较大者：

①相当于实际包装件最大重量的 5 倍；

②相当于 13kPa 与包装件垂直投影面积的乘积。

负载必须均匀地加在试样的两个相对面，其中一面必须是包装件正常摆放的底面。

(5) 穿透试验。

试样必须放在一个坚硬而平坦的水平面上，当试验进行时，该平面将不能有明显的移动。用一根末端为半球形、直径为 32mm、重量为 6kg 的棒，保持其纵轴垂直，直接落到试样的最薄弱部分的中心。这样，如果它能穿透足够的深度，它将会击中包装件密封系统。该棒不得因进行试验而有显著的变形。从棒的最下端到试样上表面预期击中点的距离为试验棒的下落高度，必须是 1m。

3. 为液体和气体设计的A型包装件的附加测试

一个包装件或多个独立包装件必须承受下列每一种试验。除非能证实其中一种试验对于所试样品来说比其他试验更严格，在这种情况下，仅一个试样需要接受较严格的试验。

(1) 自由跌落试验。

就密封而言，试样必须落到标的上，以使其遭到最大限度的损坏。从试样的最低部分到标的的上表面的距离为跌落高度，这个高度必须是9m。

(2) 穿透测试。

试样必须放在一个坚硬而平坦的水平面上，当试验进行时，该平面将不能有明显的移动，用一根末端为半球形、直径为32mm、重量为6kg的棒，保持其纵轴垂直，直接落到试样的最薄弱部分的中心。这样，如果它能穿透足够的深度，它将会击中包装件密封系统。该棒不得因进行试验而有显著的变形。从棒的最下端到试样上表面预期击中点距离为试验棒的下落高度，必须是1.7m。

4. 承受运输中事故条件的性能测试

试样必须承受机械测试和热测试规定的顺序测试的累积效应检验。在接受这些测试后，该试样或者另一个独立的试样还必须承受水浸测试的效应。

(1) 机械测试。

机械测试包括三种不同高度的跌落测试。每一试样必须承受适用于该试样的跌落测试。包装件经受跌落测试的次序必须是在机械测试结束时，试样遭受的破坏将使该试样在相继的热试验中引起最严重的损坏。

①跌落测试1。

包装件必须跌落到标的上以使其遭受最大的损坏。从试样的最低点到标的的上表面为试样的下落高度，它必须为9m。

②跌落测试2。

试样跌落到一根垂直、牢固地安装在标的上的棒上，以遭受最大的破坏。从试样的预计冲击点到棒的上表面为其跌落高度，它必须为1m。该棒必须是圆截面直径为150±5mm的实心低碳钢棒，其长度必须能引起最大破坏，通常为 200mm。钢棒的上端必须是平坦水平面，边缘呈圆角，其半径不大于 6mm。

③跌落测试 3。

包装件必须承受动力学压碎测试，即把试样放在标的上，让 500kg 重块从 9m 高处下落到试样上，使其遭受最大的损坏。该重块必须由 1m×1m的实心低碳钢板组成，并以水平方式下落。下落高度必须是从钢板下表面到包装件的最高点的距离。

（2）热测试。

①将试样在如下的热环境中暴露 30 分钟，即在最小平均火焰热射系数为 0.9、平均温度至少为 800℃的充分静止环境条件下，提供一个至少相当于烃燃料/空气火焰的热流，并完全将试样笼罩，表面热吸收系数为 0.8 或为包装件暴露在规定的火焰中可被证明具有的数值。

②将试样暴露在 38℃环境温度下，并经受《危险品规则》表 10.6.A 规定的防日晒条件和放射性内装物在包装件内的最大设计内发热率，放置足够长的时间，以保证试样各部分的温度都下降，且/或接近初始稳定状态的情况。也允许这些数值在停止加热后有不同的值，条件是在随后的包装件反应评估中应适当予以考虑。在试验期间和试验后，不得进行人工冷却，必须允许试样材料的任何燃烧自然地进行。

（3）水浸测试。

①总要求。

试样必须浸没在水面以下至少 15m 深处不小于 8 小时，以保证包装件处于最大限度的损坏状态。出于验证目的，不少于 150kPa（表压）的外部压力，可认为满足要求。

②含量大于 $10^5 A_2$ 的 B（U）型和 B（M）型包装件以及 C 型包装件的加强水浸测试。

试样必须浸没在水面以下至少 200m 深处不少于 1 小时，出于验证目的，外部表压至少 2MPa 才认为满足了要求。

③含有裂变物质包装件的水渗漏试验。

根据《危险品规则》10.6.2.8.2 和 10.6.2.8.3 的规定进行评估。已经假定采用水渗入或水漏出程度达到最大反应性的包装件均可免做此项测试。

试样在进行水渗漏测试之前，必须先承受跌落试验 2 的试验和跌落试验 1 或跌落试验 3 规定的测试，以及相应的耐热测试。

试样必须浸没在水面以下至少 0.9m，不少于 8 小时，以保证所期望的最大限度的渗漏状态。

## 任务三　包装件的标记和标签

**【任务详解】**

### 一、放射性物质包装件的标记

1. 标记的基本要求

托运人对其在包装件上所作标记的正确性负完全责任，要确保在正确的位置使用适用的新标记，移走或涂去包装件或集合包装上原有的无关标记。在国际运输中，标记所用的文字除始发地文字外还应同时使用英文。通常标记的高度为 12mm，但 30L 或 30kg 以下容量的包装件标记的最低高度可为 6mm。

放射性物质包装件所需要的标记，必须是耐久的，应用明显的手段打印或其他方式标记在或固定到包装件或集合包装的外表面上。

2. 标记的使用

基本标记包括运输专用名称、UN 编号、托运人和收货人姓名和地址。任何放射性物质的包装件都必须有这些基本标记。

特殊标记是指如果毛重超过 50kg，应标明实际的毛重；当使用固体二氧化碳（干冰）作为冷却剂时，应标明其净重。

3. 例外包装件标记

对于例外包装件，需要有下列标记：

（1）UN 编号。

（2）托运人和收货人名称及地址。

（3）如果毛重超过 50kg，应标明允许的最大毛重。

（4）当使用固体二氧化碳（干冰）作为冷却剂时，应标明其净重。

4. 工业包装件标记

（1）工业 1 型包装件需要有“Type IP−1”标记。

（2）工业 2 型和 3 型包装件需要有下列标记：

①“Type IP−2”或“Type IP−3”。

②包装设计国的国际机动车注册编号（VRI 代码）。

③主管当局规定的生产厂商名称或其他包装识别标记。

5. A 型包装件标记

A 型包装件需要有下列标记：

（1）“Type A”。

（2）包装设计国的国际机动车注册编号。

（3）主管当局规定的生产厂商名称或其他包装识别标记。

6. B（U）型、B（M）型和 C 型包装件标记

B（U）型、B（M）型和 C 型包装件视具体情况需要有下列标记：

（1）“Type B（U）”，“Type B（M）”或“Type C”。

（2）由主管当局为设计而指定的识别标记。

（3）能唯一确认每个包装件符合其设计的序号。

（4）防火、防水的三叶形符号。在能防火防水的最外层容器上，用压印打上或其他方式清楚地标出防火、防水的三叶形符号。

7. 裂变包装件的规格标记

每个含有裂变物质的包装件都必须按照其类型的要求相应地进行标记。只装有裂变物质的包装件，其识别标记应包含类型代码“AF”“B（U）F”“B（M）F”“CF”“IF”等。

8. 集合包装的标记

（1）除非集合包装内所有危险品的标记与标签都明显可见，否则必须在集合包装外表面上标注“集合包装”字样。

（2）包装规格标记不需要标在集合包装外，“集合包装”字样就表明了内包装件符合规格要求。

（3）交运一个以上集合包装时，为了便于识别、装载及通知，应在每

个集合包装上标注识别标记以及放射性物质的总量。

## 二、放射性物质包装件的标签

### 1. 标签的规格

（1）放射性物质标签的类型。

放射性物质的标签有两种类型：危险性标签和操作标签。除主要危险性标签外，次要危险性标签和操作标签与非放射性物质的相同。

操作标签中，仅限货机标签总是在放射性物质的B（M）型包装件和含有这种B（M）型包装件的放射性专用货箱上使用。液体形式的放射性物质的包装件不需要使用“THIS WAY UP”（此面向上）的方向标签。

（2）放射性物质主要危险性标签的规格。

放射性物质主要危险性的标签有三种：Ⅰ级白色、Ⅱ级黄色和Ⅲ级黄色，见表10−7。

**表10−7　放射性物质危险性的标签**

| | |
|---|---|
| Ⅰ级白色<br>名称：放射性<br>货运标准代码：RRW<br>最小尺寸：100mm×100mm<br>图形符号（三叶形标记）：黑色<br>底色：白色 | Ⅰ<br>7 |
| Ⅱ级黄色<br>名称：放射性<br>货运标准代码：RRY<br>最小尺寸：100mm×100mm<br>图形符号（三叶形标记）：黑色<br>底色：上半部黄色带白边，下半部白色 | Ⅱ<br>7 |
| Ⅲ级黄色<br>名称：放射性<br>货运标准代码：RRY<br>最小尺寸：100mm×100mm<br>图形符号（三叶形标记）：黑色<br>底色：上半部黄色带白边，下半部白色 | Ⅲ<br>7 |

续表10－7

| | |
|---|---|
| 临界安全指数标签<br>最小尺寸：100mm×100mm<br>说明文字（强制性的）："FISSILE"（裂变物质）<br>颜色：本标签为白色，字体黑色 | 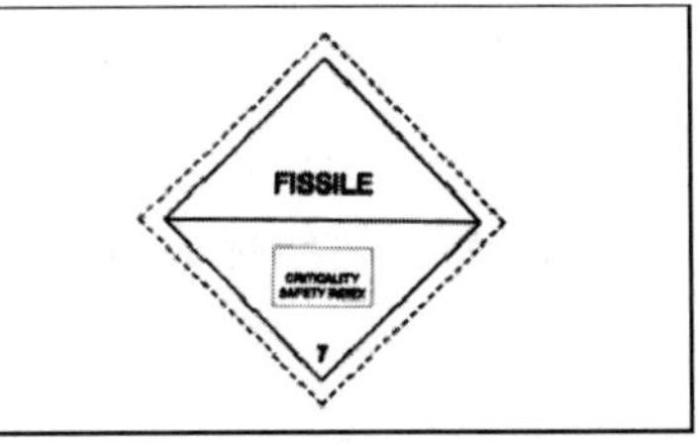 |

2. 标签上的标记

在标签上必须注明内装物、活度和运输指数（Ⅱ级黄色或Ⅲ级黄色）等，文字和图示应清晰、耐久，裂变临界安全指数标签上应标明临界安全指数。

（1）内装物。

有关内装物的标记必须包括下列内容：除Ⅰ类低比度放射性物质（LSA-Ⅰ）外，取自《危险品规则》表10.3.A中的放射性核素符号；对于放射性核素混合物或不同的单一放射性核素包装在同一个包装件内的情况，限制最严格的那些核素都必须在线上允许的空白处列出；低比度放射性物质（LSA-Ⅰ除外）或表面污染物体（SCO）在其放射性符号"LSA-Ⅱ""LSA-Ⅲ""SCO-Ⅰ""SCO-Ⅱ"之后列出正确的放射性核素符号；对于LSA-Ⅰ物质，仅使用"LSA-Ⅰ"。

（2）活度。

包装件中所装放射性物质的活度必须以贝克勒尔或其大倍数单位表示。以居里或其大倍数单位表示的等值活度可以写在贝克勒尔单位后面的括号内。

对于裂变物质，可以用克或千克为单位把裂变放射性核素的总质量表示出来，代替放射性活度。在所有情况下都必须清楚地表明所使用的单位。

对于集合包装和放射性物质专用货箱，标签上"内装物"和"活度"栏上必须填上所有内装物的总和。但集合包装和放射性专用货箱里如果装有多件不同的放射性核素的包装件时，则可以注明"SEE SHIPPER'S DECLARATION"（参见托运人申报单）。

不同的单一放射性核素包在同一包装件内，每一放射性核素的活度必须在标签上列出。

（3）运输指数。

对Ⅱ级或Ⅲ级标签的包装件，其运输指数必须填在提供的方框内，经进位取至小数点后第一位。

3. 标签的粘贴

（1）粘贴的原则。

所有标签应牢固地粘贴或打印在包装上，清晰可见、易读，并不被该包装的任何部分或其他标签所掩盖。所有标签不能被折叠或者在粘贴时把同一类型的标签贴在包装件的不同面上。如果包装件表面为不规则形状，并且不可能将标签打印到包装上，或者包装件表面难于贴上标签，则允许用别的坚固底板把它们粘贴在包装件上。其他运输方式要求使用的标签可以在包装件上使用。

（2）粘贴的位置。

每一标签必须粘贴或印制在反衬色背景上，或在标签的外边缘必须有虚线或实线。可以使用牢固的挂签作为包装件标签。包装件的尺寸必须能为所有需要的标签提供足够的位置。如果包装件有足够的尺寸，必须粘贴在运输专用名称旁边。标签应粘贴在包装件上托运人或收货人地址的附近。当有次要危险性标签时，应把它们粘贴在主要危险性标签附近。在要求贴“CARGO AIRCRAFT ONLY”（仅限货机）操作标签时，必须将其粘贴于邻近每个危险性标签的地方。

（3）粘贴的数目。

放射性物质标签连同其次要危险性标签、临界安全指数标签（如适用），或“CARGO AIRCRAFT ONLY”（仅限货机）操作标签，必须粘贴在包装件的两个相对侧面上；放射性专用货箱的标签粘贴在所有四个侧面上；钢瓶包装件必须在正好相对的面粘贴两套标签。钢瓶的尺寸应使贴的两套标签互不重叠。对非常小的钢瓶包装件，如果两套标签可能重叠，则可只贴一套；如果使用硬的集合包装应至少粘贴两套标签，标签必须粘贴在集合包装的相对的侧面上。如果使用非硬质的集合包装，至少应将一套标签粘贴在紧固于集合包装的耐久的标签底板上。

（4）放射性物质例外包装件标签。

放射性物质例外包装件必须粘贴“Radioactive Material，Excepted Package”（放射性物质，例外包装件）的操作标签，见表 10－8（《危险品规则》图 10.7.8.A）。此标签必须粘贴或印制在颜色对比明显的底面上。对于内装放射性物质例外包装件的集合包装，此标签必须清晰可见或重新标注在集合包装的外面。

**表 10－8　放射性物品例外包装件**

| | |
|---|---|
| 名称：放射性物品—例外包装件<br>货运标准代码：RRE<br>颜色：标签的边缘线必须带有红色斜纹阴影（186U 号，pantone 颜色）。标签可以用黑色和红色打印在白纸上或仅用红色打印在白纸上。 | 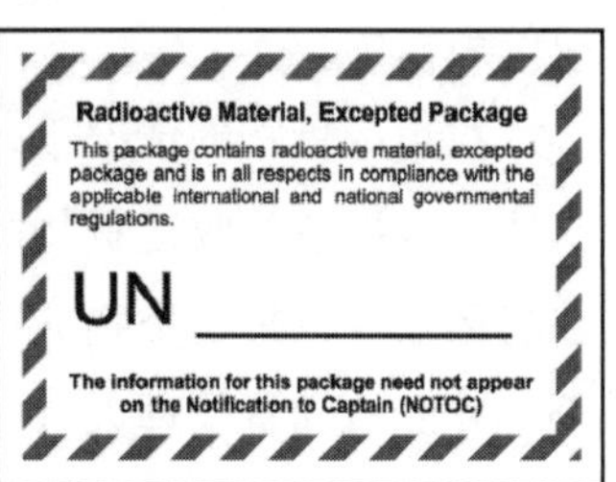 |

# 项目二　放射性物质运输文件

## 任务一　放射性物质运输文件的填写

**【任务详解】**

### 一、托运人的责任

托运人在每次交运放射性物质时，必须填写危险品申报单。申报单必须用英文填写。根据始发国或到达国的要求，其他语言的准确译文可以和英文一起显示在申报单上。托运人应至少在两份申报单上签字并将其呈交负责装运的航空公司。一份由承运货物的航空公司保存，另一份必须随货物到达目的地。两份文件中的一份可以是复印件。托运人危险品申报单必须由托运人签署。签字可以手写，也可以是手写的印刷件、盖章或复写。打印机签字是不能接受的。在任何情况下，申报单都不允许由集运人、送货人或货运代理人填写和签字。

申报单中除“货运单号”“始发站机场”“到达站机场”项目以外的任何变更和修改必须由托运人使用曾经签署文件的相同笔迹签字。以不同的手写体或手写体和打印体相结合而插入的条目，不能看作变更或修改。

如果在申报单“危险品的种类和数量”栏中没有足够的空间填写要求的条目和信息，可使用附页。在这种情况下，申报单的每一页必须标有页码序号和总页数及其航空货运单号码。各页必须具有垂直的红色阴影线。与特定危险货物无关的或与货物中包含的危险品无关的内容不能显示在申报单表格中。

在集运货物的情况下，对于货物中包含危险品的每一部分，必须提交单独的申报单给收运货物的经营人。这部分货物的申报单必须与集运货物一起运输，在集运货物的终点机场，提货经营人需持有每种申报单中的一份，并交给卸货代理人（break-bulk agent）。当已分开的集运货物再次交运时，至少应提交两份托运人危险品申报单复制件给下一个收运货物的经营人。

## 二、危险品申报单的填制

放射性物质的危险品申报单的格式和填制要求与非放射性物质的大致相同，只是在一些项目的填写内容上有所不同。在此结合图 10－3 申报单的样本仅对放射性物质的特殊之处加以说明。

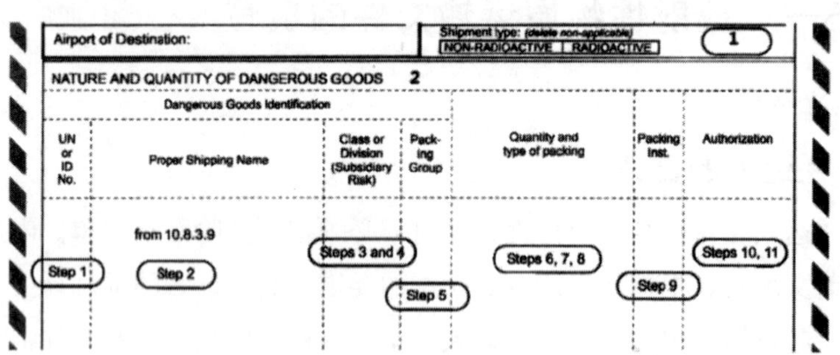


**图 10－3　申报单的样本**

1. 货物类型（Shipment Type）

此栏目要求删除“NON-RADIOACTIVE”（非放射性）字样以表明货物含有放射性物质。

放射性物质不能同其他危险品一起填入同一申报单中，但作为制冷剂使用的固体二氧化碳（干冰）除外。当使用固体二氧化碳（干冰）作为放射性物质的制冷剂时，装运的详细情况必须在托运人申报单中表示出来。这一点不适用于不要求托运人申报单的放射性物质的例外包装件。

2. 危险品种类和数量（Nature and Quantity of Dangerous Goods）

这一栏目的填写内容是放射性物质申报单中最关键的内容，必须严格按照下列要求填写。每一项内容的顺序必须清楚地区分或便于识别。

（1）程序一：识别。

第 1 步 UN 编号（A 栏）。在填此栏时，在编号前必须加上前缀“UN”。

第 2 步 运输专用名称（B 栏）。

第 3 步 类别/项别，此栏只填 7（C 栏）。

第 4 步 次要危险性类别/项别必须填写在主要危险性的类别/项别后的括号内。

第 5 步 包装等级，有次要危险性的放射性物质的包装等级。

（2）程序二：包装数量和类型。

第 6 步

①每种放射性物质中核素的名称或符号，放射性核素混合物应使用适当的总称或最严格限制的核素。

②有关放射性物质在“Other Form”（其他形式）时的物理形态和化学形态的说明，或者表明物质是特殊形式放射性物质（当运输专用名称中不包括时，但对于 UN3332 和 UN3333 不要求）或低弥散放射性物质的描述。对化学状态，用化学名称的总称即可。

第 7 步

同种类型内装物的包装件数量、包装件类型、以 Bq 或其倍数表示的每个包装件内放射性内装物的活度，包括集合包装中每个包装件的活度。以 Ci 或其倍数表示的活度可以加到 Bq 后的括号里。

对于裂变物质，以 g 或 kg 表示的裂变物质总重量可用来代替放射性活度。当不同的单一放射性核素包在同一外包装内时，应列明每一种放射性核素的活度值。

“ALL PACKED IN ONE”（装在同一包装件内）字样必须紧接着在有关条目下标明。

第 8 步

当使用集合包装时，在申报单中与集合包装内所含包装件的有关条目后，紧接着填入“集合包装 USED”（使用合成包装）字样。在这种情况下，必须将集合包装内的包装件先列出来。集合包装或放射性专用货箱中的包装件，应详细说明在集合包装或放射性专用货箱内各包装件的内装物。当需要时，货物中各集合包装或放射性专用货箱也应详细说明，如果包装件将在中途站卸下并从集合包装或放射性专用货箱内取出，需要有附加的托运人危险品申报单。

（3）程序三：包装说明。

第 9 步

包装件、集合包装或放射性物质专用货箱的级别，即“Ⅰ级白色”“Ⅱ级黄色”“Ⅲ级黄色”。

“Ⅱ级黄色”和“Ⅲ级黄色”要注明每个包装件、集合包装或放射性物质专用货箱的运输指数和尺寸，包括尺寸单位。必须按照“长×宽（桶形货物的直径）×高”的顺序显示。运输指数必须进位到第一位小数。

裂变物质应填写临界安全指数。

例外的裂变物质应注明“FISSILE EXCEPTED”（例外的裂变物质）字样。

（4）程序四：批准。

第 10 步

托运放射性物质时，需要有各有关主管当局发布的批准文件，这些文件的识别编号要求在申报单上注明并随附于申报单。文件包括：

①特殊形式放射性物质批准证书；

②低弥散度放射性物质批准证书；

③B 型包装件设计批准证书；

④B（M）型包装件装运批准证书；

⑤C 型包装件设计批准证书和装运批准证书；

⑥裂变物质包装件设计批准证书；

⑦裂变物质包装件装运批准证书；

⑧特殊安排批准证书；

⑨其他相关文件。

第 11 步

如果货物要求使用专载运输装运时，应标明“EXCLUSIVE USE SHIPMENT”（专载运输货物）。

3. 附加操作说明（Additional Handling Information）

此栏填上与装运有关的特殊操作说明，涉及主管当局批准证书的放射性物质，必须包括下面五方面的内容。

（1）对安全散发热量的包装件所要求的特殊存储规定，以及在运输中包装件的平均表面热量超过 15W/m$^2$ 的说明。

（2）对 B（M）型包装件不要求辅助操作控制的声明。

（3）对飞机机型的限制和必要的航线说明。

（4）适用于货物突发事件的应急措施。

（5）空运时还必须有以下附加声明：“I declare that all of the applicable air transport requirements have been met”。若申报单左下方的声明栏中无此附加声明，则必须在申报单的附加操作信息栏中写明。

4. 填写好的申报单实例

实例 1：计算机填写，见图 10－4。

**SHIPPER'S DECLARATION FOR DANGEROUS GOODS**

| | |
|---|---|
| Shipper<br>Advanced Chemical Co.<br>345 Main Street<br>Reigate, Surrey<br>England | Air Waybill No. 800 1234 5686<br>Page 1 of 1 Pages<br>Shipper's Reference Number 1213 / A12<br>(optional) |
| Consignee<br>ABC Co. Ltd.<br>1000 High Street<br>Athens<br>Greece | *For optional use for Company logo name and address* |
| *Two completed and signed copies of this Declaration must be handed to the operator.* | **WARNING**<br>Failure to comply in all respects with the applicable Dangerous Goods Regulations may be in breach of the applicable law, subject to legal penalties. |
| **TRANSPORT DETAILS**<br>This shipment is within the limitations prescribed for: *(delete non-applicable)*<br>PASSENGER AND CARGO AIRCRAFT / ~~CARGO AIRCRAFT ONLY~~<br>Airport of Departure: London Heathrow<br>Airport of Destination: Athens | Shipment type: *(delete non-applicable)*<br>~~NON-RADIOACTIVE~~ / RADIOACTIVE |

**NATURE AND QUANTITY OF DANGEROUS GOODS**

*UN Number or Identification Number, proper shipping name, Class or Division (subsidiary risk), packing group (if required), and all other required information.*

UN 3328, Radioactive material, Type B(U) package, fissile, 7
U-235, ($UO_2$), solid, 1 Type B(U) package x 3.4 GBq
I-White, CSI=1
Type B package design approval certificate B/30/B(U)F
Fissile material package shipment approval certificate B/30/B(U)F/T
attached.

Additional Handling Information

| | |
|---|---|
| I hereby declare that the contents of this consignment are fully and accurately described above by the proper shipping name, and are classified, packaged, marked and labelled/placarded, and are in all respects in proper condition for transport according to applicable international and national governmental regulations. I declare that all of the applicable air transport requirements have been met. | Name/Title of Signatory<br>A. Brown, Shipping Manager<br>Place and Date<br>Reigate, 1 Jan 2014<br>Signature<br>(see warning above) A. Brown |

图 10—4 计算机填制托运人申报单

实例 2：手工填写，见图 10—5。

SHIPPER'S DECLARATION FOR DANGEROUS GOODS

Shipper
ADVANCED CHEMICAL CO.
345 MAIN STREET
REIGATE, SURREY, ENGLAND

Air Waybill No. 800 1234 5686
Page 1 of 1 Pages
Shipper's Reference Number (optional) 1213 / A12

Consignee
ABC Co.Ltd.
1000 HIGH STREET
ATHENS, GREECE

For optional use for Company logo name and address

Two completed and signed copies of this Declaration must be handed to the operator.

**TRANSPORT DETAILS**

This shipment is within the limitations prescribed for: (delete non-applicable)
PASSENGER AND CARGO AIRCRAFT | ~~CARGO AIRCRAFT ONLY~~

Airport of Departure: LONDON

Airport of Destination: ATHENS

**WARNING**

Failure to comply in all respects with the applicable Dangerous Goods Regulations may be in breach of the applicable law, subject to legal penalties.

Shipment type: (delete non-applicable)
~~NON-RADIOACTIVE~~ | RADIOACTIVE

NATURE AND QUANTITY OF DANGEROUS GOODS

| Dangerous Goods Identification | | | | | | |
|---|---|---|---|---|---|---|
| UN or ID No. | Proper Shipping Name | Class or Division (Subsidiary Risk) | Packing Group | Quantity and type of packing | Packing Inst. | Authorization |
| UN2916 | RADIOACTIVE MATERIAL, TYPE B(U) PACKAGE | 7 | | IRIDIUM - 192 SPECIAL FORM 1 TYPE B(U) PACKAGE X 1.925 TBq | III-YELLOW TI 3.0 DIM 30x30 x40CM | SPECIAL FORM CERTIFICATE Nº 9999 TYPE B(U) PACKAGE CERTIFICATE UK1735/ B(U)S ATTACHED |

Additional Handling Information

I hereby declare that the contents of this consignment are fully and accurately described above by the proper shipping name, and are classified, packaged, marked and labelled/placarded, and are in all respects in proper condition for transport according to applicable international and national governmental regulations. I declare that all of the applicable air transport requirements have been met.

Name/Title of Signatory
A. BROWN, SHIPPING MANAGER
Place and Date
REIGATE, 1 JAN 2014
Signature (see warning above)
A. Brown

图 10－5　手工填制托运人申报单

实例 3：指出放射性物质使用固体二氧化碳（干冰）作为制冷剂的申报单，见图 10－6。

| NATURE AND QUANTITY OF DANGEROUS GOODS | | | | | | |
|---|---|---|---|---|---|---|
| Dangerous Goods Identification | | | | | | |
| UN or ID No. | Proper Shipping Name | Class or Division (Subsidiary Risk) | Pack-ing Group | Quantity and type of packing | Packing Inst. | Authorization |
| UN2915 | RADIOACTIVE MATERIAL, TYPE A PACKAGE | 7 | | Sr-90, METAL SOLID 1.48 GBq<br>Am-241, METAL SOLID 74 MBq | Ⅱ-YELLOW TI 0.2 Dims (L)20x (W)20x (H)20 cm | |
| UN1845 | CARBON DIOXIDE, SOLID | 9 | | 5 kg<br>ALL PACKED IN ONE TYPE A PACKAGE | 954 | |

A way to show the dimensions in the required sequence with the addition of suggested dimension qualifiers, (L) length ×(W) width × (H) height.

图 10－6　放射性物质使用干冰作为制冷剂的托运人申报单

## 三、航空货运单的填写

在运输放射性物质时，需要填写货运单的相关栏目。其填写内容与非放射性物质的要求基本一样，所不同的是放射性物质例外包装件的填写要求（见图 10－7）。

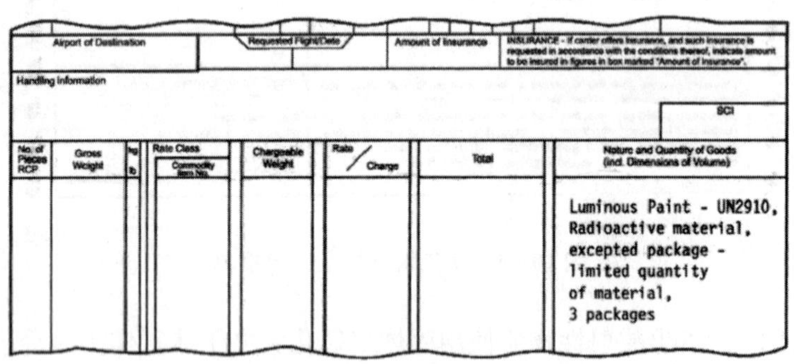

| Airport of Destination | Requested Flight/Date | | Amount of Insurance | INSURANCE - If carrier offers insurance, and such insurance is requested in accordance with the conditions thereof, indicate amount to be insured in figures in box marked "Amount of Insurance". |
|---|---|---|---|---|
| Handling Information | | | | SCI |

| No. of Pieces RCP | Gross Weight | kg lb | Rate Class / Commodity Item No. | Chargeable Weight | Rate / Charge | Total | Nature and Quantity of Goods (incl. Dimensions or Volume) |
|---|---|---|---|---|---|---|---|
| | | | | | | | Luminous Paint - UN2910, Radioactive material, excepted package - limited quantity of material, 3 packages |

图 10－7　含放射性物质例外包装件的货运单

对于放射性物质的例外包装件，在货运单的“NATURE AND QUANTITY OF GOODS”（货物种类和数量）栏中要求填上与下列一种或几种相适合的内容。

（1）　“放射性物质，例外包装件，空包装，UN2908”

(RADIOACTIVE MATERIAL，EXCEPTED PACKAGE，EMPTY PACKAGING，UN2908)。

(2) “放射性物质，例外包装件，贫化铀制品，UN2909”(RADIOACTIVE MATERIAL，EXCEPTED PACKAGE，ARTICLES MANUFACTURED FROM DEPLETED URANIUM，UN2909)。

(3) “放射性物质，例外包装件，天然钍制品，UN2909”(RADIOACTIVE MATERIAL，EXCEPTED PACKAGE，ARTICLES MANUFACTURED FROM NATURAL THORIUM，UN2909)。

(4) “放射性物质，例外包装件，天然铀制品，UN2909”(RADIOACTIVE MATERIAL，EXCEPTED PACKAGE，ARTICLES MANUFACTURED FROM NATURAL URANIUM，UN2909)。

(5) “放射性物质，例外包装件，限量物质，UN2910”(RADIOACTIVE MATERIAL，EXCEPTED PACKAGE，LIMITED QUANTITY OF MATERIAL，UN2910)。

(6) “放射性物质，例外包装件，制品，UN2911”(RADIOACTIVE MATERIAL，EXCEPTED PACKAGE，ARTICLES，UN2911)。

(7) “放射性物质，例外包装件，仪器，UN2911”(RADIOACTIVE MATERIAL，EXCEPTED PACKAGE，INSTRUMENTS，UN2911)。

# 项目三 放射性物质的收运检查

## 任务一 放射性物质收运文件的填写

**【任务详解】**

放射性物质收运检查与非放射性危险品收运检查的方法、填制放射性物质收运检查单与非放射性危险品收运检查单的方法与问题处理相同，下面通过具体实例来学习放射性货物的收运检查。

1. 包装件实物（见图 10—8）

| | | |
|---|---|---|
| Date | : | 18 January 20 |
| Contents | : | Antimony-122 (Sb-122) in Special Form |
| UN Number | : | UN 2974 |
| Activity | : | 0.33 TBq |
| Type of Packing | : | Type B(U) Steel drum |
| Transport Index | : | 3.5 |
| Dimension | : | 25 × 25 × 40 cm |

Relevant competent authority certificates attached.

| | | |
|---|---|---|
| From | : | Brussels, Belgium |
| To | : | Detroit, MI, USA |
| Routing and operator | : | Brussels to Detroit by Sabena (SN) via Boston, MA, USA<br>The shipment has been booked with SN. |
| Aircraft type | : | The flight is operated as a **passenger aircraft.** |
| Gross weight | : | 60 kg |

***Note:*** *Authorization from the Belgium government has been obtained to transport radioactive material from Belgium as the quantity exceeds the limit specified in BEG-04.*

*Most radionuclides are included in 49CFR 172.101 App. A which lists Reportable Quantities (RQ) referred to in USG-04. Antimony-122 has an RQ of 10 Curies or .37 TBq. The above shipment falls below this, so USG-04 is not applicable. USG-04 indicates that a current list of hazardous substances and their "RQ" values may be obtained from the US appropriate authority.*

*The Type B(U) package design has been certified by the Office of Hazardous Materials Transportation in Washington, USA* ***(USG-10).***

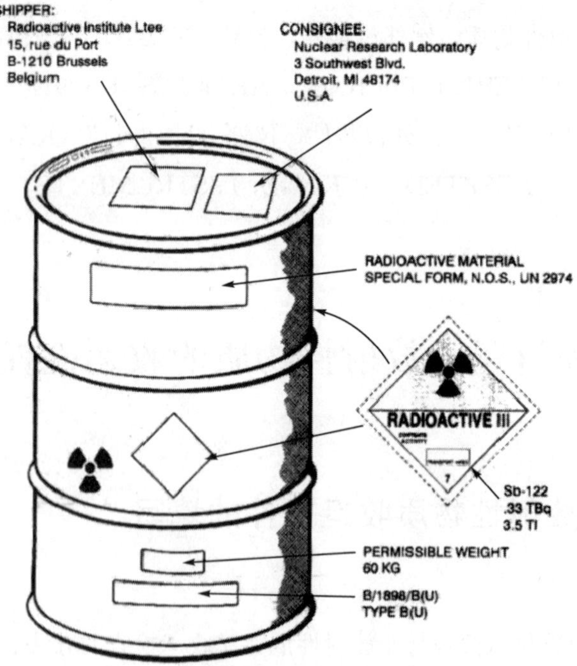


图 10—8　放射性货物包装件实物示意图

2. 货运单（见图 10—9）

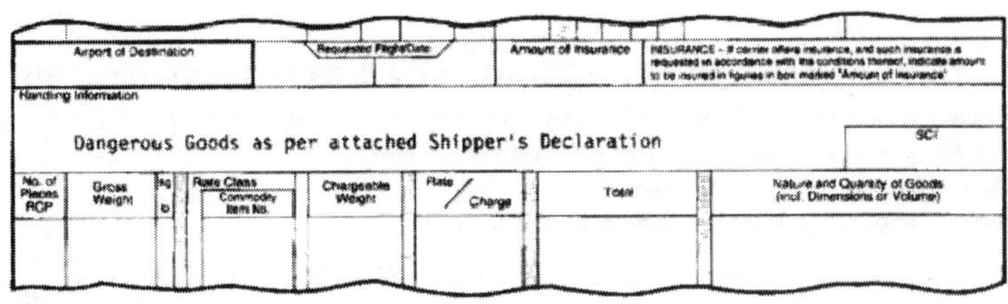

| Airport of Destination | Requested Flight/Date | Amount of Insurance | INSURANCE – If carrier offers insurance, and such insurance is requested in accordance with the conditions thereof, indicate amount to be insured in figures in box marked "Amount of Insurance" |
|---|---|---|---|

Handling Information

Dangerous Goods as per attached Shipper's Declaration　　SCI

| No. of Pieces RCP | Gross Weight | kg / lb | Rate Class / Commodity Item No. | Chargeable Weight | Rate / Charge | Total | Nature and Quantity of Goods (incl. Dimensions or Volume) |
|---|---|---|---|---|---|---|---|
| | | | | | | | |

图 10—9　放射性货物货运单

3. 托运人危险品申报单（见图 10—10）

**SHIPPER'S DECLARATION FOR DANGEROUS GOODS**

Shipper
Radioactive Institute Ltd.
15, rue du Port
B1210-Brussels
Belgium

Air Waybill No.　777-1234 5675
Page 1 of 1 Pages
Shipper's Reference Number (optional)

Consignee
Nuclear Research Laboratory
3 Southwest Blvd.
Detroit, MI 48174
USA

*For optional use for Company logo name and address*

*Two completed and signed copies of this Declaration must be handed to the operator.*

WARNING

Failure to comply in all respects with the applicable Dangerous Goods Regulations may be in breach of the applicable law, subject to legal penalties.

TRANSPORT DETAILS

This shipment is within the limitations prescribed for: *(delete non-applicable)*
PASSENGER AND CARGO AIRCRAFT　~~CARGO AIRCRAFT ONLY~~

Airport of Departure: BRUSSELS

Airport of Destination: DETROIT

Shipment type: *(delete non-applicable)*
NON-RADIOACTIVE　~~RADIOACTIVE~~

NATURE AND QUANTITY OF DANGEROUS GOODS

| Dangerous Goods Identification | | | | | | |
|---|---|---|---|---|---|---|
| UN or ID No. | Proper Shipping Name | Class or Division (Subsidiary Risk) | Packing Group | Quantity and type of packing | Packing Inst. | Authorization |
| UN2916 | Radioactive material, special form, n.o.s. | 7 | | Sb-122<br>One type B(U) steel drum<br>0.33 TBq | III-Yellow<br>3.8 TI<br>25×25×40cm | Special form Certificate B3456/S<br>Type B(U) package Certificate B1898/B(U)<br>attached |

Additional Handling Information

I hereby declare that the contents of this consignment are fully and accurately described above by the proper shipping name, and are classified, packaged, marked and labelled/placarded, and are in all respects in proper condition for transport according to applicable international and national governmental regulations. I declare that all of the applicable air transport requirements have been met.

Name/Title of Signatory
J.P Levy, Manager

Place and Date
Brussels, 13 January 2014

Signature (see warning above)　J.P. Levy

图 10—10　放射性货物托运人申报单

4. 收运检查单（见图 10—11）

**2014**
**DANGEROUS GOODS CHECKLIST FOR A RADIOACTIVE SHIPMI**

The recommended checklist appearing on the following pages is intended to verify shipments at origin.

Never accept or refuse a shipment before all items have been checked.

Is the following information correct for each entry?

**SHIPPERS DECLARATION FOR DANGEROUS GOODS (DGD)**

YES

1. Two copies in English and in the IATA format including the air certification statement [10.8.1.2; 10.8.1.4, 8.1.1 and 10.8.3.12.2] ☑
2. Full name and address of Shipper and Consignee [ [10.8.3.1, 10.8.3.2] ☑
3. If the Air Waybill number is not shown, enter it. [10.8.3.3] ☑
4. The number of pages shown [10.8.3.4] ☑
5. The non-applicable Aircraft Type deleted [10.8.3.5] ☑
6. If full name of Airport or City of Departure or Destination is not shown, enter it. [10.8.3.6 and 10.8.3.7] Information is optional ☑
7. The word "Non-Radioactive" deleted [10.8.3.8] ☐

**Identification**

8. UN Number, preceded by prefix "UN" [10.8.3.9.1, Step 1] ☑
9. Proper Shipping Name [10.8.3.9.1, Step 2] ☑
10. Class 7 [10.8.3.9.1, Step 3] ☑
11. Subsidiary Risk, in parentheses, immediately following Class [10.8.3.9.1, Step 4] and Packing Group if required for Subsidiary Risk [10.8.3.9.1, Step 5] ☐

**Quantity and Type of Packing**

12. Name or Symbol of Radionuclide(s) [10.8.3.9.2, Step 6 (a)] ☑
13. A description of the physical and chemical form if in other form [10.8.3.9.2, Step 6 (b)] ☐
14. "Special Form" (not required for UN 3332 or UN 3333) or low dispersible material [10.8.3.9.2, Step 6 (b)] ☑
15. The number and type of packages and the activity in becquerel or multiples thereof in each package. For Fissile Material the total weight in grams or kilograms of fissile material may be shown in place of activity [10.8.3.9.2, Step 7] ☑
16. For different individual radionuclides, the activity of each radionuclide and the words "All packed in one" [10.8.3.9.2, Step 7] ☐
17. Activity within limits for Type A packages [Table 10.3.A], Type B, or Type C (see attached competent authority certificate) ☑
18. Words "Overpack Used" shown on the DGD [10.8.3.9.2, Step 8] ☐

**Packing Instructions**

19. Category of package(s) or overpack [10.8.3.9.3, Step 9 and Table 10.5.C] ☑
20. Transport Index and dimensions (Length x Width x Height) for Category II and Category III only [10.8.3.9.3, Step 9] ☑
21. For Fissile Material the Criticality Safety Index or the words "Fissile Excepted" [10.8.3.9.3, Step 9] ☐

**Authorizations**

22. Identification marks shown and a copy of the document in English attached to DGD for the following [10.8.3.9.4, Step 10; 10.5.7.2.2]:
    - Special Form approval certificate ☑
    - Low dispersible material approval certificate ☐
    - Type B package design approval certificate ☑
    - Other approval certificates as required ☐
23. **Additional Handling Information** [10.8.3.11] ☐
24. **Name and Title (or Department) of Signatory, Place and Date** indicated [10.8.3.13 and 10.8.3.14] and **Signature** of Shipper [10.8.3.15] ☑
25. **Amendment** or alteration signed by Shipper [10.8.1.7] ☐

| | YES | NO* | N/A |
|---|---|---|---|
| **AIR WAYBILL–HANDLING INFORMATION** | | | |
| 26. The statement: "Dangerous goods as per attached Shipper's Declaration" or "Dangerous Goods as per attached DGD" [10.8.8.1(a)] | ☑ | ☐ | |
| 27. Cargo Aircraft Only or CAO, if applicable [10.8.8.1(b)] | ☐ | ☐ | ☑ |
| 28. Where non-dangerous goods are included, the number of pieces of dangerous goods shown [10.8.8.2] | ☑ | ☐ | ☐ |
| **PACKAGE(S) AND OVERPACKS** | | | |
| 29. Same number and type of packagings and overpacks delivered as shown on DGD | ☑ | ☐ | |
| 30. Unbroken transportation seal [10.6.2.4.1.2] and package in proper condition for carriage [9.1.3; 9.1.4] | ☑ | ☐ | |
| **Markings** | | | |
| 31. The UN Number [10.7.1.3.1] | ☑ | ☐ | |
| 32. The Proper Shipping Name [10.7.1.3.1] | ☑ | ☐ | |
| 33. The full Name and Address of the Shipper and Consignee [10.7.1.3.1] | ☑ | ☐ | |
| 34. The permissible gross weight if it exceeds 50 kg [10.7.1.3.1] | ☑ | ☐ | ☐ |
| 35. Type A packages, marked as per 10.7.1.3.4 | ☐ | ☐ | ☑ |
| 36. Type B packages, marked as per 10.7.1.3.5 | ☑ | ☐ | ☐ |
| 37. Type C packages, Industrial Packages and packages containing Fissile material marked as per 10.7.1.3.6, 10.7.1.3.3 or 10.7.1.3.7 | ☐ | ☐ | ☑ |
| **Labelling** | | | |
| 38. Two correctly completed Radioactive Hazard labels on opposite sides [10.7.3.3; 10.7.4.3.1] | ☑ | ☐ | |
| 39. Applicable label(s) identifying the Subsidiary [10.7.3.2; 10.7.4.3] | ☐ | ☐ | ☑ |
| 40. Two Cargo Aircraft Only labels, if required, on the same surface near the Hazard labels [10.7.4.2.4; 10.7.4.3.1; 10.7.4.4.1] | ☐ | ☐ | ☑ |
| 41. For fissile materials, two correctly completed Criticality Safety Index (CSI) labels on the same surface as the hazard labels [10.7.3.3.4; 10.7.4.3.1] | ☐ | ☐ | ☑ |
| 42. All displayed labels correctly located, affixed, and irrelevant marks and labels removed or obliterated [10.7.1.1; 10.7.2.1; 10.7.4] | ☑ | ☐ | |
| **For Overpacks** | | | |
| 43. Packaging markings as required must be clearly visible or reproduced on the outside of the overpack [10.7.1.4.1] | ☐ | ☐ | ☑ |
| 44. If more than one overpack is used, identification marks shown [10.7.1.4.2] | ☐ | ☐ | ☑ |
| 45. Hazard labels reflect total for overpack [10.7.3.4] | ☐ | ☐ | ☑ |
| **GENERAL** | | | |
| 46. State and Operator variations complied with [2.8] | ☐ | ☑ | ☐ |
| 47. Cargo Aircraft Only shipments, a cargo aircraft operates on all sectors | ☐ | ☐ | ☑ |
| 48. Packages containing Carbon dioxide solid (dry ice), the marking, labelling and documentary requirements complied with [Packing Instruction 954; 7.1.5.1 (d); 7.2.3.9] | ☐ | ☐ | ☑ |

Comments: ____________________

Checked by: ____________________

Place: ____________________ Signature: ____________________

Date: ____________________ Time: ____________________

*IF ANY BOX IS CHECKED "NO", DO NOT ACCEPT THE SHIPMENT AND GIVE A DUPLICATE COPY OF THIS COMPLETED FORM TO THE SHIPPER.

图 10－11 放射性货物收运检查单

# 任务二 放射性物质的装载要求

**【任务详解】**

## 一、限制

除经特殊安排外，任何表面辐射水平超过 2mSv/h（200mrem/h）的放射性物质包装件，不得收运；任何运输指数大于 10 的放射性物质包装件或集合包装，只能进行专载运输；B（M）型包装件和专载运输的放射性物质只能装在货机上运输。

任何飞机上的工业包装件内的 LSA 材料及 SCO 的总放射性活度不得超过表 10－9（《危险品规则》表 10.9.A）中的限定标准。

**表 10－9　飞机上工业包装件内 LSA 材料及 SCO 的活度限制（《危险品规则》表 10.9.A）**

| 材料性质 | 每架飞机的活度限制 |
|---|---|
| LSA-Ⅰ | 不受限制 |
| LSA-Ⅱ和 LSA-Ⅲ不可燃固体 | 不受限制 |
| LSA-Ⅱ和 LSA-Ⅲ可燃固体，及所有的液体和气体 | $100A_2$ |
| SCO | $100A_2$ |

不得空运带通气孔的 B（M）型包装件、需要用辅助制冷系统进行外部冷却的包装件、运输中需要进行操作控制的包装件以及内含发火材料的包装件。

## 二、装载限制

为使人体接触的辐射剂量保持在最低水平上，放射性物质的包装件应放在尽量远离旅客和机组人员的位置，比如下货舱地板上或主货舱的最后部分。表 10－11（《危险品规则》表 10.9.C）和表 10－12（《危险品规则》表 10.9.D）列出了放射性物质包装件与人的最小间隔距离，实际操作时，如果可行，应超过此规定距离装载。

当不需做特殊安排时，含有不同种类放射性物质的包装件，包括裂变物质的包装件，可以一起运输，不同运输指数的放射性物质的包装件也可以码放在一起运输而不需要主管当局的批准。如果是特殊安排的放射性物质，需经过主管当局的批准才允许混放。

除 LSA-1 材料的货物没有运输指数外，每架航空器上所装载的放射性物质包装件、集合包装和放射性专用货箱的总数量必须以表 10－10（《危险品规则》表 10.9.B）所列的最大运输指数为限定标准。

**表 10－10　放射性专用货箱及机型的 TI 及 CSI 限制（《危险品规则》表 10.9.B）**

<table>
<tr><td rowspan="3">放射性专用货箱种类或机型</td><td colspan="4">运输指数（TI）的最大总和</td><td colspan="2">临界安全指数（CSI）的最大总和</td></tr>
<tr><td colspan="2">非专载运输</td><td colspan="2">专载运输</td><td rowspan="2">非专载运输</td><td rowspan="2">专载运输</td></tr>
<tr><td>非易裂变物质</td><td>易裂变物质</td><td>非易裂变物质</td><td>易裂变物质</td></tr>
<tr><td>放射性专用货箱（小型）</td><td>50</td><td>50</td><td>—</td><td>—</td><td>50</td><td>—</td></tr>
<tr><td>放射性专用货箱（大型）</td><td>50</td><td>50</td><td>不限制</td><td>100</td><td>50</td><td>100</td></tr>
<tr><td>客机</td><td>50</td><td>50</td><td>—</td><td>—</td><td>50</td><td>—</td></tr>
<tr><td>货机</td><td>200</td><td>50</td><td>不限制</td><td>100</td><td>50</td><td>100</td></tr>
</table>

在正常运输的情况下，航空器外表面任何一点上的辐射水平不得超过 2mSv/h（200mrem/h），距飞机外表面 2m 处任何一点上的辐射水平不超过 0.1mSv/h（10mrem/h）。

当货物作为专载运输时，无单机运输指数总和限制，但适用最小间隔距离要求。易裂变物质在放射性专用货箱内以及机上的临界安全指数不得超过表 10－10 中显示的数值。

## 三、隔离要求

### 1. 与人的隔离

贴有Ⅱ级黄色和Ⅲ级黄色标签的放射性物质的包装件、集合包装或放射性专用货箱必须与人隔离。表 10－11（《危险品规则》表 10.9.C）和表 10－12（《危险品规则》表 10.9.D）列出了放射性物质与人之间的最小间隔距离。这个距离是指从包装件、集合包装或放射性专用货箱的表面到客舱或驾驶舱的内舱壁或地板的距离，不需要考虑放射性物质的运输时间。表 10－12（《危险品规则》表 10.9.D）仅适用于装在货机上运输的放射性物质，在这种情况下，最小间隔距离是指放射性物质包装件与驾驶舱或其他被人占据的区域的隔离距离。

**表 10－11 客、货机上放射性物质的间隔（《危险品规则》10.9.C）**

| 运输指数（TI）总和 | 最短距离 | |
|---|---|---|
| | m | ft. in. |
| 0.1～1.0 | 0.30 | 1′0″ |
| 1.1～2.0 | 0.50 | 1′8″ |
| 2.1～3.0 | 0.70 | 2′4″ |
| 3.1～4.0 | 0.85 | 2′10″ |
| 4.1～5.0 | 1.00 | 3′4″ |
| 5.1～6.0 | 1.15 | 3′10″ |
| 6.1～7.0 | 1.30 | 4′4″ |
| 7.1～8.0 | 1.45 | 4′9″ |
| 8.1～9.0 | 1.55 | 5′1″ |
| 9.1～10.0 | 1.65 | 5′5″ |
| 10.1～11.0 | 1.75 | 5′9″ |
| 11.1～12.0 | 1.85 | 6′1″ |
| 12.1～13.0 | 1.95 | 6′5″ |
| 13.1～14.0 | 2.05 | 6′9″ |
| 14.1～15.0 | 2.15 | 7′1″ |
| 15.1～16.0 | 2.25 | 7′5″ |
| 16.1～17.0 | 2.35 | 7′9″ |
| 17.1～18.0 | 2.45 | 8′1″ |
| 18.1～20.0 | 2.60 | 8′6″ |
| 20.1～25.0 | 2.90 | 9′6″ |
| 25.1～30.0 | 3.20 | 10′6″ |
| 30.1～35.0 | 3.50 | 11′6″ |
| 35.1～40.0 | 3.75 | 12′4″ |
| 40.1～45.0 | 4.00 | 13′1″ |
| 45.1～50.0 | 4.25 | 13′11″ |

如果航空器上装有一个以上的放射性物质的包装件、集合包装或放射性专用货箱，每个包装件、集合包装或放射性专用货箱的最小距离应当查

阅表 10－11（《危险品规则》表 10.9.C），根据包装件、集合包装或放射性专用货箱的运输指数的总和来确定。此外，如果将放射性物质的包装件、集合包装或放射性专用货箱分成几组码放，那么每组与客舱或驾驶舱地板或其他被人占据的区域的最小距离，应当根据每组的运输指数之和计算；但是组与组之间的隔离距离必须保证在其中运输指数之和较大那一组相对应的隔离距离的三倍以上。

如果航空器上装有一个以上的放射性物质的包装件、集合包装或放射性专用货箱，每个包装件、集合包装或放射性专用货箱的最小隔离距离应当查阅表 10－12（《危险品规则》表 10.9.D），根据包装件、集合包装或放射性专用货箱的运输指数的总和来确定。此外，如果将放射性物质的包装件、集合包装或放射性专用货箱分成几组码放，那么每组与最近内舱壁或驾驶舱地板或其他被人占据的区域的最小距离应当根据每组的运输指数之和计算；但是，组与组之间的隔离距离必须保证在其中运输指数之和较大那一组相对应的隔离距离的三倍以上。（注：运输指数的总和大于 200 的隔离距离只适用于专载运输的放射性物质。）

**表 10－12　仅限货机运输的放射性物质的间隔（《危险品规则》表 10.9.D）**

| 运输指数（TI）总数 | 最短距离 | |
|---|---|---|
| | m | ft. in. |
| 50.1～60 | 4.65 | 15′4″ |
| 60.1～70 | 5.05 | 16′8″ |
| 70.1～80 | 5.45 | 17′10″ |
| 80.1～90 | 5.80 | 19′0″ |
| 90.1～100 | 6.10 | 20′0″ |
| 100.1～110 | 6.45 | 21′2″ |
| 110.1～120 | 6.70 | 22′0″ |
| 120.1～130 | 7.00 | 23′0″ |
| 130.1～140 | 7.30 | 24′0″ |
| 140.1～150 | 7.55 | 24′10″ |
| 150.1～160 | 7.80 | 25′8″ |
| 160.1～170 | 8.05 | 26′6″ |

续表10－12

| 运输指数（TI）总数 | 最短距离 | |
|---|---|---|
| | m | ft. in. |
| 170.1～180 | 8.30 | 27′2″ |
| 180.1～190 | 8.55 | 28′0″ |
| 190.1～200 | 8.75 | 28′10″ |
| 200.1～210 | 9.00 | 29′6″ |
| 210.1～220 | 9.20 | 30′2″ |
| 220.1～230 | 9.40 | 30′10″ |
| 230.1～240 | 9.65 | 31′8″ |
| 240.1～250 | 9.85 | 32′4″ |
| 250.1～260 | 10.05 | 33′0″ |
| 260.1～270 | 10.25 | 33′8″ |
| 270.1～280 | 10.40 | 34′2″ |
| 280.1～290 | 10.60 | 34′10″ |
| 290.1～300 | 10.80 | 35′6″ |

### 2. 与未冲洗的胶卷或底片的隔离

贴有Ⅱ级黄色和Ⅲ级黄色标签的放射性物质的包装件、集合包装或放射性专用货箱必须与未冲洗的胶卷或底片隔离。表10－13（《危险品规则》表10.9.E）列出了所需的最小间隔距离，此距离是指从放射性物质的包装件、集合包装和放射性专用货箱的表面至未显影的胶卷或底片的包装件的最近表面的距离，此距离随着运输的时间的增加而加大。

**表10－13　放射性物质与胶卷和底片的间隔（《危险品规则》表10.9.E）**

| 运输指数(TI)总和 | 载运的持续时间 | | | | | | | | | | | |
|---|---|---|---|---|---|---|---|---|---|---|---|---|
| | 2小时或以下 | | 2～4小时 | | 4～8小时 | | 8～12小时 | | 12～24小时 | | 24～48小时 | |
| | m | ft. in. | m | ft. in. | m | ft. in. | m | ft. in. | m | ft. in. | m | ft. in. |
| 1 | 0.4 | 1′4″ | 0.6 | 2′0″ | 0.9 | 3′0″ | 1.1 | 3′8″ | 1.5 | 5′0″ | 2.2 | 7′2″ |
| 2 | 0.6 | 2′0″ | 0.8 | 2′8″ | 1.2 | 4′0″ | 1.5 | 5′0″ | 2.2 | 7′2″ | 3.1 | 10′2″ |
| 3 | 0.7 | 2′4″ | 1.0 | 3′4″ | 1.5 | 5′0″ | 1.8 | 5′10″ | 2.6 | 8′6″ | 3.8 | 12′6″ |

续表10－13

| 运输指数(TI)总和 | 载运的持续时间 | | | | | | | | | | | |
|---|---|---|---|---|---|---|---|---|---|---|---|---|
| | 2小时或以下 | | 2～4小时 | | 4～8小时 | | 8～12小时 | | 12～24小时 | | 24～48小时 | |
| | m | ft. in. | m | ft. in. | m | ft. in. | m | ft. in. | m | ft. in. | m | ft. in. |
| 4 | 0.8 | 2′8″ | 1.2 | 4′0″ | 1.7 | 5′8″ | 2.2 | 7′2″ | 3.1 | 10′2″ | 4.4 | 14′6″ |
| 5 | 0.8 | 2′8″ | 1.3 | 4′4″ | 1.9 | 6′2″ | 2.4 | 7′10″ | 3.4 | 11′2″ | 4.8 | 15′10″ |
| 10 | 1.4 | 4′8″ | 2.0 | 6′6″ | 2.8 | 9′2″ | 3.5 | 11′6″ | 4.9 | 16′0″ | 6.9 | 22′8″ |
| 20 | 2.0 | 6′6″ | 2.8 | 9′2″ | 4.0 | 13′2″ | 4.9 | 16′0″ | 6.9 | 22′8″ | 10.0 | 32′10″ |
| 30 | 2.4 | 7′10″ | 3.5 | 11′6″ | 4.9 | 16′0″ | 6.0 | 19′8″ | 8.6 | 28′2″ | 12.0 | 39′4″ |
| 40 | 2.9 | 9′6″ | 4.0 | 13′2″ | 5.7 | 18′8″ | 6.9 | 22′8″ | 10.0 | 32′10″ | 14.0 | 45′10″ |
| 50 | 3.2 | 10′6″ | 4.5 | 14′10″ | 6.3 | 20′8″ | 7.9 | 25′10″ | 11.0 | 36′0″ | 16.0 | 52′6″ |

注：上表的计算胶片使用辐射计量0.1mSv（10mrem）。

# 项目四　放射性物质事故

## 任务一　放射性物质事故处理要求

**【任务详解】**

### 一、包装件运输指数发生变化的处理

放射性物质收运后，包装件无破损、渗漏现象，且封闭完好，但经仪器测定，发现运输指数有变化，如果包装件的运输指数大于申报的1.2倍，应将其退回。

### 二、包装破损的处理

收运后发现包装件破损或有渗漏现象、封闭不严时，该包装件不得装入飞机或集装器。已经装入飞机或集装器的破损包装件必须卸下。在卸下飞机之前，必须划出它在机舱内的位置，以便检查和消除对机舱的污染。检查同一批货物的其他包装件是否有相似的损坏情况。搬运人员必须穿戴

防护用具作业，以避免受到辐射。除了检查和搬运人员外，任何人不得靠近破损包装件。查阅危险品申报单，按照“Additional Handling Information”（附加运送信息）栏中的文字说明，采取相应的措施尽量防止事故蔓延扩大。破损包装件应放入机场专门设计的放射性物质库内。如果没有专用库房，应放在室外，并应划出安全区，设置警戒线，悬挂警告牌。通知环境保护部门和（或）辐射防护部门，并由他们对货物、飞机及环境的污染程度进行测量和做出判断。必须按照环保部门和（或）辐射防护部门提出的要求，消除对机舱、其他货物和行李以及运输设备的污染。在机舱消除污染之前，飞机不准起飞。

当包装件破损，但内容物未泄漏时，操作人员应对包装件进行修复；当内容物泄漏而造成污染或环境辐射水平增高时，应立即划定区域并做出标记，尽快进行处理；当人员受到污染时，应在辐射防护或医疗人员指导下进行去污。

通知货运部门的主管人员对事故进行调查。通知托运人或收货人。未经主管部门同意，该包装件不得运输。

## 三、洒漏处理

在运输中，放射性物质包装件破损，内容物洒漏，会对周围环境造成不同程度的辐射污染。针对不同的洒漏情况，我们应采取相应的处理方法。

当剂量率较小的放射性物质的外层辅助包装损坏时，应及时修复。不能修复的，应换相同的外包装。调换后的外包装的运输指数不得大于原来的运输指数，否则应按新包装修改相应的运输文件和运输标志。

当放射性矿石、矿砂洒漏时，应将洒漏物收集，并调换破包。

如果A、B型包装件内容器受到破坏，放射性物质扩散到外面或外层包装受到严重破坏时，运输人员不能擅自处理，应立即向公安部门和卫生监督机构报告事故，并在事故地点划出适当的安全区，设置警戒区，悬挂警告牌。在划定安全区的同时，要用适当的材料进行屏蔽。对于粉末状物品，应该快速将其覆盖，以防粉尘飞扬扩大污染区域。

## 四、放射性污染的清除

在运输保管过程中及时清除放射性污染，这是内外照射防护的基本要求。实践证明，清除得越及时，除污效果就越好，污染扩散的机会也越小。清除放射性污染并不能消除放射性，而是将污染的放射性物质转移到安全场所，以便于辐射防护。在除污过程中，首先要防止污染面扩大。除污过程中所产生的废液、废物也有放射性，要按照放射性废物处理办法妥善处理，不能随意排放、倾倒。遇到燃烧、爆炸或可能危及放射性物质货包的事件时，应迅速将该包装件移至安全位置，并设专人看管。

由于放射性制剂的物理、化学性质不同，被污染物体的表面性质不同，所以放射性物质与被污染物体表面的结合方式不同，随之应采用的除污剂和除污染方法也不同。大致有以下五种方法。

（1）金属的车辆、货舱和作业工具，一般用肥皂水或洗涤剂浸泡刷洗，再用清水冲净，也可用9%～18%的盐酸或3%～6%的硫酸溶液浸泡刷洗后，再用清水冲净。

（2）橡胶制品，用肥皂水或稀硝酸溶液浸泡后，再用清水冲洗干净。

（3）布质用品，一般可用肥皂水洗涤后，再用清水洗净。如污染严重，可用专门的混合溶液浸泡，然后再清洗。如污染严重，且放射性核素半衰期又较长的，宜作废物处理。

（4）正常皮肤及黏膜除污染时，首先应通过辐射仪检查确定污染范围及程度，先保护好未被污染的皮肤，然后再用温肥皂水轻拭污染区，继而用温清水洗涤，这样可以去除绝大部分的污染。如还未达到要求，可用10%的二乙胺四醋酸（EDTA）溶液或6.5%高锭酸钾（P.P.）溶液清洗，再用清水冲洗。最后用辐射仪监测，直至达到要求。

（5）病态或破损皮肤及黏膜被污染后，要立即送往医院。

# 模块十一　锂电池及锂电池设备的运输

**【本模块要点】**

1. 锂电池的定义、分类和危险性。
2. 锂电池及其设备作为旅客或机组随身携带行李的规定。
3. 锂电池及其设备作为货物运输的相关规定。

## 项目一　锂电池概述

### 任务一　锂电池的定义、分类、危险性

**【任务详解】**

锂电池是指有用电路连接在一起的两个或多个含有锂的电池芯（包括金属锂、锂合金和锂离子、锂聚合物），并安装有使用所必需的装置，如外壳、电极端子、标记和保护装置等的电池。

电池芯是由一个正极和一个负极组成且两个电极之间有电位差的单一的、封闭的电化学装置。单芯电池被认为是“电池芯”，在进行 UN38.3 测试时按电池芯处理。

#### 一、锂电池的分类

锂电池大致可分为两类：锂金属电池（包括锂合金电池）和锂离子电池（包括锂离子聚合物电池）。

锂金属电池是指以锂金属或锂合金为阳极的电池。这些电池通常是不可充电的一次性电池，即无法重复使用。锂金属电池一般用作手表、计算器、相机、温度数据记录仪的能源。锂金属电池通常是不可充电的，且内含金属态的锂。

锂离子电池是一种可二次使用的电池（可充电），一般用于消费者电子行业，如移动电话、手提电脑等。锂离子电池不含有金属态的锂，并且是可以充电的。

## 二、锂电池货物运输的危险性

（1）锂电池高度易燃。

（2）极限温度、错误操作、外部加热、物理撞击等易造成电池外短路、内短路，导致电池体系被破坏，高温过热起火。

（3）短路的电池有可能产生足够的热使毗邻的电池也发生热失控，或引燃周围其他物品。

（4）锂电池一旦在飞行中起火燃烧，现在飞机上使用的灭火剂（Halon）不能将其扑灭，并且其燃烧产生的溶解锂会穿透货舱或产生足够压力冲破货舱壁板，使火势蔓延到飞机的其他部分。研究人员还发现，即使货舱内火情已被扑灭，其导致升高的货舱温度仍会使此类电池自燃并引发强烈燃烧。

# 项目二　锂电池及锂电池设备的运输

## 任务一　锂电池及锂电池设备的运输规定及标签

**【任务详解】**

## 一、一般规定

（1）锂电池芯及锂电池划归第9类危险品。

（2）客机上携带的日用类锂电池予以限制。

(3) 被制造商识别为存在安全缺陷或已经损坏，有可能产生危险放热、着火或短路的电池芯和电池禁止空运（如因安全原因被制造商召回的）。

(4) 除非始发国和运营人所在国主管当局批准，废旧锂电池和回收或销毁的锂电池禁止空运。

(5) 电池芯和电池必须加以保护以防止短路，也要防止与同一包装件内可能导致短路的导电材料接触。

(6) 锂电池芯及锂电池需要通过 UN38.3 测试。如没有 UN38.3 检测报告，在符合 A88 特殊规定后，可仅限货机运输。如没有 UN38.3 检测报告，也不符合 A88 特殊规定，则禁止航空运输。

UN38.3 测试是联合国《危险货物运输建议书——试验和标准手册》中规定的锂电池运输条件。该测试除检测电池的防短路、过充、过放等安全性能外，还模拟运输中的温度、压力、振动、碰撞等条件对电池进行测试（见图 11−1）。

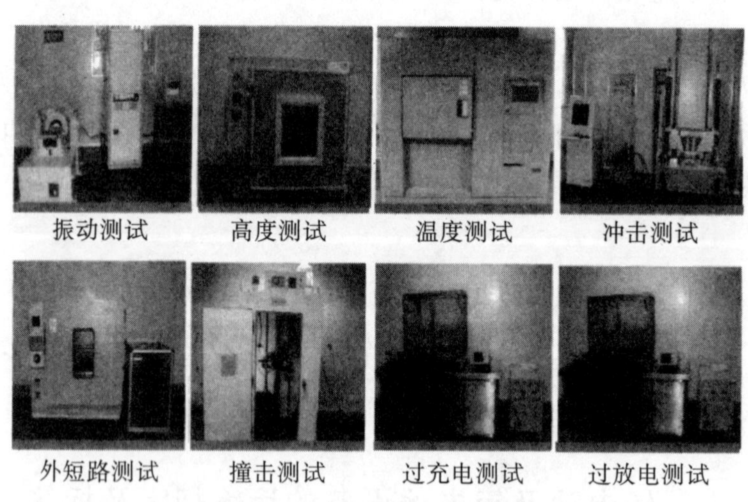


**图 11−1　锂电池 UN38.3 测试**

## 二、锂电池的运输标签

锂电池的运输标签见图 11−2。

图 11－2　锂电池的运输标签

## 任务二　旅客行李中锂电池的运输规定

**【任务详解】**

旅客或机组成员为个人自用并应作为自理行李携带的、内含锂或锂离子电池芯或电池的便携式电子装置（手表、计算器、照相机、手机、手提电脑、便携式摄像机等），备用电池必须单个做好保护以防短路（放入原零售包装或以其他方式将电极绝缘，如在暴露的电极上贴胶带或将每个电池放入单独的塑料袋或保护盒当中），并且仅能在自理行李中携带。

### 一、每一已安装电池或备用电池的限制

每一已安装电池或备用电池不得超过以下限制条件。

（1）每一个安装好的电池或备用电池不得超过：

①锂金属电池或锂合金电池的锂含量不能超过 2g；

②锂离子电池的瓦时额定值不能超过 100Wh。

（2）电池和电池芯必须通过联合国检测和标准手册第Ⅲ部分第 38.3 小节要求的测试。

（3）如果设备在乘客或机组人员的托运行李内，则必须采取措施防止意外启动。

尽管作为备用电池在乘客自理行李里携带时，没有对低于 2g 或是 100Wh 的锂金属或锂离子电池的数目施加限制，但必须强调，在乘客的旅程中使用的设备、备用电池的数目必须合理化。此外，这些电池必须可以驱动便携式电子设备。

对于大的锂离子电池，瓦时额定值超过 100Wh 但不超过 160Wh 时，

经运营人批准，可以作为备用电池在自理行李中携带或装在交运行李或自理行李中的设备上。每人不得携带超过两个单独得到保护的备用电池。

## 二、由锂离子电池驱动的代步工具使用的限制

作为托运行李并经运营人批准，由锂离子电池驱动的代步工具（例如轮椅），供由于残障、健康或年龄原因而行动受限或暂时行动不便的旅客使用，但须受以下一些条件限制。

(1) 电池所属类型必须符合联合国《试验和标准手册》第Ⅲ部分38.3小节规定的每项试验的要求。

(2) 运营人必须核实：

①电池牢固安装在代步工具上；

②电池两极能防止短路；

③电路已经绝缘。

(3) 代步工具在运载时必须采取保护措施，防止其由于行李、邮件、备用品或其他货物的移动而受到损坏。

(4) 如果代步工具经过专门设计，允许由用户拆下电池：

①必须卸下电池并在客舱中携带；

②电池两极必须能防止短路；

③必须保护电池免受损害；

④必须遵循制造商或装置所有人指示，将电池从代步工具上卸下；

⑤电池不得超过300Wh；

⑥最多可携带一个不超过300Wh或两个各不超过160Wh的备用电池。

(5) 必须将锂离子电池的位置通知机长；

(6) 旅客应事先报请每一个运营人做好安排。

锂电池和含锂电池设备行李运输表见表11－1。

**表 11-1　锂电池和含锂电池设备行李运输表**

<table>
<tr><th colspan="2">锂电池和带锂电池设备</th><th>额定能量或锂含量限制</th><th>行李类型</th><th>数量限制</th><th>批准</th><th>保护措施</th><th>通知机长</th></tr>
<tr><td colspan="2" rowspan="2">个人自用电子设备</td><td>≤100Wh 或≤2g</td><td rowspan="2">托运、手提或随身</td><td>—</td><td>—</td><td rowspan="2">防意外启动</td><td>—</td></tr>
<tr><td>100～160Wh</td><td>—</td><td>运营人批准</td><td>—</td></tr>
<tr><td colspan="2" rowspan="2">个人自用电子设备的备用电池</td><td>≤100Wh 或≤2g</td><td rowspan="2">手提或随身</td><td>见 7.5.1</td><td>—</td><td rowspan="2">单个保护</td><td>—</td></tr>
<tr><td>100～160Wh</td><td>每人 2 块</td><td>运营人批准</td><td>—</td></tr>
<tr><td colspan="2">便携式电子医疗装置</td><td rowspan="2">≤160Wh 或≤8g</td><td>托运、手提或随身</td><td>—</td><td rowspan="2">运营人批准</td><td>防意外启动</td><td>—</td></tr>
<tr><td colspan="2">便携式电子医疗装置的备用电池</td><td>手提或随身</td><td>每人 2 块</td><td>单个保护</td><td>—</td></tr>
<tr><td rowspan="2">电动轮椅或代步工具</td><td>电池不可卸</td><td>—</td><td>托运</td><td>—</td><td rowspan="4">运营人批准</td><td rowspan="4">电池防短路防受损</td><td rowspan="4">通知机长</td></tr>
<tr><td>电池可卸</td><td>≤300Wh</td><td>电池应卸下并手提</td><td>每人 2 块</td></tr>
<tr><td colspan="2" rowspan="2">电动轮椅或代步工具的备用电池</td><td>≤160Wh</td><td rowspan="2">手提</td><td rowspan="2">每人 1 块</td></tr>
<tr><td>≤300Wh</td></tr>
</table>

## 任务三　锂电池货物运输

**【任务详解】**

锂电池及其设备作为货物运输时有三种形式，即单独运输锂电池、安装在设备中、与设备包装在一起。

锂电池又分为锂离子电池和锂金属电池，因此锂电池及其设备作为货物运输时共有 6 种方式。

（1）UN3480：单独运输的锂离子电池（Lithium Ion Batteries）。

（2）UN3481：与设备包装在一起的锂离子电池（Lithium Ion Batteries Packed with Equipment）。

（3）UN3481：与设备安装在一起的锂离子电池（Lithium Ion Batteries Contained in Equipment）。

（4）UN3090：单独运输的锂金属电池（Lithium Metal Batteries）。

（5）UN3091：与设备包装在一起的锂金属电池（Lithium Metal

Batteries Packed with Equipment)。

（6）UN309I：与设备安装在一起的锂金属电池（Lithium Metal Batteries Contained in Equipment）。

详见表 11−2 和图 11−3、图 11−4 所示品名表及运输方式图解。

**表 11−2　锂电池及其设备品名表**

| 编号 | 名称和说明 | 英文名称 | 类别和项别 |
| --- | --- | --- | --- |
| 3090 | 锂金属电池（包括锂合金电池） | Lithium metal batteries (including lithium alloy batteries) | 9 |
| 3091 | 装在设备中的锂金属电池（包括锂合金电池） | Lithium metal batteries contained in equipment (including lithium alloy batteries) | 9 |
| 3091 | 与设备包装在一起的锂金属电池（包括锂合金电池） | Lithium metal batteries packed with equipment (including lithium alloy batteries) | 9 |

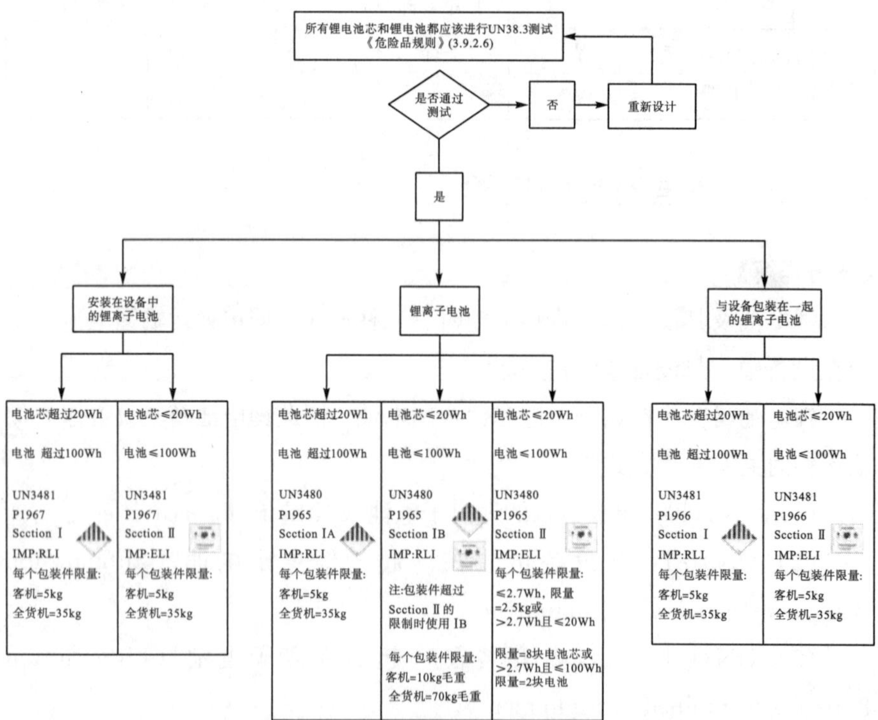


**图 11−3　锂离子电池及其设备运输导图**

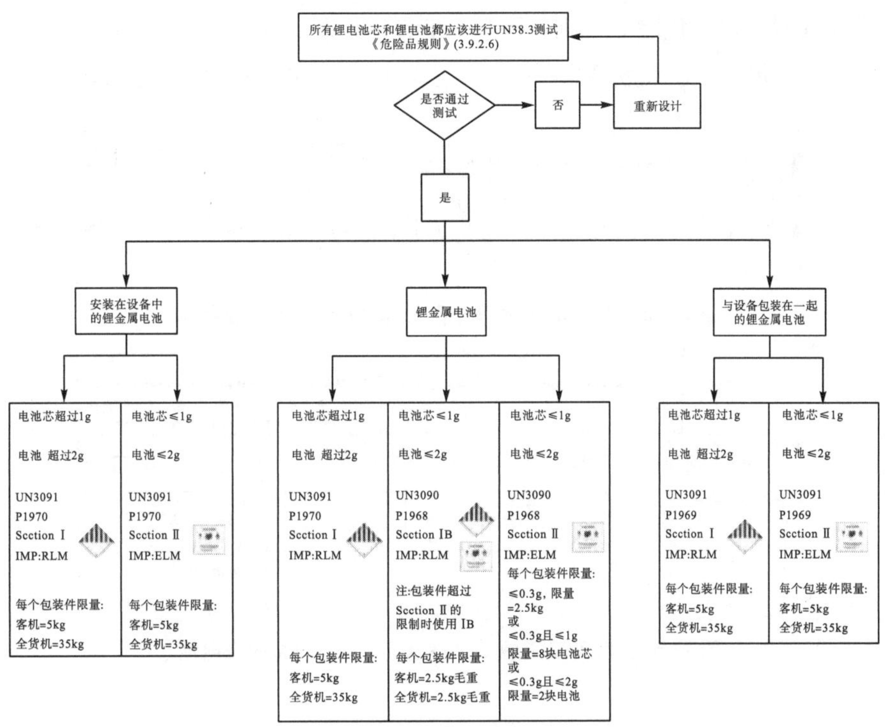


**图 11－4　锂金属电池及其设备运输导图**

1. Section I/IA 包装说明 965—970

锂离子和锂金属电池芯和电池（P1 965 & PI 968，Section 1A and PI 966，PI 967，PI969 & PI 970，Section I）需符合《危险品规则》里适用的所有要求。这些要求主要有如下六个方面。

（1）危险品培训，见《危险品规则》1.5。

（2）分类，见《危险品规则》3.9.2.6。

（3）锂电池包装件的限量，见《危险品规则》4.2 和适用的包装说明。

（4）联合国规格包装，见适用的包装说明，同时参见《危险品规则》第 6 章。

注：联合国规格包装不适用于 PI967 和 970。

（5）包装件的标记和标签，包装件不贴锂电池操作标签，只贴第 9 类危险性标签，适用时还有仅限货机标签。如果包装件装在集合包装内，还需要同时满足《危险品规则》7.1.4 和 7.2.7 集合包装的要求。

（6）填写托运人危险品申报单（见图 11－5）和货运单（见图 11－6）。

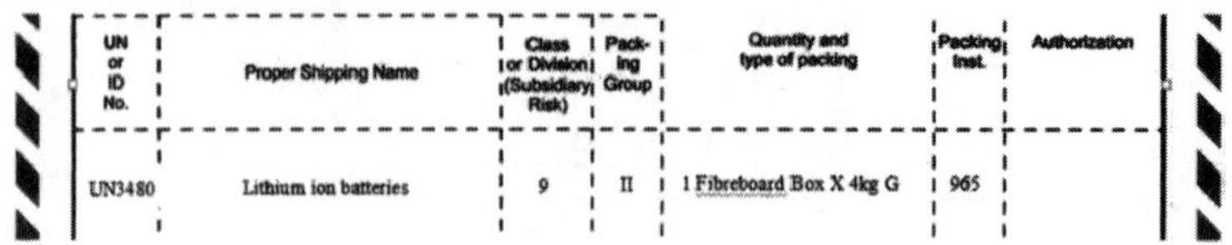

| UN or ID No. | Proper Shipping Name | Class or Division (Subsidiary Risk) | Packing Group | Quantity and type of packing | Packing Inst. | Authorization |
|---|---|---|---|---|---|---|
| UN3480 | Lithium ion batteries | 9 | II | 1 Fibreboard Box X 4kg G | 965 | |

图 11－5　危险品申报单（符合 Section I/1A 的锂电池）

| Airport of Destination | Requested Flight/Date | | Amount of Insurance | INSURANCE-if carrier offers insurance and such insurance is requested in accordance with the conditions thereof,indicates amount to be in figures in box marked "Amount if Insurance" |
|---|---|---|---|---|

Handling Information
Dangerous Goods as per attached Shipper's Declaration　SCI

| NO of Pieces RPC | Gross Weight | Kg lb | Rate class / Commodity Item No | Chargeable weight | Rate / Charge | Total | Nature and Quantity of Goods (incl.Dimensions or Volume) |
|---|---|---|---|---|---|---|---|
| | | | | | | | Lithium ion batteries |

图 11－6　危险品货运单（符合 Section I/1A 的锂电池）

2. Section IB 包装说明 965 和 968

锂离子或锂金属电池的瓦时数或锂含量符合 PI965 和 PI968 第二节的限制，但是重量或数量超出了表 965－Ⅱ或表 968－Ⅱ的限制时，除满足联合国规格包装要求和完整的托运人申报要求外，还需符合《危险品规则》规定的所有条款。

适用要求有如下六方面。

（1）危险品培训，见《危险品规则》1.5。

（2）分类，见《危险品规则》3.9.2.6。

（3）每个包装件的总量：限制，见适用的包装说明。

（4）坚固的外包装，见适用包装说明的 Section IB。

（5）包装件的标记标签，包装件必须粘贴锂电池操作标签和第 9 类危险性标签。如果包装件装在集合包装内，还需要同时满足《危险品规则》7.1.4 和 7.2.7 集合包装的要求。

（6）文件必须描述所托运货物的详细信息（Section IB of PI 965 or PI 968），见图 11－7。

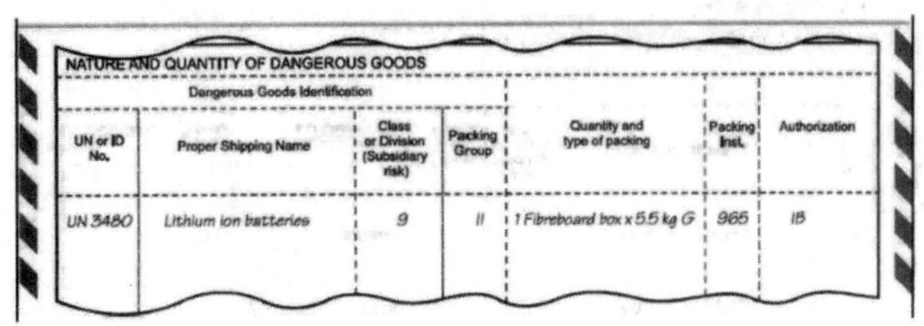

NATURE AND QUANTITY OF DANGEROUS GOODS

| Dangerous Goods Identification | | | | | | |
|---|---|---|---|---|---|---|
| UN or ID No. | Proper Shipping Name | Class or Division (Subsidiary risk) | Packing Group | Quantity and type of packing | Packing Inst. | Authorization |
| UN 3480 | Lithium ion batteries | 9 | II | 1 Fibreboard box x 5.5 kg G | 965 | IB |

图 11－7 符合 Section IB 的锂电池危险品申报单

3. SectionⅡ包装说明 965－970

锂离子或锂金属电池的瓦时数或锂含量符合 PI965 和 PI968 第二节限制时，只受《危险品规则》指定部分的限制。

（1）分类，见《危险品规则》3.9.2.6。

（2）每个包装件里的锂电池芯或电池的数量限制，见适用包装说明图Ⅱ。

（3）坚固的外包装，见适用包装说明第二部分。

（4）包装件的标记和标签，见适用的包装说明第二部分的附加要求。

（5）货物的详细说明描述，见适用包装说明第二部分的附加要求。

货运单填写示例见表 11－3。

注意：每个包装件内锂金属或锂离子电池或电池芯的数量超出 PI965（表 965－Ⅱ）和 PI988（表 968－Ⅱ）的限制时，必须按照“Section IB”运输。

**表 11-3　符合 Section Ⅱ的锂电池危险品货运单示例**

<table>
<tr><td rowspan="2">Airport of Destination</td><td colspan="3">Requested Flight/Date</td><td rowspan="2" colspan="2">Amount of Insurance</td><td rowspan="2" colspan="2">INSURANCE – if carrier offers insurance and such insurance is requested in accordance with the conditioners thereof, indicates amount to be in figures in box marked “Amount if Insurance”</td></tr>
<tr><td colspan="2"></td><td></td></tr>
<tr><td colspan="7">Handling Information</td><td>SCL</td></tr>
<tr><td rowspan="2">NO of Pieces RPC</td><td rowspan="2">Gross Weight</td><td rowspan="2">Kg lb</td><td>Rate class</td><td rowspan="2">Chargeable Weight</td><td rowspan="2">Rate/ Charge</td><td rowspan="2">Total</td><td rowspan="2">Nature and Quantity of Goods (Incl. Dimensions or Volume)</td></tr>
<tr><td>Commodity Item NO</td></tr>
<tr><td></td><td></td><td></td><td></td><td></td><td></td><td></td><td>Lithium ion batteries in compliance with Section Ⅱ of PI965</td></tr>
<tr><td colspan="4">Lithium ion batteries paced with equipment in compliance with Section Ⅱ of PI966</td><td colspan="4">Lithium ion batteries contained in equipment in compliance with Section Ⅱ of PI967</td></tr>
</table>

# 模块十二　危险品事故、事故征候

**【本模块要点】**

1. 危险品事故、事故征候的概念。
2. 发生危险品事故或事故征候时机上应急响应程序。
3. 各类危险品事故征候的地面应急救援措施。

## 项目一　危险品事故、事故征候

### 任务一　危险品事故、事故征候的概念

**【任务详解】**

"危险品事故"是指与危险品航空运输有关联，造成致命或严重人身伤害、重大财产损失或者破坏环境的事故。

"危险品事故征候"是指不同于危险品事故，但与危险品航空运输有关联，不一定发生在航空器上，但造成人员受伤、财产损坏或者破坏环境、起火、破损、溢出、液体渗漏、放射性渗漏或者包装物未能保持完整的其他情况。任何与危险品航空运输有关并严重危及航空器或者机上人员的事件都被认为构成危险品事故征候。

"违规行为"是指不构成危险品事故或事故征候，但与危险品航空运输有关，违反 CCAR－276－R1 部或《技术细则》的行为，包括但不限于旅客行李中夹带禁止携带的危险品，瞒报谎报危险品运输，危险品货物错

误粘贴标签，危险品未按规定装载、隔离，未按规定使用机长通知单等。

危险品如果得到适当准备和妥善包装，给航空运输带来的风险甚微。尽管如此，危险品运输各操作环节必须建立危险品应急响应预案，一旦发生危险品溢漏、火情或其他事故或事故征候，地面操作人员或机组成员都能够随时有效启动和实施该预案，采取适当步骤应对紧急情况，最大限度地保证人员安全、财产安全和飞行安全。

经营人通常在其危险品手册中制定危险品航空运输应急响应预案并确保人员按照手册中规定的程序和要求实施。机场管理机构通常将制定的危险品应急救援预案纳入民用运输机场突发事件应急救援预案管理，并按《民用运输机场突发事件应急救援管理规则》执行。机场管理机构还将机场危险品的管理和机场危险品应急救援预案内容纳入《民用机场使用手册》，及时修订机场危险品应急救援预案，确保该应急救援预案的有效性和实用性。

## 任务二　空中危险品事故、事故征候的应急处置

**【任务详解】**

经营人通常会参照国际民航组织的《红皮书》制定飞行机组和客舱机组的危险品应急响应程序，并将程序文件或包含该程序的手册配备在飞机上，供机组成员在需要时查阅使用和按照程序进行应急处置操作。

### 一、货舱等级和位置

1. 货舱的等级

在大多数国家的适航要求中，货舱被分为下列五个等级：

(1) A级。A级货舱或行李舱要求是：

①火情的存在易于被机组成员在其工作位置上发现；

②在飞行中易于接近该级舱内任何部位。

(2) B级。B级货舱或行李舱要求是：

①在飞行中有足够的通道使机组成员能够携带手提灭火器有效地到达舱内任何部位；

②当利用通道时，引起危险的一定量的烟、火焰或灭火剂不能进入任

何有机组或旅客的舱；

③有经批准的独立的烟雾探测或火灾探测系统，可在驾驶员或飞行工程师工作位置上给出警告。

（3）C级。C级货舱或行李舱是指不符合A级或B级舱要求的舱，但是该舱应具备下列条件：

①有经批准的独立的烟雾探测或火灾探测系统，可在驾驶员或飞行工程师工作位置上给出警告；

②有经批准的，可在驾驶员或飞行工程师工作位置上操纵的固定式灭火系统；

③有措施阻止危险量的烟、火焰或灭火剂进入任何有机组或旅客的舱；

④在舱内有控制通风和抽风的措施，使所用的灭火剂能控制舱内任何可能的火情。

（4）D级。D级货舱或行李舱的要求是：

①舱内发生的火灾将完全被限制在舱内，不会危及飞机或机上人员的安全；

②有措施阻止危险量的烟、火焰或其他毒性气体进入有机组或旅客的舱；

③可在每一舱内控制通风和抽风，使任何可能发生在舱内的火灾不会发展到超过安全限度；

④考虑到舱内高温对相邻的飞机重要部件产生的影响。

（5）E级。E级货舱是在飞机上仅限用于运载货物的舱，其要求是：

①有经批准的独立的烟雾探测或火灾探测系统，可在驾驶员或飞行工程师工作位置上给出警告；

②有措施切断进入舱内的或在舱内的通风气流，这些措施的操纵器件是机组舱内的飞行机组可以接近的；

③有措施阻止危险量的烟、火焰或毒性气体进入飞行机组舱；

④在任何装货情况下，所要求的机组应急出口是可以接近的。

### 2. 货舱的位置

A级货舱是小型货舱，可能位于驾驶舱和客舱之间，或者靠近航空器上的厨房区，或者在航空器后部。B级货舱通常要比A级货舱大很多，可能位于离驾驶舱较远的地方。在“康比”（Combi）航空器上，B级货舱位于驾驶舱和客舱之间或在客舱之后靠近机尾处。

C级货舱的容积通常比A级或B级大，这类货舱一般位于宽体航空器的舱板下。C级货舱可能有两个灭火系统，能在火情被第一次灭火初步控制后的一段时间后利用第二个灭火系统再次在货舱内灭火。

D级货舱没有装备火警探测和灭火系统，而被设计为通过严格限制氧气的供给来控制火情。D级货舱在大多数喷气式运输航空器上都位于客舱舱板之下。然而，必须意识到，某些危险品本身就产生氧气，因此不能推定D级货舱内的火定会自己熄灭。

E级货舱通常由货运航空器的整个主舱构成。

常规客机通常在客舱下配有C级或D级货舱。货机通常配有一个E级主货舱及D级和/或C级舱板下货舱。“康比”飞机通常配有一个B级主货舱，位于客舱的前方或后方，并配有一个位于舱板下的C级和/或D级货舱。较小的支线飞机，如果不像常规客机那样配有D级货舱，可仅配备一个A级货舱，通常位于靠近驾驶舱的区域。

直升机能够在主舱（一个A级货舱）内或在舱板下运载货物。舱板下的货舱不分等级，也丝毫不能抵御火灾。一些直升机的货舱位于航空器的后部，从直升机内部无法进入。这些货舱通常很小，不配备任何火警探测系统、灭火系统或内衬。

## 二、处置基本原则

在评估对发生的危险品事故征候或与危险品有关的事故征候所应采取的响应措施时，飞行机组需要考虑下列四个方面的情况。

（1）避免状态失控和最大限度地降低对机组、旅客等人员的影响。

（2）始终考虑尽快着陆。

（3）如果情况允许，机长应该根据特种货物机长通知单（NOTOC）将机上装载危险品的运输专用名称、类别、次要危险性、数量及装载位置的信息，或者在当时情况下被认为是上述信息中的最重要内容，通知给有关的空中交通管制部门，以便通知机场提前做好救援准备工作。

（4）始终执行适合该机型的灭火或排烟应急程序。在评估对发生的危险品事故征候或与危险品有关的事故征候所应采取的响应措施时，客舱机组需要考虑：

①在处理涉及火情或烟雾的事故征候时，时刻戴着气密呼吸设备，如果烟或烟雾在扩散，应迅速采取行动，将旅客从受影响区域转移，必要时提供湿毛巾或湿布；

②在有溢出物或在有烟雾存在的情况下，通常不使用水，因为水可能使溢出物扩散或者加速烟雾的生成，当使用水灭火器时，还应该考虑可能存在电气组件；

③如果火已扑灭，而且内包装显然完好无损，应考虑用水冷却包装件，从而避免复燃；

④在触摸可疑包装件或瓶子之前，应该将手保护好，例如用抗火手套或烤炉抗热手套罩上聚乙烯袋子作为保护；

⑤在擦干任何溢出物或渗漏物时，应该时刻小心谨慎，确保用来擦抹的物品与危险品之间不会产生反应，如果可能产生反应，不要试图擦干溢出物，要用聚乙烯袋子将其覆盖；

⑥如果没有聚乙烯袋子，就要注意确保盛装危险品的任何容器使用的任何物品与危险品本身不会产生反应；

⑦如果已知或疑似危险品以粉末形式溢出，切勿移动受到污染的物品，应将旅客从受影响污染区域转移，考虑关闭再循环风扇，不要用灭火剂覆盖溢出物或用水稀释，使用聚乙烯袋子或其他塑料袋和毯子覆盖有溢出物的区域，并将该区域隔离起来，着陆之后，由专业人员负责处理。

## 三、飞行机组的应急响应

### 1. 应急响应的准备

当机长得到所载运危险品的书面通知（NOTOC）后，起飞前，机长必须对所载运的危险品做好应急响应准备工作，包括检查飞机上应配备的《红皮书》或相应手册、《快速检查单》等机载文件是否齐全且放置在固定位置，检查 NOTOC 是否放置在随手可获取的地方，以便紧急情况下查阅使用。

2. 飞行机组危险品事故征候检查单

飞行机组可以参照下列检查单来处置机上与危险品有关的事故征候。该检查单是简化版的，详细的检查单可以查阅经营人在飞机上配备的《红皮书》或等效手册。

（1）在飞行过程中。

①遵循适当的航空器灭火或排烟应急程序。

②打开禁止吸烟指示灯：当有烟雾或蒸气存在时，应执行禁烟令，并在飞行的剩余时间里持续禁烟。

③考虑尽快着陆：鉴于任何危险品事故征候所带来的困难和可能造成的灾难性后果，应该考虑尽快着陆。应该提早而不是延迟做出在最近的合适机场着陆的决定，如果延迟做出决定，事故征候可能已发展到危急关头，从而严重限制操作上的灵活性。

④考虑关闭非必要的电源：由于事故征候可能是电力问题引起的，或者电气系统可能受到事故征候的影响，特别是由于灭火行动等可能损坏电力系统，故应关闭所有非必要的电气设备。仅保持那些对维持航空器安全必不可少的仪器、系统和控制装置的供电。不要恢复电力，直至这样做确实安全时为止。

⑤查明烟/烟雾/火的起源：查明烟/烟雾/火的起源可能很难做到。在查明事故征候的来源之后，才能切实有效地完成灭火或控制工作。

⑥对发生在客舱内的危险品事故征候的处置，参见客舱机组检查单。相关人员须协调驾驶舱/客舱机组的行动，协作处置：在客舱内发生的事故征候应由客舱机组按相应的检查单和程序来处理。客舱机组和飞行机组必须在行动上相互协作，每一组成员都须充分了解另一组成员的行动和意图。

⑦确定应急响应措施代码（从 NOTOC、机载的《红皮书》或相应手册中获取）：在查明物品之后，应在机长的危险品通知单上找到相应的条目。通知单上可能列出了适用的应急响应操作方法编号，如果没有列出，也可以按照通知单上的运输专用名称或联合国编号，并使用按字母顺序或按数字顺序排列的危险品一览表，查出该编号。如果引起事故征候的物品没有列在通知单上，应该设法确定该物质的名称或性质。然后可使用按字母顺序排列的危险品一览表来确定应急响应操作方法编号。

⑧根据“航空器应急响应操作方法图表”（见表 12－1）上的指南处理事故征候：给每一种危险品的操作方法指定一个编号，该编号由一个从 1 到 10 的数字加上一个字母组成。参考应急响应操作方法的图表，每一个操作方法编号与一行有关该物质造成的危险的信息以及应采取的行动指南相对应。操作方法字母在操作方法图表上单独列出，它表示该物质可能具有的其他危险性。

⑨如果情况允许，通知空中交通管制部门机上运载的危险品情况：根据 NOTOC，将危险品的运输专用名称、类别、次要危险性、数量及装载位置的信息，或者在当时情况下被认为是上述信息中的最重要内容，通知空中交通管制部门。

（2）着陆之后。

①在打开货舱门之前，让旅客和机组人员下机：即使在着陆之后已无必要完成紧急撤离，仍应在试图打开货舱门之前和在采取任何进一步行动来处理危险品事故征候之前，让旅客和机组成员下机。货舱门打开时应有应急服务人员在场。

②通知地面人员/应急救援人员物品的性质及其机上存放的地点：将 NOTOC 提供给地面救援人员。

③在航空器维修日志上做相应的记录。应该在维修日志上写明：需要进行检查，以确保危险品的渗漏或溢出未损坏航空器的结构或系统，某些航空器设备（如灭火器、应急响应包等）可能需要补充或更换。

3. 货机应急响应注意事项

危险品可以放在货机下货舱或主舱内运载。下面主要介绍在主货舱内发生的事故征候应急响应。

在货机的主舱内运载的危险品分为两大类：

①允许用客机运载的危险品或不需要遵守“可接近性”装载原则的“仅限货机”（CAO）运载的危险品。

②需要遵守“可接近性”装载原则的“仅限货机”（CAO）运载的危险品。其装载方式必须使机组人员能够搬运这些物品，并在体积和重量允许的情况下将此类包装件或合成包装件与其他货物分开。如果发生涉及这些危险品的事故征候，必须对进行实际干预的可行性做出评估。无论如

何，对可接近的和不可接近的危险品的处置，都应始终遵循标准的航空器应急程序。

设法确定主舱内发生的事故征候的原因时可以采取以下措施：

①设法找出事故征候的起源，并确定是否有烟雾或烟，或是否有溢出或渗漏痕迹；

②如果有烟雾或烟，采用适当的航空器灭火或排烟应急程序；

③确定所涉及的危险品，并确定该物品的应急响应操作方法编号（从NOTOC或者机载的《红皮书》或相应手册中获取）；

④使用表12－1和表12－2上的指南来处理事故征候。

**表12－1　航空器应急响应操作方法表**

| 处理操作方法 | 固有危险性 | 对飞机的危险 | 对机上人员的危险 | 溢出或渗漏的处理程序 | 灭火措施 | 其他考虑因素 |
|---|---|---|---|---|---|---|
| 1 | 爆炸可能引起结构破损 | 起火和/或爆炸 | 操作方法字母所指出的危险 | 使用100％氧气；禁止吸烟 | 使用所有可用的灭火剂；使用标准灭火程序 | 可能突然失去增压 |
| 2 | 气体、非易燃，可能在火中产生危险 | 最小 | 操作方法字母所指出的危险 | 使用100％氧气；对于操作方法字母为"A""i""P"的物品，要最大限度保持通风 | 使用所有可用的灭火剂；使用标准灭火程序 | 可能突然失去增压 |
| 3 | 易燃液体或固体 | 起火和/或爆炸 | 烟、烟雾和高温；以及操作方法字母所指出的危险 | 使用100％氧气；最大限度保持通风；禁止吸烟；尽可能少地使用电气设备 | 使用所有可用的灭火剂；对于操作方法字母为"W"的物品，禁止使用水灭火 | 可能突然失去增压 |
| 4 | 当暴露于空气中时，可自燃或发火 | 起火和/或爆炸 | 烟、烟雾和高温；操作方法字母所指出的危险 | 使用100％氧气；最大限度保持通风 | 使用所有可用的灭火剂；对于操作方法字母为"W"的物品，禁止使用水灭火 | 可能突然失去增压；如果操作方法字母为"F"或"H"，尽可能少用电气设备 |

**续表**12—1

| 处理操作方法 | 固有危险性 | 对飞机的危险 | 对机上人员的危险 | 溢出或渗漏的处理程序 | 灭火措施 | 其他考虑因素 |
|---|---|---|---|---|---|---|
| 5 | 氧化性物质，可能引燃其他材料，可能在火的高温中爆炸 | 起火和/或爆炸、可能的腐蚀损坏 | 刺激眼睛、鼻子和喉咙，接触造成皮肤损伤 | 使用100%氧气；最大限度保持通风 | 使用所有可用的灭火剂；对于操作方法字母为“W”的物品，禁止使用水灭火 | 可能突然失去增压 |
| 6 | 有毒物质*，如果吸入、摄取或被皮肤吸收，可能致命 | 被有毒*的液体或固体污染 | 剧毒，造成的伤害可能会延迟发作 | 使用100%氧气；最大限度保持通风；不戴手套不可接触 | 使用所有可用的灭火剂；对于操作方法字母为“W”的物品，禁止使用水灭火 | 可能突然失去增压；如果操作方法字母为“F”或“H”，尽可能少用电气设备 |
| 7 | 从破损的/未防护的包装件中产生的辐射 | 被溢出的放射性物质污染 | 暴露于辐射中，并对人员造成伤害 | 不要移动包装件；避免接触 | 使用所有可用的灭火剂 | 请一位有相关专业知识的人员接机 |
| 8 | 具有腐蚀性，烟雾如果被吸入或与皮肤接触可致残 | 可能造成腐蚀性损坏 | 刺激眼睛、鼻子和喉咙；接触造成皮肤损伤 | 使用100%氧气；最大限度保持通风；不戴手套不可接触 | 使用所有可用的灭火剂；对于操作方法字母为“W”的物品，禁止使用水灭火 | 可能突然失去增压；如果操作方法字母为“F”或“H”，尽可能少用电气设备 |
| 9 | 没有一般的固有危险 | 操作方法字母所指出的危险 | 操作方法字母所指出的危险 | 使用100%氧气；对于操作方法字母为“A”的物品，要最大限度保持通风 | 使用所有可用的灭火剂；对于操作方法字母为“Z”的物品，可以使用水灭火（如有）；对于操作方法字母为的物品，禁止使用水 | 操作方法字母为“Z”的物品，考虑立即着陆 |

续表 12-1

| 处理操作方法 | 固有危险性 | 对飞机的危险 | 对机上人员的危险 | 溢出或渗漏的处理程序 | 灭火措施 | 其他考虑因素 |
|---|---|---|---|---|---|---|
| 10 | 气体，易燃，如果有任何火源，极易着火 | 起火和/或爆炸 | 烟、烟雾和高温；操作方法字母所指出的危险 | 使用100%氧气；最大限度保持通风；禁止吸烟；尽可能少用电气设备 | 使用所有可用的灭火剂 | 可能突然失去增压 |
| 11 | 感染性物质，如果通过黏膜或外露的伤口吸入、摄取或吸收，可能会对人或动物造成影响 | 被感染性物质污染 | 人或动物受到的伤害可能会延迟发作 | 不要接触。在受影响区域保持最低程度的再循环和通风 | 使用所有可用的灭火剂。对于操作方法字母为“Y”的物品，禁止使用水灭火 | 请一位有相关专业知识的人员接机 |

**表 12-2 航空器应急响应操作方法字母和附加危险**

| 操作方法字母 | 附加危险 | 操作方法字母 | 附加危险 |
|---|---|---|---|
| A | 有麻醉作用 | M | 有磁性 |
| C | 有腐蚀性 | N | 有害 |
| E | 有爆炸性 | P | 有毒（TOXIC）*（POISON） |
| F | 易燃 | S | 自燃或发火 |
| H | 高度可燃 | W | 如果潮湿，释放有毒*或易燃气体 |
| I | 有刺激性/催泪 | X | 氧化性物质 |
| L | 其他危险低或无 | Y | 根据感染性物质的类别而定，有关主管部门可能需要对人员、动物、货物和飞机进行隔离 |
| | | Z | 航空器货舱灭火系统可能不能扑灭或抑制火情，考虑立即着陆 |

*：TOXIC与POISON（有毒）意思相同

## 四、客舱机组的应急响应

客舱机组在处置机上危险品事故征候或与危险品有关的事故征候时，可以参照下列危险品事故征候检查单。该检查单是简化版的，检查单详细内容可以查阅飞机上配备的《红皮书》或经营人的相关手册。

客舱机组危险品事故征候检查单主要包含下列五方面内容。

（1）最初行动：

①通知机长；

②查明物品。

(2) 如果发生火情：

使用标准程序/检查水的使用。

(3) 如果发生涉及便携式电子装置的火情：

①使用标准程序/拿到并使用灭火器；

②拔掉装置的外部电源（如有）；

③在装置上洒水（或其他不可燃液体），以使电池芯冷却并防止相邻电池芯起火；

④不要移动装置；

⑤如果装置原来是接通电源的，则拔掉相连接的电源插座，直至确定航空器系统无故障。

(4) 如果出现溢出或渗漏：

①取出应急响应包或其他有用的物品；

②戴上橡胶手套和防烟面罩；

③将旅客从该区域撤走并分发湿毛巾或湿布；

④将危险品装入聚乙烯袋子中，如果已知或疑似危险品以粉末形式溢出：一切物品均应保持不动；不要使用灭火剂或水；用聚乙烯袋子或其他塑料袋和毯子覆盖该区域；将该区域隔离起来，直至着陆。

⑤存放聚乙烯袋子；

⑥采用处理危险品的方式来处理被污染的座椅垫/套；

⑦覆盖地毯/地板上的溢出物；

⑧定期检查所存放的物品/被污染的设备。

(5) 着陆之后：

①向地面工作人员指明危险品及其存放地点；

②在维修本上做相应记录。

## 任务三　危险品事故、事故征候地面应急救援措施

**【任务详解】**

在危险品的运输中，如果托运人申报单的填写，危险品的包装、标

记、标签、装载和存储等各个环节都完全符合要求，在正常运输条件下是完全可以保证运输安全的。危险品发生事故往往是由托运人违反规定或者承运人违章操作而造成的。

收运时，承运人必须认真做好检查工作。对于已发现有破损的包装件，承运人必须坚决拒收，退回托运人，使其改换包装。如果包装件的破损发生在起运之后，承运人必须采取相应措施，在确保安全的前提下，使运输继续进行。如果危及安全，则必须将破漏的包装另行处理。对发生火灾并可能危及危险品包装件的情况，应立即报火警，同时说明现在存在的危险品的种类、数量、性质及现场备有的消防器材，并且将危险品包装件抢运到安全距离之外。事故出现后，承运方的有关人员应该采取有效措施，尽量把危害、损失控制在最低限度内。

## 一、危险品地面应急响应的一般程序

当发生危险品包装件破损、泄漏等事故征候时，地面操作人员应遵守的应急响应基本程序如下。

（1）首先要依据规定的报告程序进行报告，由上级主管视情况决定向专业救援机构求救和启动应急预案。

①向提供相应专业救援的消防、公安、医院、放射防护或防爆等机构求助。

②尽量告知救援人员出事地点、危险品类别、人员受伤情况或货物、财产损害程度。

（2）在保证安全的前提下，识别该危险品。

①可以观察危险品包装件上的标记和标签，获取危险品种类的信息、运输专用名称、UN 编号等。

②如无法在安全的前提下通过观察包装件来获取信息，可通过调阅运输文件以获取危险品的运输专用名称、UN 编号、类别、数量、托运人和收货人的姓名、电话等。

（3）在保证安全的前提下，将其他包装件或财产搬开，隔离该危险品；否则，人员应迅速从发生现场撤离并保护好现场，并应立即在安全距离范围设立隔离区域，严禁无关人员靠近。

（4）避免接触该危险品包装件的泄漏物。

（5）若身体或衣服接触到了该危险品包装件的泄漏物，应该注意以下五点：

①用大量的清水彻底冲洗身体；

②脱掉被污染的衣服；

③不要吃东西或抽烟；

④不要用手碰眼睛、嘴和鼻子；

⑤寻求医疗救助。

（6）应对事故征候中所涉及的有关人员做好记录。任何人员接触过第6类、第7类、第8类危险品，应向有关检疫和医务人员报告。

## 二、各类危险品的应急响应措施

1. 爆炸品

（1）破损包装件的处理。

若收运后发现爆炸品包装件破损，则破损包装件不得装入飞机或集装器。已经装入的，必须马上卸下，认真检查同一批货物的其他包装件，看是否有相似的破损或是否已受到了污染。将破损的包装件及时转移至安全地点，立即通知有关部门（如货运部门）进行事故调查和处理，并通知托运人或收货人。在破损包装件附近严禁烟火。

（2）洒漏处理。

这里所指的洒漏处理是就运输的某一个环节而言，危险品的运送作业已经完成，而对在运送作业环境如货舱或仓库留有的危险品残余物的处理。对爆炸品的洒漏物，应及时用水润湿，撒以锯末或棉絮等松软物品，轻轻收集，并保持相当湿度，报请消防部门或公安部门处理。

（3）火灾应急措施。

①严禁用砂土灭火，采用水灭火可达到良好的效果。

②对于1.4项的爆炸品包装件，除含卤素灭火剂的灭火器外，可以使用其他任何灭火器。对于在特殊情况下运输的1.1、1.2、1.3或1.5项爆炸品，应由政府主管当局预先指定可使用的灭火器种类。

③属于1.4S配装组的爆炸品发生事故时，只要包装未被损坏就可以把任何危险都限制在包装件内，不会妨碍在附近采取消防或其他应急

措施。

④对于 1.4S 配装组以外的 1.4 项爆炸品，外部明火难以引起其包装件内装物品的瞬时爆炸。

2. 气体

(1) 破损包装件的处理。

收运后发现包装破损，或有气味，或有气体泄漏迹象，则破损包装件不得装入飞机或集装器。已经装入的必须卸下，认真检查同一批货物的其他包装件是否有相似的损坏情况或是否已受到污染。在包装件有气体泄漏迹象时，应避免人员吸入漏出气体。如果易燃或非易燃无毒气体泄漏发生在室内，则必须打开所有门窗，使空气充分流通。然后由专业人员将其移至室外。如果泄漏的气体是毒性气体，则应由戴防毒面具的专业人员处理。在易燃气体破损包装件附近，不准吸烟，严禁任何明火，不得开启任何电器开关，任何机动车辆不得靠近。同时应立即通知主管人员进行事故调查和处理，并通知托运人或收货人。

(2) 注意事项。

装有深冷冻气体的非压力包装件，如在开口处有少量的气体漏出，放出可见蒸气并在包装附近形成较低温度，属正常现象，不应看作事故。

(3) 火灾应急措施。

当漏出的气体着火时，如有可能，应将毗邻的气瓶移至安全距离以外，并设法阻止逸漏。若漏出的气体已着火，不得在气体停止逸漏之前将火扑灭。否则可燃气体就会聚集，从而形成爆炸性或毒性和窒息性混合气体，因此在停止逸漏之前应先对容器进行冷却，在能够设法停止逸漏时将火扑灭。当逸漏着火的气瓶是在地面上，而又有利于气体的安全消散时，可用正常的方法将火扑灭；否则，应用大量的水冷却，防止气瓶内压力升高。当其他物质着火威胁气瓶的安全时，应用大量的水喷洒气瓶，使其保持冷却，如有可能，应将气瓶从火场或危险区移走。对已受热的乙炔瓶，即使在冷却之后，也有可能发生爆炸，故应长时间冷却至环境温度时的允许压力，且不再升高时为止。如在水上运输时可投到水中。

3. 易燃液体

(1) 破损包装件的处理。

收运后发现包装件漏损，则此包装件不得装入飞机和集装器。已经装入的必须卸下，认真检查同一批货物的其他包装件是否有相似的损坏情况和是否已受到污染。在漏损包装件附近，不准吸烟，严禁任何明火，不得开启任何电器开关。将漏损包装件移至室外，通知主管人员进行事故调查和处理，并通知托运人或收货人。

（2）洒漏处理。

库房内或机舱内的易燃液体漏出，应通知消防部门，并应清除洒漏出的易燃液体。机舱在被清理干净之前，飞机不准起飞。易燃液体发生洒漏时，应及时以砂土覆盖，或用松软材料吸附后，集中至空旷安全地带处理。覆盖时特别要注意防止液体流入下水道、河道等地方，以防污染。更主要的是，如果液体浮在下水道或河道的水面上，其火灾隐患更严重。在销毁收集物时，应充分注意燃烧时所产生的毒性气体对人体的危害，必要时应戴防毒面具。

（3）火灾应急措施。

易燃液体一旦着火，发展迅速而猛烈，有时甚至发生爆炸且不易扑救，所以平时要做好充分的灭火准备，根据不同液体的特性、易燃程度和灭火方法，配备足够、相应的消防器材，并加强对职工的消防知识教育。灭火方法主要是根据易燃液体比重的大小、能否溶于水和灭火剂来确定。一般来说，对比水轻，且又不溶于水或微溶于水的烃基化合物，如石油、汽油、煤油、柴油、苯、乙醚、石油醚等液体的火灾，可用泡沫、干粉和卤代烷等灭火剂扑救。当火势初燃、面积不大或可燃物不多时，也可用二氧化碳扑救。对重质油品，有蒸汽源的还可选择蒸汽扑救。

能溶于水或部分溶于水的易燃液体，如甲醇、乙醇等醇类，乙酸乙酯、乙酸戊酯等酯类，丙酮、丁酮等酮类液体着火时，可用雾状水或抗溶性泡沫、干粉和卤代烷等灭火剂进行施救；不溶于水，且比重大于水的易燃液体如二硫化碳等着火时，可用水扑救，因为水能覆盖在这些易燃液体的表面，使之与空气隔绝，但水层必须要有一定的厚度。

易燃液体大多具有麻醉性和毒害性，灭火时应站在上风头，穿戴必要的保护用具，采用正确的灭火方法和战术。灭火中如有头晕、恶心、发冷等症状，应立即离开现场，安排休息，严重者速送往医院诊治。

4. 易燃固体、自燃物质及遇水释放易燃气体的物质

(1) 破损包装件的处理。

自燃物质的包装件应远离任何热源。遇湿易燃物品的破损包装件，应避免与水接触，用防水帆布盖好。其他的处理方法同易燃液体。

(2) 洒漏处理。

易燃固体洒漏量大的可以收集起来，另行包装，收集的洒漏物不得任意摆放、抛弃，应作深埋处理。处理能与水发生反应的洒漏物时不能用水，但清扫后的现场可以用大量的水冲洗。

(3) 火灾应急措施。

易燃固体着火，绝大多数可以用水扑救，尤其是潮湿的爆炸品和通过摩擦可能起火或促成起火的固体以及丙类易燃固体等均可用水扑救，就近可取的泡沫灭火器、二氧化碳灭火器、干粉灭火器等也可用来应急。

自燃物质可用水施救，且最好浸于水中；潮湿的棉花、油纸、油绸、油布、赛璐珞、碎屑等有积热自燃危险的物品着火时，一般都可以用水扑救。

遇水释放易燃气体的物质着火时除绝对不可用水和含水的灭火剂施救外，二氧化碳、氮气、卤代烷等不含水的灭火剂也是不可使用的。因为遇水释放易燃气体的物质都是碱金属、碱土金属以及这些金属的化合物，它们不仅遇水易燃，而且在燃烧时可产生相当高的温度，在高温下这些物质大部分可与二氧化碳、卤代烷发生反应，故不能用其扑救遇水释放易燃气体的物质的火灾。如卤代烷与燃烧着的钠接触，会立即生成一团碳雾，使燃烧更加猛烈；氮气不燃、无毒、不含水，用来扑救遇水释放易燃气体的物质火灾应该说是可以的，但是因为氮能与金属锂直接化合生成氮化锂，氮与金属钙在500℃时可生成氮化钙，所以，遇水释放易燃气体的物质着火不可使用水、泡沫（各种泡沫灭火剂）、二氧化碳、卤代烷、氮气等灭火剂施救。

5. 氧化性物质和有机过氧化物

(1) 破损包装件的处理。

其他危险品（即使是包装完好的）和所有易燃的材料（如纸、硬纸

板、碎布等）均不准靠近氧化性物质和有机过氧化物的漏损包装件，应使任何热源远离有机过氧化物的包装件，其他的处理方法与易燃液体相同。

（2）洒漏处理。

较大量的氧化性物质洒漏，应轻轻扫起，另行灌装。这些从地上扫起重新包装的氧化性物质，因接触过空气，为防止发生变化，须留在发货处适当地方，观察 24 小时以后，才能重新入库堆存，再另行处理。洒漏的少量氧化性物质或残留物应清扫干净，进行深埋处理。

（3）火灾应急措施。

氧化性物质着火或被卷入火中时，会放出氧而加剧火势，即使在惰性气体中，火仍然会自行延烧；将货舱、容器、仓房封死，或者用蒸汽、二氧化碳及其他惰性气体灭火都是无效的；如果用少量的水灭火，还会引起物品中过氧化物的剧烈反应，因此应使用大量的水或用水淹浸的方法灭火，这是控制氧化性物质火灾的最为有效的方法。有机过氧化物着火或被卷入火中时，可能导致爆炸。所以，应迅速将这些包装件从火场移开，人员应尽可能远离火场，并在有防护的位置用大量的水来灭火。卷入火中或暴露于高温下的有机过氧化物包装件会随时发生剧烈分解，即使火已扑灭，在包装件未被完全冷却之前，也不应接近这些包装件，应用大量的水冷却。如有可能，应在专业人员的技术指导下，对这些包装件进行处理；如果没有这种可能，在水上运输时，若情况紧急应考虑将其投弃水中。

6. 毒性物质和感染性物质

（1）破损包装件的处理。

收运后发现毒性物质包装件漏损，或有气味，或有轻微的渗漏时，此包装不得装入飞机和集装器，已经装入的必须卸下，认真检查同一批货物的其他包装件是否有相似的损坏情况和是否受到了污染。现场人员应避免皮肤接触此漏损的包装件，避免吸到有毒蒸气。搬运漏损包装件的人员，必须戴上专用的橡胶手套，手套使用后应处理掉，并且必须在搬运后 5 分钟内用流动的水把手洗净。将漏损包装单独存入小库房内，通知主管人员进行事故调查和处理，并通知托运人或收货人。

收运后发现感染性物质包装件漏损，或有轻微的渗漏时，此包装件不得装入飞机或集装器，已经装入的必须卸下，认真检查同一批货物的其他包装件是否有相似的损坏情况和是否已受到了污染。漏损包装件最好不移动或尽可能少移动。在不得不移动的情况下，如从飞机上卸下，为减少传染的机会应只由一人进行搬运。搬运时，应严禁皮肤直接接触，必须戴上专用的橡胶手套，手套使用后用火烧毁。禁止其他任何人员进入距漏损包装件 5m 的范围区域内。应及时将有关情况报告给环境保护部门和卫生检疫部门，这些情况包括危险品申报单上所述的有关包装件的情况，与漏损包装件接触过的全部人员名单，漏损包装件在运输过程中已经过的地点，即该包装件可能影响的范围。严格按照环保部门和检疫部门的要求，消除漏损包装对机舱、其他货物、行李以及运输设备的污染，及时通知主管人员进行事故调查和处理，并通知托运人或收货人。此类物品的漏损包装件未经检疫部门的同意不得运输。

（2）洒漏处理。

如果毒害品的液体或粉末在库房内或机舱内漏出，应通知卫生检疫部门，并由他们对污染的库房、机舱及其他货物或行李进行处理。在消除污染之前，飞机不准起飞。一般来说，固体毒害品通常扫集后装入其他容器中。液体货物应以砂土、锯末等松软材料浸润，吸附后扫集盛入容器中。毒害品的洒漏物不能任意丢弃或排放，以免扩大污染，甚至造成不可估量的危害。

对于感染性物质洒漏物，应严格按照环保部门和检疫部门的要求，消除对机舱、其他货物和行李以及运输设备的污染，对接触过感染性物质包装件的人员进行身体检查，对这些人员的服装及该包装件进行处理。

注意事项：6.1 项毒性物质发生漏损事件时，意外沾染上毒性物质的人员无论是否出现中毒症状，均应立即送往医疗部门进行检查和治疗。

7. 放射性物品

此部分内容在模块十中有详细说明。

8. 腐蚀性物质

（1）破损包装件的处理。

收运后若发现腐蚀性物质包装件漏损，则不准装入飞机或集装器，已经装入的必须卸下，认真检查同一批货物的其他包装件是否有相似的损坏情况和是否已受到了污染。现场人员应避免皮肤与该漏损的包装件和漏出物接触，避免吸入其蒸气。搬运人员必须戴上专用的橡胶手套。

腐蚀性物质性质活泼，因此其他危险品即使是包装完好的，也不准靠近该漏损包装件，以免发生更大的危险。及时通知主管人员进行事故调查和处理，并通知托运人或收货人。

（2）洒漏处理。

腐蚀性物质洒漏时，应用干砂、干土覆盖吸收后，再清扫干净，最后用水冲刷。当大量溢出时，或干砂、干土量不足以吸收时，可视货物的酸碱性分别用稀碱、稀酸中和，中和时注意不要使反应太剧烈。用水冲刷时，不能直接喷射上去，只能缓缓地浇洗，以防腐蚀性水珠飞溅伤人。

若腐蚀性物质洒漏到飞机的结构部分上，必须尽快对这一部分进行彻底清洗。从事清洗的人员应戴上手套，避免皮肤接触腐蚀性物质，一旦发生这种事故，应立即通知飞机维修部门，说明腐蚀性物质的运输专用名称，以便及时做好彻底的清洗工作。若清洗不彻底，仍有少量的腐蚀性物质残留在飞机的结构部分上，则有可能影响飞机结构的强度，故为了仔细地检查飞机的结构部分，有必要拆除地板或某些部件。

（3）火灾应急措施。

腐蚀品着火，采用干砂土及二氧化碳灭火可达到良好效果。因一些强酸（如浓硫酸）、氯化物（如三氯化铝）及溴化物（如三溴化碘）等遇水反应剧烈，故只有在确认用水无危险时，才可用水扑救灭火。

一般可用雾状水或干砂、泡沫、干粉等扑救，不宜用高压水，以防酸液四溅，伤害扑救人员；硫酸、卤化物、强碱等，遇水发热、分解或遇水产生酸性烟雾的物品，不能用水施救，可用干砂、泡沫、干粉扑救。

灭火人员要注意防腐蚀、防毒气，应戴防毒口罩、防护眼镜或防毒面具，穿橡胶雨衣和长筒胶鞋，戴防毒手套等。灭火时人应站在上风头，发现中毒者，应立即送往医院抢救，并说明中毒物品的品名，以便医生救治。

9. 杂项危险品

收运后发现杂项危险品的包装件有破损，则不准将该包装件装入飞机或集装器，已经装入的必须卸下，认真检查同一批货物的其他包装件是否有相似的损坏情况和是否被污染，检查飞机是否有损坏情况。及时通知主管人员进行事故调查和处理，并通知托运人或收货人。

## 三、地面危险品事故征候应急响应速查表

表 12-3 为第一类至第九类危险品事故征候应急响应时的简略速查表。

**表 12-3　地面危险品事故征候应急响应速查表**

| 类/项别 | 项别名称 | 危险状态 | 处理方法 |
| --- | --- | --- | --- |
| 1.3C<br>1.3G | 爆炸品（仅限于货机） | 起火或较小的抛射危险性 | 马上通知消防部门 |
| 1.4B、1.4C<br>1.4D、1.4E<br>1.4G | | 明火及轻微爆炸，并无其他显著危害 | |
| 1.4S | 爆炸品（安全范围） | 微弱明火 | |
| 2.1 | 易燃气体 | 泄漏时可燃 | 马上通知消防部门。并将货物移至通风地区，人员距离在 25m 以外 |
| 2.2 | 非易燃无毒气体<br>深冷液化气体 | 高压气瓶易爆<br>低温/超冷 | |
| 2.3 | 毒气<br>（仅限货机） | 高压气瓶易爆及毒性腐蚀性 | |
| 3 | 易燃液体 | 泄漏可燃 | 马上通知消防部门。任何情况下都不可用水 |
| 4.1<br>4.2<br>4.3 | 易燃固体<br>自燃物质<br>遇水易燃 | 易燃助燃<br>遇空气、遇水燃烧 | |
| 5.1 | 氧化性物质 | 与其他物质接触发生剧烈反应 | 同上 |
| 5.2 | 有机过氧化物 | | |
| 6.1 | 毒性物质 | 吸入、吞服有害<br>与皮肤接触有害 | 保持在 25m 以外的隔离区，并需要有经验的人协助处理<br>不可接触 |
| 6.2 | 感染性物质 | 对人和动物有害 | |
| 7cat Ⅰ | Ⅰ级放射性物质<br>白色标签 | 放射危害对健康有害 | |
| 7cat Ⅱ/Ⅲ | Ⅱ/Ⅲ级放射性物质<br>黄色标签 | | |
| 8 | 腐蚀品 | 对皮肤及金属有害 | 绝对避免与皮肤接触 |

续表12－3

| 类/项别 | 项别名称 | 危险状态 | 处理方法 |
|---|---|---|---|
| 9 | 聚合物颗粒 | 释放少量易燃气体 | 避免与皮肤接触 |
| | 磁性物质 | 影响导航系统 | |
| | 固体二氧化碳（干冰） | 引起窒息 | |
| | 杂项危险品 | 未涉及的其他危险性 | |

# 附录一　民用爆炸物品安全管理条例

（2006年5月10日中华人民共和国国务院令第466号公布根据2014年7月29日《国务院关于修改部分行政法规的决定》修订）

## 第一章　总　　则

**第一条**　为了加强对民用爆炸物品的安全管理，预防爆炸事故发生，保障公民生命、财产安全和公共安全，制定本条例。

**第二条**　民用爆炸物品的生产、销售、购买、进出口、运输、爆破作业和储存以及硝酸铵的销售、购买，适用本条例。

本条例所称民用爆炸物品，是指用于非军事目的、列入民用爆炸物品品名表的各类火药、炸药及其制品和雷管、导火索等点火、起爆器材。

民用爆炸物品品名表，由国务院民用爆炸物品行业主管部门会同国务院公安部门制订、公布。

**第三条**　国家对民用爆炸物品的生产、销售、购买、运输和爆破作业实行许可证制度。

未经许可，任何单位或者个人不得生产、销售、购买、运输民用爆炸物品，不得从事爆破作业。

严禁转让、出借、转借、抵押、赠送、私藏或者非法持有民用爆炸物品。

**第四条**　民用爆炸物品行业主管部门负责民用爆炸物品生产、销售的安全监督管理。

公安机关负责民用爆炸物品公共安全管理和民用爆炸物品购买、运输、爆破作业的安全监督管理，监控民用爆炸物品流向。

安全生产监督、铁路、交通、民用航空主管部门依照法律、行政法规的规定，负责做好民用爆炸物品的有关安全监督管理工作。

民用爆炸物品行业主管部门、公安机关、工商行政管理部门按照职责分工，负责组织查处非法生产、销售、购买、储存、运输、邮寄、使用民用爆炸物品的行为。

**第五条** 民用爆炸物品生产、销售、购买、运输和爆破作业单位（以下称民用爆炸物品从业单位）的主要负责人是本单位民用爆炸物品安全管理责任人，对本单位的民用爆炸物品安全管理工作全面负责。

民用爆炸物品从业单位是治安保卫工作的重点单位，应当依法设置治安保卫机构或者配备治安保卫人员，设置技术防范设施，防止民用爆炸物品丢失、被盗、被抢。

民用爆炸物品从业单位应当建立安全管理制度、岗位安全责任制度，制订安全防范措施和事故应急预案，设置安全管理机构或者配备专职安全管理人员。

**第六条** 无民事行为能力人、限制民事行为能力人或者曾因犯罪受过刑事处罚的人，不得从事民用爆炸物品的生产、销售、购买、运输和爆破作业。

民用爆炸物品从业单位应当加强对本单位从业人员的安全教育、法制教育和岗位技术培训，从业人员经考核合格的，方可上岗作业；对有资格要求的岗位，应当配备具有相应资格的人员。

**第七条** 国家建立民用爆炸物品信息管理系统，对民用爆炸物品实行标识管理，监控民用爆炸物品流向。

民用爆炸物品生产企业、销售企业和爆破作业单位应当建立民用爆炸物品登记制度，如实将本单位生产、销售、购买、运输、储存、使用民用爆炸物品的品种、数量和流向信息输入计算机系统。

**第八条** 任何单位或者个人都有权举报违反民用爆炸物品安全管理规定的行为；接到举报的主管部门、公安机关应当立即查处，并为举报人员保密，对举报有功人员给予奖励。

**第九条** 国家鼓励民用爆炸物品从业单位采用提高民用爆炸物品安全性能的新技术，鼓励发展民用爆炸物品生产、配送、爆破作业一体化的经营模式。

## 第二章　生产

**第十条**　设立民用爆炸物品生产企业，应当遵循统筹规划、合理布局的原则。

**第十一条**　申请从事民用爆炸物品生产的企业，应当具备下列条件：

（一）符合国家产业结构规划和产业技术标准；

（二）厂房和专用仓库的设计、结构、建筑材料、安全距离以及防火、防爆、防雷、防静电等安全设备、设施符合国家有关标准和规范；

（三）生产设备、工艺符合有关安全生产的技术标准和规程；

（四）有具备相应资格的专业技术人员、安全生产管理人员和生产岗位人员；

（五）有健全的安全管理制度、岗位安全责任制度；

（六）法律、行政法规规定的其他条件。

**第十二条**　申请从事民用爆炸物品生产的企业，应当向国务院民用爆炸物品行业主管部门提交申请书、可行性研究报告以及能够证明其符合本条例第十一条规定条件的有关材料。国务院民用爆炸物品行业主管部门应当自受理申请之日起 45 日内进行审查，对符合条件的，核发《民用爆炸物品生产许可证》；对不符合条件的，不予核发《民用爆炸物品生产许可证》，书面向申请人说明理由。

民用爆炸物品生产企业为调整生产能力及品种进行改建、扩建的，应当依照前款规定申请办理《民用爆炸物品生产许可证》。

民用爆炸物品生产企业持《民用爆炸物品生产许可证》到工商行政管理部门办理工商登记，并在办理工商登记后 3 日内，向所在地县级人民政府公安机关备案。

**第十三条**　取得《民用爆炸物品生产许可证》的企业应当在基本建设完成后，向省、自治区、直辖市人民政府民用爆炸物品行业主管部门申请安全生产许可。省、自治区、直辖市人民政府民用爆炸物品行业主管部门应当依照《安全生产许可证条例》的规定对其进行查验，对符合条件的，核发《民用爆炸物品安全生产许可证》。民用爆炸物品生产企业取得《民用爆炸物品安全生产许可证》后，方可生产民用爆炸物品。

**第十四条** 民用爆炸物品生产企业应当严格按照《民用爆炸物品生产许可证》核定的品种和产量进行生产，生产作业应当严格执行安全技术规程的规定。

**第十五条** 民用爆炸物品生产企业应当对民用爆炸物品做出警示标识、登记标识，对雷管编码打号。民用爆炸物品警示标识、登记标识和雷管编码规则，由国务院公安部门会同国务院民用爆炸物品行业主管部门规定。

**第十六条** 民用爆炸物品生产企业应当建立健全产品检验制度，保证民用爆炸物品的质量符合相关标准。民用爆炸物品的包装，应当符合法律、行政法规的规定以及相关标准。

**第十七条** 试验或者试制民用爆炸物品，必须在专门场地或者专门的试验室进行。严禁在生产车间或者仓库内试验或者试制民用爆炸物品。

## 第三章 销售和购买

**第十八条** 申请从事民用爆炸物品销售的企业，应当具备下列条件：

（一）符合对民用爆炸物品销售企业规划的要求；

（二）销售场所和专用仓库符合国家有关标准和规范；

（三）有具备相应资格的安全管理人员、仓库管理人员；

（四）有健全的安全管理制度、岗位安全责任制度；

（五）法律、行政法规规定的其他条件。

**第十九条** 申请从事民用爆炸物品销售的企业，应当向所在地省、自治区、直辖市人民政府民用爆炸物品行业主管部门提交申请书、可行性研究报告以及能够证明其符合本条例第十八条规定条件的有关材料。省、自治区、直辖市人民政府民用爆炸物品行业主管部门应当自受理申请之日起30日内进行审查，并对申请单位的销售场所和专用仓库等经营设施进行查验，对符合条件的，核发《民用爆炸物品销售许可证》；对不符合条件的，不予核发《民用爆炸物品销售许可证》，书面向申请人说明理由。

民用爆炸物品销售企业持《民用爆炸物品销售许可证》到工商行政管理部门办理工商登记后，方可销售民用爆炸物品。

民用爆炸物品销售企业应当在办理工商登记后3日内，向所在地县级人民政府公安机关备案。

**第二十条** 民用爆炸物品生产企业凭《民用爆炸物品生产许可证》，可以销售本企业生产的民用爆炸物品。

民用爆炸物品生产企业销售本企业生产的民用爆炸物品，不得超出核定的品种、产量。

**第二十一条** 民用爆炸物品使用单位申请购买民用爆炸物品的，应当向所在地县级人民政府公安机关提出购买申请，并提交下列有关材料：

（一）工商营业执照或者事业单位法人证书；

（二）《爆破作业单位许可证》或者其他合法使用的证明；

（三）购买单位的名称、地址、银行账户；

（四）购买的品种、数量和用途说明。

受理申请的公安机关应当自受理申请之日起5日内对提交的有关材料进行审查，对符合条件的，核发《民用爆炸物品购买许可证》；对不符合条件的，不予核发《民用爆炸物品购买许可证》，书面向申请人说明理由。

《民用爆炸物品购买许可证》应当载明许可购买的品种、数量、购买单位以及许可的有效期限。

**第二十二条** 民用爆炸物品生产企业凭《民用爆炸物品生产许可证》购买属于民用爆炸物品的原料，民用爆炸物品销售企业凭《民用爆炸物品销售许可证》向民用爆炸物品生产企业购买民用爆炸物品，民用爆炸物品使用单位凭《民用爆炸物品购买许可证》购买民用爆炸物品，还应当提供经办人的身份证明。

销售民用爆炸物品的企业，应当查验前款规定的许可证和经办人的身份证明；对持《民用爆炸物品购买许可证》购买的，应当按照许可的品种、数量销售。

**第二十三条** 销售、购买民用爆炸物品，应当通过银行账户进行交易，不得使用现金或者实物进行交易。

销售民用爆炸物品的企业，应当将购买单位的许可证、银行账户转账凭证、经办人的身份证明复印件保存2年备查。

**第二十四条** 销售民用爆炸物品的企业，应当自民用爆炸物品买卖成交之日起3日内，将销售的品种、数量和购买单位向所在地省、自治区、直辖市人民政府民用爆炸物品行业主管部门和所在地县级人民政府公安机关备案。

购买民用爆炸物品的单位，应当自民用爆炸物品买卖成交之日起3日内，将购买的品种、数量向所在地县级人民政府公安机关备案。

**第二十五条** 进出口民用爆炸物品，应当经国务院民用爆炸物品行业主管部门审批。进出口民用爆炸物品审批办法，由国务院民用爆炸物品行业主管部门会同国务院公安部门、海关总署规定。

进出口单位应当将进出口的民用爆炸物品的品种、数量向收货地或者出境口岸所在地县级人民政府公安机关备案。

## 第四章 运输

**第二十六条** 运输民用爆炸物品，收货单位应当向运达地县级人民政府公安机关提出申请，并提交包括下列内容的材料：

（一）民用爆炸物品生产企业、销售企业、使用单位以及进出口单位分别提供的《民用爆炸物品生产许可证》、《民用爆炸物品销售许可证》、《民用爆炸物品购买许可证》或者进出口批准证明；

（二）运输民用爆炸物品的品种、数量、包装材料和包装方式；

（三）运输民用爆炸物品的特性、出现险情的应急处置方法；

（四）运输时间、起始地点、运输路线、经停地点。

受理申请的公安机关应当自受理申请之日起3日内对提交的有关材料进行审查，对符合条件的，核发《民用爆炸物品运输许可证》；对不符合条件的，不予核发《民用爆炸物品运输许可证》，书面向申请人说明理由。

《民用爆炸物品运输许可证》应当载明收货单位、销售企业、承运人，一次性运输有效期限、起始地点、运输路线、经停地点，民用爆炸物品的品种、数量。

**第二十七条** 运输民用爆炸物品的，应当凭《民用爆炸物品运输许可证》，按照许可的品种、数量运输。

**第二十八条** 经由道路运输民用爆炸物品的，应当遵守下列规定：

（一）携带《民用爆炸物品运输许可证》；

（二）民用爆炸物品的装载符合国家有关标准和规范，车厢内不得载人；

（三）运输车辆安全技术状况应当符合国家有关安全技术标准的要求，并按照规定悬挂或者安装符合国家标准的易燃易爆危险物品警示标志；

（四）运输民用爆炸物品的车辆应当保持安全车速；

（五）按照规定的路线行驶，途中经停应当有专人看守，并远离建筑设施和人口稠密的地方，不得在许可以外的地点经停；

（六）按照安全操作规程装卸民用爆炸物品，并在装卸现场设置警戒，禁止无关人员进入；

（七）出现危险情况立即采取必要的应急处置措施，并报告当地公安机关。

**第二十九条** 民用爆炸物品运达目的地，收货单位应当进行验收后在《民用爆炸物品运输许可证》上签注，并在 3 日内将《民用爆炸物品运输许可证》交回发证机关核销。

**第三十条** 禁止携带民用爆炸物品搭乘公共交通工具或者进入公共场所。

禁止邮寄民用爆炸物品，禁止在托运的货物、行李、包裹、邮件中夹带民用爆炸物品。

## 第五章 爆破作业

**第三十一条** 申请从事爆破作业的单位，应当具备下列条件：

（一）爆破作业属于合法的生产活动；

（二）有符合国家有关标准和规范的民用爆炸物品专用仓库；

（三）有具备相应资格的安全管理人员、仓库管理人员和具备国家规定执业资格的爆破作业人员；

（四）有健全的安全管理制度、岗位安全责任制度；

（五）有符合国家标准、行业标准的爆破作业专用设备；

（六）法律、行政法规规定的其他条件。

**第三十二条** 申请从事爆破作业的单位，应当按照国务院公安部门的规定，向有关人民政府公安机关提出申请，并提供能够证明其符合本条例第三十一条规定条件的有关材料。受理申请的公安机关应当自受理申请之日起 20 日内进行审查，对符合条件的，核发《爆破作业单位许可证》；对不符合条件的，不予核发《爆破作业单位许可证》，书面向申请人说明理由。

营业性爆破作业单位持《爆破作业单位许可证》到工商行政管理部门办理工商登记后，方可从事营业性爆破作业活动。

爆破作业单位应当在办理工商登记后 3 日内，向所在地县级人民政府公安机关备案。

**第三十三条** 爆破作业单位应当对本单位的爆破作业人员、安全管理人员、仓库管理人员进行专业技术培训。爆破作业人员应当经设区的市级人民政府公安机关考核合格，取得《爆破作业人员许可证》后，方可从事爆破作业。

**第三十四条** 爆破作业单位应当按照其资质等级承接爆破作业项目，爆破作业人员应当按照其资格等级从事爆破作业。爆破作业的分级管理办法由国务院公安部门规定。

**第三十五条** 在城市、风景名胜区和重要工程设施附近实施爆破作业的，应当向爆破作业所在地设区的市级人民政府公安机关提出申请，提交《爆破作业单位许可证》和具有相应资质的安全评估企业出具的爆破设计、施工方案评估报告。受理申请的公安机关应当自受理申请之日起 20 日内对提交的有关材料进行审查，对符合条件的，作出批准的决定；对不符合条件的，作出不予批准的决定，并书面向申请人说明理由。

实施前款规定的爆破作业，应当由具有相应资质的安全监理企业进行监理，由爆破作业所在地县级人民政府公安机关负责组织实施安全警戒。

**第三十六条** 爆破作业单位跨省、自治区、直辖市行政区域从事爆破作业的，应当事先将爆破作业项目的有关情况向爆破作业所在地县级人民政府公安机关报告。

**第三十七条** 爆破作业单位应当如实记载领取、发放民用爆炸物品的品种、数量、编号以及领取、发放人员姓名。领取民用爆炸物品的数量不得超过当班用量，作业后剩余的民用爆炸物品必须当班清退回库。

爆破作业单位应当将领取、发放民用爆炸物品的原始记录保存 2 年备查。

**第三十八条** 实施爆破作业，应当遵守国家有关标准和规范，在安全距离以外设置警示标志并安排警戒人员，防止无关人员进入；爆破作业结束后应当及时检查、排除未引爆的民用爆炸物品。

**第三十九条** 爆破作业单位不再使用民用爆炸物品时，应当将剩余的民用爆炸物品登记造册，报所在地县级人民政府公安机关组织监督销毁。

发现、拣拾无主民用爆炸物品的，应当立即报告当地公安机关。

## 第六章　储存

**第四十条** 民用爆炸物品应当储存在专用仓库内，并按照国家规定设置技术防范设施。

**第四十一条** 储存民用爆炸物品应当遵守下列规定：

（一）建立出入库检查、登记制度，收存和发放民用爆炸物品必须进行登记，做到账目清楚，账物相符；

（二）储存的民用爆炸物品数量不得超过储存设计容量，对性质相抵触的民用爆炸物品必须分库储存，严禁在库房内存放其他物品；

（三）专用仓库应当指定专人管理、看护，严禁无关人员进入仓库区内，严禁在仓库区内吸烟和用火，严禁把其他容易引起燃烧、爆炸的物品带入仓库区内，严禁在库房内住宿和进行其他活动；

（四）民用爆炸物品丢失、被盗、被抢，应当立即报告当地公安机关。

**第四十二条** 在爆破作业现场临时存放民用爆炸物品的，应当具备临时存放民用爆炸物品的条件，并设专人管理、看护，不得在不具备安全存放条件的场所存放民用爆炸物品。

**第四十三条** 民用爆炸物品变质和过期失效的，应当及时清理出库，并予以销毁。销毁前应当登记造册，提出销毁实施方案，报省、自治区、直辖市人民政府民用爆炸物品行业主管部门、所在地县级人民政府公安机关组织监督销毁。

## 第七章　法律责任

**第四十四条** 非法制造、买卖、运输、储存民用爆炸物品，构成犯罪的，依法追究刑事责任；尚不构成犯罪，有违反治安管理行为的，依法给予治安管理处罚。

违反本条例规定，在生产、储存、运输、使用民用爆炸物品中发生重大事故，造成严重后果或者后果特别严重，构成犯罪的，依法追究刑事责任。

违反本条例规定，未经许可生产、销售民用爆炸物品的，由民用爆炸物品行业主管部门责令停止非法生产、销售活动，处10万元以上50万元以下的罚款，并没收非法生产、销售的民用爆炸物品及其违法所得。

违反本条例规定，未经许可购买、运输民用爆炸物品或者从事爆破作业的，由公安机关责令停止非法购买、运输、爆破作业活动，处5万元以上20万元以下的罚款，并没收非法购买、运输以及从事爆破作业使用的民用爆炸物品及其违法所得。

民用爆炸物品行业主管部门、公安机关对没收的非法民用爆炸物品，应当组织销毁。

**第四十五条**　违反本条例规定，生产、销售民用爆炸物品的企业有下列行为之一的，由民用爆炸物品行业主管部门责令限期改正，处10万元以上50万元以下的罚款；逾期不改正的，责令停产停业整顿；情节严重的，吊销《民用爆炸物品生产许可证》或者《民用爆炸物品销售许可证》：

（一）超出生产许可的品种、产量进行生产、销售的；

（二）违反安全技术规程生产作业的；

（三）民用爆炸物品的质量不符合相关标准的；

（四）民用爆炸物品的包装不符合法律、行政法规的规定以及相关标准的；

（五）超出购买许可的品种、数量销售民用爆炸物品的；

（六）向没有《民用爆炸物品生产许可证》、《民用爆炸物品销售许可证》、《民用爆炸物品购买许可证》的单位销售民用爆炸物品的；

（七）民用爆炸物品生产企业销售本企业生产的民用爆炸物品未按照规定向民用爆炸物品行业主管部门备案的；

（八）未经审批进出口民用爆炸物品的。

**第四十六条**　违反本条例规定，有下列情形之一的，由公安机关责令限期改正，处5万元以上20万元以下的罚款；逾期不改正的，责令停产停业整顿：

（一）未按照规定对民用爆炸物品做出警示标识、登记标识或者未对雷管编码打号的；

（二）超出购买许可的品种、数量购买民用爆炸物品的；

（三）使用现金或者实物进行民用爆炸物品交易的；

（四）未按照规定保存购买单位的许可证、银行账户转账凭证、经办人的身份证明复印件的；

（五）销售、购买、进出口民用爆炸物品，未按照规定向公安机关备案的；

（六）未按照规定建立民用爆炸物品登记制度，如实将本单位生产、销售、购买、运输、储存、使用民用爆炸物品的品种、数量和流向信息输入计算机系统的；

（七）未按照规定将《民用爆炸物品运输许可证》交回发证机关核销的。

**第四十七条** 违反本条例规定，经由道路运输民用爆炸物品，有下列情形之一的，由公安机关责令改正，处5万元以上20万元以下的罚款：

（一）违反运输许可事项的；

（二）未携带《民用爆炸物品运输许可证》的；

（三）违反有关标准和规范混装民用爆炸物品的；

（四）运输车辆未按照规定悬挂或者安装符合国家标准的易燃易爆危险物品警示标志的；

（五）未按照规定的路线行驶，途中经停没有专人看守或者在许可以外的地点经停的；

（六）装载民用爆炸物品的车厢载人的；

（七）出现危险情况未立即采取必要的应急处置措施、报告当地公安机关的。

**第四十八条** 违反本条例规定，从事爆破作业的单位有下列情形之一的，由公安机关责令停止违法行为或者限期改正，处10万元以上50万元以下的罚款；逾期不改正的，责令停产停业整顿；情节严重的，吊销《爆破作业单位许可证》：

（一）爆破作业单位未按照其资质等级从事爆破作业的；

（二）营业性爆破作业单位跨省、自治区、直辖市行政区域实施爆破作业，未按照规定事先向爆破作业所在地的县级人民政府公安机关报告的；

（三）爆破作业单位未按照规定建立民用爆炸物品领取登记制度、保存领取登记记录的；

（四）违反国家有关标准和规范实施爆破作业的。

爆破作业人员违反国家有关标准和规范的规定实施爆破作业的，由公安机关责令限期改正，情节严重的，吊销《爆破作业人员许可证》。

**第四十九条**　违反本条例规定，有下列情形之一的，由民用爆炸物品行业主管部门、公安机关按照职责责令限期改正，可以并处5万元以上20万元以下的罚款；逾期不改正的，责令停产停业整顿；情节严重的，吊销许可证：

（一）未按照规定在专用仓库设置技术防范设施的；

（二）未按照规定建立出入库检查、登记制度或者收存和发放民用爆炸物品，致使账物不符的；

（三）超量储存、在非专用仓库储存或者违反储存标准和规范储存民用爆炸物品的；

（四）有本条例规定的其他违反民用爆炸物品储存管理规定行为的。

**第五十条**　违反本条例规定，民用爆炸物品从业单位有下列情形之一的，由公安机关处2万元以上10万元以下的罚款；情节严重的，吊销其许可证；有违反治安管理行为的，依法给予治安管理处罚：

（一）违反安全管理制度，致使民用爆炸物品丢失、被盗、被抢的；

（二）民用爆炸物品丢失、被盗、被抢，未按照规定向当地公安机关报告或者故意隐瞒不报的；

（三）转让、出借、转借、抵押、赠送民用爆炸物品的。

**第五十一条**　违反本条例规定，携带民用爆炸物品搭乘公共交通工具或者进入公共场所，邮寄或者在托运的货物、行李、包裹、邮件中夹带民用爆炸物品，构成犯罪的，依法追究刑事责任；尚不构成犯罪的，由公安机关依法给予治安管理处罚，没收非法的民用爆炸物品，处1000元以上

1 万元以下的罚款。

**第五十二条** 民用爆炸物品从业单位的主要负责人未履行本条例规定的安全管理责任，导致发生重大伤亡事故或者造成其他严重后果，构成犯罪的，依法追究刑事责任；尚不构成犯罪的，对主要负责人给予撤职处分，对个人经营的投资人处 2 万元以上 20 万元以下的罚款。

**第五十三条** 民用爆炸物品行业主管部门、公安机关、工商行政管理部门的工作人员，在民用爆炸物品安全监督管理工作中滥用职权、玩忽职守或者徇私舞弊，构成犯罪的，依法追究刑事责任；尚不构成犯罪的，依法给予行政处分。

## 第八章　附则

**第五十四条** 《民用爆炸物品生产许可证》、《民用爆炸物品销售许可证》，由国务院民用爆炸物品行业主管部门规定式样；《民用爆炸物品购买许可证》、《民用爆炸物品运输许可证》、《爆破作业单位许可证》、《爆破作业人员许可证》，由国务院公安部门规定式样。

**第五十五条** 本条例自 2006 年 9 月 1 日起施行。1984 年 1 月 6 日国务院发布的《中华人民共和国民用爆炸物品管理条例》同时废止。

# 附录二 危险化学品安全管理条例

## 危险化学品安全管理条例

（2002年1月26日中华人民共和国国务院令第344号公布
2011年2月16日国务院第144次常务会议修订通过）

### 第一章 总 则

**第一条** 为了加强危险化学品的安全管理，预防和减少危险化学品事故，保障人民群众生命财产安全，保护环境，制定本条例。

**第二条** 危险化学品生产、储存、使用、经营和运输的安全管理，适用本条例。

废弃危险化学品的处置，依照有关环境保护的法律、行政法规和国家有关规定执行。

**第三条** 本条例所称危险化学品，是指具有毒害、腐蚀、爆炸、燃烧、助燃等性质，对人体、设施、环境具有危害的剧毒化学品和其他化学品。

危险化学品目录，由国务院安全生产监督管理部门会同国务院工业和信息化、公安、环境保护、卫生、质量监督检验检疫、交通运输、铁路、民用航空、农业主管部门，根据化学品危险特性的鉴别和分类标准确定、公布，并适时调整。

**第四条** 危险化学品安全管理，应当坚持安全第一、预防为主、综合治理的方针，强化和落实企业的主体责任。

生产、储存、使用、经营、运输危险化学品的单位（以下统称危险化学品单位）的主要负责人对本单位的危险化学品安全管理工作全面负责。

危险化学品单位应当具备法律、行政法规规定和国家标准、行业标准要求的安全条件，建立、健全安全管理规章制度和岗位安全责任制度，对从业人员进行安全教育、法制教育和岗位技术培训。从业人员应当接受教育和培训，考核合格后上岗作业；对有资格要求的岗位，应当配备依法取得相应资格的人员。

**第五条** 任何单位和个人不得生产、经营、使用国家禁止生产、经营、使用的危险化学品。

国家对危险化学品的使用有限制性规定的，任何单位和个人不得违反限制性规定使用危险化学品。

**第六条** 对危险化学品的生产、储存、使用、经营、运输实施安全监督管理的有关部门（以下统称负有危险化学品安全监督管理职责的部门），依照下列规定履行职责：

（一）安全生产监督管理部门负责危险化学品安全监督管理综合工作，组织确定、公布、调整危险化学品目录，对新建、改建、扩建生产、储存危险化学品（包括使用长输管道输送危险化学品，下同）的建设项目进行安全条件审查，核发危险化学品安全生产许可证、危险化学品安全使用许可证和危险化学品经营许可证，并负责危险化学品登记工作。

（二）公安机关负责危险化学品的公共安全管理，核发剧毒化学品购买许可证、剧毒化学品道路运输通行证，并负责危险化学品运输车辆的道路交通安全管理。

（三）质量监督检验检疫部门负责核发危险化学品及其包装物、容器（不包括储存危险化学品的固定式大型储罐，下同）生产企业的工业产品生产许可证，并依法对其产品质量实施监督，负责对进出口危险化学品及其包装实施检验。

（四）环境保护主管部门负责废弃危险化学品处置的监督管理，组织危险化学品的环境危害性鉴定和环境风险程度评估，确定实施重点环境管理的危险化学品，负责危险化学品环境管理登记和新化学物质环境管理登记；依照职责分工调查相关危险化学品环境污染事故和生态破坏事件，负责危险化学品事故现场的应急环境监测。

（五）交通运输主管部门负责危险化学品道路运输、水路运输的许可以及运输工具的安全管理，对危险化学品水路运输安全实施监督，负责危险化学品道路运输企业、水路运输企业驾驶人员、船员、装卸管理人员、押运人员、申报人员、集装箱装箱现场检查员的资格认定。铁路监管部门负责危险化学品铁路运输及其运输工具的安全管理。民用航空主管部门负责危险化学品航空运输以及航空运输企业及其运输工具的安全管理。

（六）卫生主管部门负责危险化学品毒性鉴定的管理，负责组织、协调危险化学品事故受伤人员的医疗卫生救援工作。

（七）工商行政管理部门依据有关部门的许可证件，核发危险化学品生产、储存、经营、运输企业营业执照，查处危险化学品经营企业违法采购危险化学品的行为。

（八）邮政管理部门负责依法查处寄递危险化学品的行为。

**第七条** 负有危险化学品安全监督管理职责的部门依法进行监督检查，可以采取下列措施：

（一）进入危险化学品作业场所实施现场检查，向有关单位和人员了解情况，查阅、复制有关文件、资料；

（二）发现危险化学品事故隐患，责令立即消除或者限期消除；

（三）对不符合法律、行政法规、规章规定或者国家标准、行业标准要求的设施、设备、装置、器材、运输工具，责令立即停止使用；

（四）经本部门主要负责人批准，查封违法生产、储存、使用、经营危险化学品的场所，扣押违法生产、储存、使用、经营、运输的危险化学品以及用于违法生产、使用、运输危险化学品的原材料、设备、运输工具；

（五）发现影响危险化学品安全的违法行为，当场予以纠正或者责令限期改正。

负有危险化学品安全监督管理职责的部门依法进行监督检查，监督检查人员不得少于 2 人，并应当出示执法证件；有关单位和个人对依法进行的监督检查应当予以配合，不得拒绝、阻碍。

**第八条** 县级以上人民政府应当建立危险化学品安全监督管理工作协调机制，支持、督促负有危险化学品安全监督管理职责的部门依法履行职责，协调、解决危险化学品安全监督管理工作中的重大问题。

负有危险化学品安全监督管理职责的部门应当相互配合、密切协作，依法加强对危险化学品的安全监督管理。

**第九条** 任何单位和个人对违反本条例规定的行为，有权向负有危险化学品安全监督管理职责的部门举报。负有危险化学品安全监督管理职责的部门接到举报，应当及时依法处理；对不属于本部门职责的，应当及时移送有关部门处理。

**第十条** 国家鼓励危险化学品生产企业和使用危险化学品从事生产的企业采用有利于提高安全保障水平的先进技术、工艺、设备以及自动控制系统，鼓励对危险化学品实行专门储存、统一配送、集中销售。

## 第二章 生产、储存安全

**第十一条** 国家对危险化学品的生产、储存实行统筹规划、合理布局。

国务院工业和信息化主管部门以及国务院其他有关部门依据各自职责，负责危险化学品生产、储存的行业规划和布局。

地方人民政府组织编制城乡规划，应当根据本地区的实际情况，按照确保安全的原则，规划适当区域专门用于危险化学品的生产、储存。

**第十二条** 新建、改建、扩建生产、储存危险化学品的建设项目（以下简称建设项目），应当由安全生产监督管理部门进行安全条件审查。

建设单位应当对建设项目进行安全条件论证，委托具备国家规定的资质条件的机构对建设项目进行安全评价，并将安全条件论证和安全评价的情况报告报建设项目所在地设区的市级以上人民政府安全生产监督管理部门；安全生产监督管理部门应当自收到报告之日起45日内作出审查决定，并书面通知建设单位。具体办法由国务院安全生产监督管理部门制定。

新建、改建、扩建储存、装卸危险化学品的港口建设项目，由港口行政管理部门按照国务院交通运输主管部门的规定进行安全条件审查。

**第十三条** 生产、储存危险化学品的单位，应当对其铺设的危险化学品管道设置明显标志，并对危险化学品管道定期检查、检测。

进行可能危及危险化学品管道安全的施工作业，施工单位应当在开工的 7 日前书面通知管道所属单位，并与管道所属单位共同制定应急预案，采取相应的安全防护措施。管道所属单位应当指派专门人员到现场进行管道安全保护指导。

**第十四条**　危险化学品生产企业进行生产前，应当依照《安全生产许可证条例》的规定，取得危险化学品安全生产许可证。

生产列入国家实行生产许可证制度的工业产品目录的危险化学品的企业，应当依照《中华人民共和国工业产品生产许可证管理条例》的规定，取得工业产品生产许可证。

负责颁发危险化学品安全生产许可证、工业产品生产许可证的部门，应当将其颁发许可证的情况及时向同级工业和信息化主管部门、环境保护主管部门和公安机关通报。

**第十五条**　危险化学品生产企业应当提供与其生产的危险化学品相符的化学品安全技术说明书，并在危险化学品包装（包括外包装件）上粘贴或者拴挂与包装内危险化学品相符的化学品安全标签。化学品安全技术说明书和化学品安全标签所载明的内容应当符合国家标准的要求。

危险化学品生产企业发现其生产的危险化学品有新的危险特性的，应当立即公告，并及时修订其化学品安全技术说明书和化学品安全标签。

**第十六条**　生产实施重点环境管理的危险化学品的企业，应当按照国务院环境保护主管部门的规定，将该危险化学品向环境中释放等相关信息向环境保护主管部门报告。环境保护主管部门可以根据情况采取相应的环境风险控制措施。

**第十七条**　危险化学品的包装应当符合法律、行政法规、规章的规定以及国家标准、行业标准的要求。

危险化学品包装物、容器的材质以及危险化学品包装的型式、规格、方法和单件质量（重量），应当与所包装的危险化学品的性质和用途相适应。

**第十八条**　生产列入国家实行生产许可证制度的工业产品目录的危险化学品包装物、容器的企业，应当依照《中华人民共和国工业产品生产许可证管理条例》的规定，取得工业产品生产许可证；其生产的危险化学品包装物、容器经国务院质量监督检验检疫部门认定的检验机构检验合格，方可出厂销售。

运输危险化学品的船舶及其配载的容器，应当按照国家船舶检验规范进行生产，并经海事管理机构认定的船舶检验机构检验合格，方可投入使用。

对重复使用的危险化学品包装物、容器，使用单位在重复使用前应当进行检查；发现存在安全隐患的，应当维修或者更换。使用单位应当对检查情况作出记录，记录的保存期限不得少于 2 年。

**第十九条** 危险化学品生产装置或者储存数量构成重大危险源的危险化学品储存设施（运输工具加油站、加气站除外），与下列场所、设施、区域的距离应当符合国家有关规定：

（一）居住区以及商业中心、公园等人员密集场所；

（二）学校、医院、影剧院、体育场（馆）等公共设施；

（三）饮用水源、水厂以及水源保护区；

（四）车站、码头（依法经许可从事危险化学品装卸作业的除外）、机场以及通信干线、通信枢纽、铁路线路、道路交通干线、水路交通干线、地铁风亭以及地铁站出入口；

（五）基本农田保护区、基本草原、畜禽遗传资源保护区、畜禽规模化养殖场（养殖小区）、渔业水域以及种子、种畜禽、水产苗种生产基地；

（六）河流、湖泊、风景名胜区、自然保护区；

（七）军事禁区、军事管理区；

（八）法律、行政法规规定的其他场所、设施、区域。

已建的危险化学品生产装置或者储存数量构成重大危险源的危险化学品储存设施不符合前款规定的，由所在地设区的市级人民政府安全生产监督管理部门会同有关部门监督其所属单位在规定期限内进行整改；需要转产、停产、搬迁、关闭的，由本级人民政府决定并组织实施。

储存数量构成重大危险源的危险化学品储存设施的选址，应当避开地震活动断层和容易发生洪灾、地质灾害的区域。

本条例所称重大危险源，是指生产、储存、使用或者搬运危险化学品，且危险化学品的数量等于或者超过临界量的单元（包括场所和设施）。

**第二十条** 生产、储存危险化学品的单位，应当根据其生产、储存的危险化学品的种类和危险特性，在作业场所设置相应的监测、监控、通风、防晒、调温、防火、灭火、防爆、泄压、防毒、中和、防潮、防雷、防静电、防腐、防泄漏以及防护围堤或者隔离操作等安全设施、设备，并按照国家标准、行业标准或者国家有关规定对安全设施、设备进行经常性维护、保养，保证安全设施、设备的正常使用。

生产、储存危险化学品的单位，应当在其作业场所和安全设施、设备上设置明显的安全警示标志。

**第二十一条** 生产、储存危险化学品的单位，应当在其作业场所设置通信、报警装置，并保证处于适用状态。

**第二十二条** 生产、储存危险化学品的企业，应当委托具备国家规定的资质条件的机构，对本企业的安全生产条件每3年进行一次安全评价，提出安全评价报告。安全评价报告的内容应当包括对安全生产条件存在的问题进行整改的方案。

生产、储存危险化学品的企业，应当将安全评价报告以及整改方案的落实情况报所在地县级人民政府安全生产监督管理部门备案。在港区内储存危险化学品的企业，应当将安全评价报告以及整改方案的落实情况报港口行政管理部门备案。

**第二十三条** 生产、储存剧毒化学品或者国务院公安部门规定的可用于制造爆炸物品的危险化学品（以下简称易制爆危险化学品）的单位，应当如实记录其生产、储存的剧毒化学品、易制爆危险化学品的数量、流向，并采取必要的安全防范措施，防止剧毒化学品、易制爆危险化学品丢失或者被盗；发现剧毒化学品、易制爆危险化学品丢失或者被盗的，应当立即向当地公安机关报告。

生产、储存剧毒化学品、易制爆危险化学品的单位，应当设置治安保卫机构，配备专职治安保卫人员。

**第二十四条** 危险化学品应当储存在专用仓库、专用场地或者专用储存室（以下统称专用仓库）内，并由专人负责管理；剧毒化学品以及储存数量构成重大危险源的其他危险化学品，应当在专用仓库内单独存放，并实行双人收发、双人保管制度。

危险化学品的储存方式、方法以及储存数量应当符合国家标准或者国家有关规定。

**第二十五条** 储存危险化学品的单位应当建立危险化学品出入库核查、登记制度。

对剧毒化学品以及储存数量构成重大危险源的其他危险化学品，储存单位应当将其储存数量、储存地点以及管理人员的情况，报所在地县级人民政府安全生产监督管理部门（在港区内储存的，报港口行政管理部门）和公安机关备案。

**第二十六条** 危险化学品专用仓库应当符合国家标准、行业标准的要求，并设置明显的标志。储存剧毒化学品、易制爆危险化学品的专用仓库，应当按照国家有关规定设置相应的技术防范设施。

储存危险化学品的单位应当对其危险化学品专用仓库的安全设施、设备定期进行检测、检验。

**第二十七条** 生产、储存危险化学品的单位转产、停产、停业或者解散的，应当采取有效措施，及时、妥善处置其危险化学品生产装置、储存设施以及库存的危险化学品，不得丢弃危险化学品；处置方案应当报所在地县级人民政府安全生产监督管理部门、工业和信息化主管部门、环境保护主管部门和公安机关备案。安全生产监督管理部门应当会同环境保护主管部门和公安机关对处置情况进行监督检查，发现未依照规定处置的，应当责令其立即处置。

## 第三章 使用安全

**第二十八条** 使用危险化学品的单位，其使用条件（包括工艺）应当符合法律、行政法规的规定和国家标准、行业标准的要求，并根据所使用的危险化学品的种类、危险特性以及使用量和使用方式，建立、健全使用危险化学品的安全管理规章制度和安全操作规程，保证危险化学品的安全使用。

**第二十九条** 使用危险化学品从事生产并且使用量达到规定数量的化工企业（属于危险化学品生产企业的除外，下同），应当依照本条例的规定取得危险化学品安全使用许可证。

前款规定的危险化学品使用量的数量标准，由国务院安全生产监督管理部门会同国务院公安部门、农业主管部门确定并公布。

**第三十条**　申请危险化学品安全使用许可证的化工企业，除应当符合本条例第二十八条的规定外，还应当具备下列条件：

（一）有与所使用的危险化学品相适应的专业技术人员；

（二）有安全管理机构和专职安全管理人员；

（三）有符合国家规定的危险化学品事故应急预案和必要的应急救援器材、设备；

（四）依法进行了安全评价。

**第三十一条**　申请危险化学品安全使用许可证的化工企业，应当向所在地设区的市级人民政府安全生产监督管理部门提出申请，并提交其符合本条例第三十条规定条件的证明材料。设区的市级人民政府安全生产监督管理部门应当依法进行审查，自收到证明材料之日起 45 日内作出批准或者不予批准的决定。予以批准的，颁发危险化学品安全使用许可证；不予批准的，书面通知申请人并说明理由。

安全生产监督管理部门应当将其颁发危险化学品安全使用许可证的情况及时向同级环境保护主管部门和公安机关通报。

**第三十二条**　本条例第十六条关于生产实施重点环境管理的危险化学品的企业的规定，适用于使用实施重点环境管理的危险化学品从事生产的企业；第二十条、第二十一条、第二十三条第一款、第二十七条关于生产、储存危险化学品的单位的规定，适用于使用危险化学品的单位；第二十二条关于生产、储存危险化学品的企业的规定，适用于使用危险化学品从事生产的企业。

## 第四章　经营安全

**第三十三条**　国家对危险化学品经营（包括仓储经营，下同）实行许可制度。未经许可，任何单位和个人不得经营危险化学品。

依法设立的危险化学品生产企业在其厂区范围内销售本企业生产的危险化学品，不需要取得危险化学品经营许可。

依照《中华人民共和国港口法》的规定取得港口经营许可证的港口经营人，在港区内从事危险化学品仓储经营，不需要取得危险化学品经营许可。

**第三十四条** 从事危险化学品经营的企业应当具备下列条件：

（一）有符合国家标准、行业标准的经营场所，储存危险化学品的，还应当有符合国家标准、行业标准的储存设施；

（二）从业人员经过专业技术培训并经考核合格；

（三）有健全的安全管理规章制度；

（四）有专职安全管理人员；

（五）有符合国家规定的危险化学品事故应急预案和必要的应急救援器材、设备；

（六）法律法规规定的其他条件。

**第三十五条** 从事剧毒化学品、易制爆危险化学品经营的企业，应当向所在地设区的市级人民政府安全生产监督管理部门提出申请，从事其他危险化学品经营的企业，应当向所在地县级人民政府安全生产监督管理部门提出申请（有储存设施的，应当向所在地设区的市级人民政府安全生产监督管理部门提出申请）。申请人应当提交其符合本条例第三十四条规定条件的证明材料。设区的市级人民政府安全生产监督管理部门或者县级人民政府安全生产监督管理部门应当依法进行审查，并对申请人的经营场所、储存设施进行现场核查，自收到证明材料之日起 30 日内作出批准或者不予批准的决定。予以批准的，颁发危险化学品经营许可证；不予批准的，书面通知申请人并说明理由。

设区的市级人民政府安全生产监督管理部门和县级人民政府安全生产监督管理部门应当将其颁发危险化学品经营许可证的情况及时向同级环境保护主管部门和公安机关通报。

申请人持危险化学品经营许可证向工商行政管理部门办理登记手续后，方可从事危险化学品经营活动。法律、行政法规或者国务院规定经营危险化学品还需要经其他有关部门许可的，申请人向工商行政管理部门办理登记手续时还应当持相应的许可证件。

**第三十六条** 危险化学品经营企业储存危险化学品的，应当遵守本条例第二章关于储存危险化学品的规定。危险化学品商店内只能存放民用小包装的危险化学品。

**第三十七条**　危险化学品经营企业不得向未经许可从事危险化学品生产、经营活动的企业采购危险化学品，不得经营没有化学品安全技术说明书或者化学品安全标签的危险化学品。

**第三十八条**　依法取得危险化学品安全生产许可证、危险化学品安全使用许可证、危险化学品经营许可证的企业，凭相应的许可证件购买剧毒化学品、易制爆危险化学品。民用爆炸物品生产企业凭民用爆炸物品生产许可证购买易制爆危险化学品。

前款规定以外的单位购买剧毒化学品的，应当向所在地县级人民政府公安机关申请取得剧毒化学品购买许可证；购买易制爆危险化学品的，应当持本单位出具的合法用途说明。

个人不得购买剧毒化学品（属于剧毒化学品的农药除外）和易制爆危险化学品。

**第三十九条**　申请取得剧毒化学品购买许可证，申请人应当向所在地县级人民政府公安机关提交下列材料：

（一）营业执照或者法人证书（登记证书）的复印件；

（二）拟购买的剧毒化学品品种、数量的说明；

（三）购买剧毒化学品用途的说明；

（四）经办人的身份证明。

县级人民政府公安机关应当自收到前款规定的材料之日起 3 日内，作出批准或者不予批准的决定。予以批准的，颁发剧毒化学品购买许可证；不予批准的，书面通知申请人并说明理由。

剧毒化学品购买许可证管理办法由国务院公安部门制定。

**第四十条**　危险化学品生产企业、经营企业销售剧毒化学品、易制爆危险化学品，应当查验本条例第三十八条第一款、第二款规定的相关许可证件或者证明文件，不得向不具有相关许可证件或者证明文件的单位销售剧毒化学品、易制爆危险化学品。对持剧毒化学品购买许可证购买剧毒化学品的，应当按照许可证载明的品种、数量销售。

禁止向个人销售剧毒化学品（属于剧毒化学品的农药除外）和易制爆危险化学品。

**第四十一条**　危险化学品生产企业、经营企业销售剧毒化学品、易制爆危险化学品，应当如实记录购买单位的名称、地址、经办人的姓名、身份证号码以及所购买的剧毒化学品、易制爆危险化学品的品种、数量、用途。销售记录以及经办人的身份证明复印件、相关许可证件复印件或者证明文件的保存期限不得少于1年。

剧毒化学品、易制爆危险化学品的销售企业、购买单位应当在销售、购买后5日内，将所销售、购买的剧毒化学品、易制爆危险化学品的品种、数量以及流向信息报所在地县级人民政府公安机关备案，并输入计算机系统。

**第四十二条** 使用剧毒化学品、易制爆危险化学品的单位不得出借、转让其购买的剧毒化学品、易制爆危险化学品；因转产、停产、搬迁、关闭等确需转让的，应当向具有本条例第三十八条第一款、第二款规定的相关许可证件或者证明文件的单位转让，并在转让后将有关情况及时向所在地县级人民政府公安机关报告。

## 第五章 运输安全

**第四十三条** 从事危险化学品道路运输、水路运输的，应当分别依照有关道路运输、水路运输的法律、行政法规的规定，取得危险货物道路运输许可、危险货物水路运输许可，并向工商行政管理部门办理登记手续。

危险化学品道路运输企业、水路运输企业应当配备专职安全管理人员。

**第四十四条** 危险化学品道路运输企业、水路运输企业的驾驶人员、船员、装卸管理人员、押运人员、申报人员、集装箱装箱现场检查员应当经交通运输主管部门考核合格，取得从业资格。具体办法由国务院交通运输主管部门制定。

危险化学品的装卸作业应当遵守安全作业标准、规程和制度，并在装卸管理人员的现场指挥或者监控下进行。水路运输危险化学品的集装箱装箱作业应当在集装箱装箱现场检查员的指挥或者监控下进行，并符合积载、隔离的规范和要求；装箱作业完毕后，集装箱装箱现场检查员应当签署装箱证明书。

**第四十五条** 运输危险化学品，应当根据危险化学品的危险特性采取相应的安全防护措施，并配备必要的防护用品和应急救援器材。

用于运输危险化学品的槽罐以及其他容器应当封口严密，能够防止危险化学品在运输过程中因温度、湿度或者压力的变化发生渗漏、洒漏；槽罐以及其他容器的溢流和泄压装置应当设置准确、起闭灵活。

运输危险化学品的驾驶人员、船员、装卸管理人员、押运人员、申报人员、集装箱装箱现场检查员，应当了解所运输的危险化学品的危险特性及其包装物、容器的使用要求和出现危险情况时的应急处置方法。

**第四十六条**　通过道路运输危险化学品的，托运人应当委托依法取得危险货物道路运输许可的企业承运。

**第四十七条**　通过道路运输危险化学品的，应当按照运输车辆的核定载质量装载危险化学品，不得超载。

危险化学品运输车辆应当符合国家标准要求的安全技术条件，并按照国家有关规定定期进行安全技术检验。

危险化学品运输车辆应当悬挂或者喷涂符合国家标准要求的警示标志。

**第四十八条**　通过道路运输危险化学品的，应当配备押运人员，并保证所运输的危险化学品处于押运人员的监控之下。

运输危险化学品途中因住宿或者发生影响正常运输的情况，需要较长时间停车的，驾驶人员、押运人员应当采取相应的安全防范措施；运输剧毒化学品或者易制爆危险化学品的，还应当向当地公安机关报告。

**第四十九条**　未经公安机关批准，运输危险化学品的车辆不得进入危险化学品运输车辆限制通行的区域。危险化学品运输车辆限制通行的区域由县级人民政府公安机关划定，并设置明显的标志。

**第五十条**　通过道路运输剧毒化学品的，托运人应当向运输始发地或者目的地县级人民政府公安机关申请剧毒化学品道路运输通行证。

申请剧毒化学品道路运输通行证，托运人应当向县级人民政府公安机关提交下列材料：

（一）拟运输的剧毒化学品品种、数量的说明；

（二）运输始发地、目的地、运输时间和运输路线的说明；

（三）承运人取得危险货物道路运输许可、运输车辆取得营运证以及驾驶人员、押运人员取得上岗资格的证明文件；

（四）本条例第三十八条第一款、第二款规定的购买剧毒化学品的相关许可证件，或者海关出具的进出口证明文件。

县级人民政府公安机关应当自收到前款规定的材料之日起 7 日内，作出批准或者不予批准的决定。予以批准的，颁发剧毒化学品道路运输通行证；不予批准的，书面通知申请人并说明理由。

剧毒化学品道路运输通行证管理办法由国务院公安部门制定。

**第五十一条** 剧毒化学品、易制爆危险化学品在道路运输途中丢失、被盗、被抢或者出现流散、泄漏等情况的，驾驶人员、押运人员应当立即采取相应的警示措施和安全措施，并向当地公安机关报告。公安机关接到报告后，应当根据实际情况立即向安全生产监督管理部门、环境保护主管部门、卫生主管部门通报。有关部门应当采取必要的应急处置措施。

**第五十二条** 通过水路运输危险化学品的，应当遵守法律、行政法规以及国务院交通运输主管部门关于危险货物水路运输安全的规定。

**第五十三条** 海事管理机构应当根据危险化学品的种类和危险特性，确定船舶运输危险化学品的相关安全运输条件。

拟交付船舶运输的化学品的相关安全运输条件不明确的，货物所有人或者代理人应当委托相关技术机构进行评估，明确相关安全运输条件并经海事管理机构确认后，方可交付船舶运输。

**第五十四条** 禁止通过内河封闭水域运输剧毒化学品以及国家规定禁止通过内河运输的其他危险化学品。

前款规定以外的内河水域，禁止运输国家规定禁止通过内河运输的剧毒化学品以及其他危险化学品。

禁止通过内河运输的剧毒化学品以及其他危险化学品的范围，由国务院交通运输主管部门会同国务院环境保护主管部门、工业和信息化主管部门、安全生产监督管理部门，根据危险化学品的危险特性、危险化学品对人体和水环境的危害程度以及消除危害后果的难易程度等因素规定并公布。

**第五十五条** 国务院交通运输主管部门应当根据危险化学品的危险特性，对通过内河运输本条例第五十四条规定以外的危险化学品（以下简称通过内河运输危险化学品）实行分类管理，对各类危险化学品的运输方式、包装规范和安全防护措施等分别作出规定并监督实施。

**第五十六条** 通过内河运输危险化学品，应当由依法取得危险货物水路运输许可的水路运输企业承运，其他单位和个人不得承运。托运人应当委托依法取得危险货物水路运输许可的水路运输企业承运，不得委托其他单位和个人承运。

**第五十七条** 通过内河运输危险化学品，应当使用依法取得危险货物适装证书的运输船舶。水路运输企业应当针对所运输的危险化学品的危险特性，制定运输船舶危险化学品事故应急救援预案，并为运输船舶配备充足、有效的应急救援器材和设备。

通过内河运输危险化学品的船舶，其所有人或者经营人应当取得船舶污染损害责任保险证书或者财务担保证明。船舶污染损害责任保险证书或者财务担保证明的副本应当随船携带。

**第五十八条** 通过内河运输危险化学品，危险化学品包装物的材质、型式、强度以及包装方法应当符合水路运输危险化学品包装规范的要求。国务院交通运输主管部门对单船运输的危险化学品数量有限制性规定的，承运人应当按照规定安排运输数量。

**第五十九条** 用于危险化学品运输作业的内河码头、泊位应当符合国家有关安全规范，与饮用水取水口保持国家规定的距离。有关管理单位应当制定码头、泊位危险化学品事故应急预案，并为码头、泊位配备充足、有效的应急救援器材和设备。

用于危险化学品运输作业的内河码头、泊位，经交通运输主管部门按照国家有关规定验收合格后方可投入使用。

**第六十条** 船舶载运危险化学品进出内河港口，应当将危险化学品的名称、危险特性、包装以及进出港时间等事项，事先报告海事管理机构。海事管理机构接到报告后，应当在国务院交通运输主管部门规定的时间内作出是否同意的决定，通知报告人，同时通报港口行政管理部门。定船舶、定航线、定货种的船舶可以定期报告。

在内河港口内进行危险化学品的装卸、过驳作业，应当将危险化学品的名称、危险特性、包装和作业的时间、地点等事项报告港口行政管理部门。港口行政管理部门接到报告后，应当在国务院交通运输主管部门规定的时间内作出是否同意的决定，通知报告人，同时通报海事管理机构。

载运危险化学品的船舶在内河航行，通过过船建筑物的，应当提前向交通运输主管部门申报，并接受交通运输主管部门的管理。

**第六十一条** 载运危险化学品的船舶在内河航行、装卸或者停泊，应当悬挂专用的警示标志，按照规定显示专用信号。

载运危险化学品的船舶在内河航行，按照国务院交通运输主管部门的规定需要引航的，应当申请引航。

**第六十二条** 载运危险化学品的船舶在内河航行，应当遵守法律、行政法规和国家其他有关饮用水水源保护的规定。内河航道发展规划应当与依法经批准的饮用水水源保护区划定方案相协调。

**第六十三条** 托运危险化学品的，托运人应当向承运人说明所托运的危险化学品的种类、数量、危险特性以及发生危险情况的应急处置措施，并按照国家有关规定对所托运的危险化学品妥善包装，在外包装上设置相应的标志。

运输危险化学品需要添加抑制剂或者稳定剂的，托运人应当添加，并将有关情况告知承运人。

**第六十四条** 托运人不得在托运的普通货物中夹带危险化学品，不得将危险化学品匿报或者谎报为普通货物托运。

任何单位和个人不得交寄危险化学品或者在邮件、快件内夹带危险化学品，不得将危险化学品匿报或者谎报为普通物品交寄。邮政企业、快递企业不得收寄危险化学品。

对涉嫌违反本条第一款、第二款规定的，交通运输主管部门、邮政管理部门可以依法开拆查验。

**第六十五条** 通过铁路、航空运输危险化学品的安全管理，依照有关铁路、航空运输的法律、行政法规、规章的规定执行。

## 第六章　危险化学品登记与事故应急救援

**第六十六条** 国家实行危险化学品登记制度，为危险化学品安全管理以及危险化学品事故预防和应急救援提供技术、信息支持。

**第六十七条**　危险化学品生产企业、进口企业，应当向国务院安全生产监督管理部门负责危险化学品登记的机构（以下简称危险化学品登记机构）办理危险化学品登记。

危险化学品登记包括下列内容：

（一）分类和标签信息；

（二）物理、化学性质；

（三）主要用途；

（四）危险特性；

（五）储存、使用、运输的安全要求；

（六）出现危险情况的应急处置措施。

对同一企业生产、进口的同一品种的危险化学品，不进行重复登记。危险化学品生产企业、进口企业发现其生产、进口的危险化学品有新的危险特性的，应当及时向危险化学品登记机构办理登记内容变更手续。

危险化学品登记的具体办法由国务院安全生产监督管理部门制定。

**第六十八条**　危险化学品登记机构应当定期向工业和信息化、环境保护、公安、卫生、交通运输、铁路、质量监督检验检疫等部门提供危险化学品登记的有关信息和资料。

**第六十九条**　县级以上地方人民政府安全生产监督管理部门应当会同工业和信息化、环境保护、公安、卫生、交通运输、铁路、质量监督检验检疫等部门，根据本地区实际情况，制定危险化学品事故应急预案，报本级人民政府批准。

**第七十条**　危险化学品单位应当制定本单位危险化学品事故应急预案，配备应急救援人员和必要的应急救援器材、设备，并定期组织应急救援演练。

危险化学品单位应当将其危险化学品事故应急预案报所在地设区的市级人民政府安全生产监督管理部门备案。

**第七十一条**　发生危险化学品事故，事故单位主要负责人应当立即按照本单位危险化学品应急预案组织救援，并向当地安全生产监督管理部门和环境保护、公安、卫生主管部门报告；道路运输、水路运输过程中发生危险化学品事故的，驾驶人员、船员或者押运人员还应当向事故发生地交通运输主管部门报告。

**第七十二条** 发生危险化学品事故，有关地方人民政府应当立即组织安全生产监督管理、环境保护、公安、卫生、交通运输等有关部门，按照本地区危险化学品事故应急预案组织实施救援，不得拖延、推诿。

有关地方人民政府及其有关部门应当按照下列规定，采取必要的应急处置措施，减少事故损失，防止事故蔓延、扩大：

（一）立即组织营救和救治受害人员，疏散、撤离或者采取其他措施保护危害区域内的其他人员；

（二）迅速控制危害源，测定危险化学品的性质、事故的危害区域及危害程度；

（三）针对事故对人体、动植物、土壤、水源、大气造成的现实危害和可能产生的危害，迅速采取封闭、隔离、洗消等措施；

（四）对危险化学品事故造成的环境污染和生态破坏状况进行监测、评估，并采取相应的环境污染治理和生态修复措施。

**第七十三条** 有关危险化学品单位应当为危险化学品事故应急救援提供技术指导和必要的协助。

**第七十四条** 危险化学品事故造成环境污染的，由设区的市级以上人民政府环境保护主管部门统一发布有关信息。

## 第七章 法律责任

**第七十五条** 生产、经营、使用国家禁止生产、经营、使用的危险化学品的，由安全生产监督管理部门责令停止生产、经营、使用活动，处20万元以上50万元以下的罚款，有违法所得的，没收违法所得；构成犯罪的，依法追究刑事责任。

有前款规定行为的，安全生产监督管理部门还应当责令其对所生产、经营、使用的危险化学品进行无害化处理。

违反国家关于危险化学品使用的限制性规定使用危险化学品的，依照本条第一款的规定处理。

**第七十六条** 未经安全条件审查，新建、改建、扩建生产、储存危险化学品的建设项目的，由安全生产监督管理部门责令停止建设，限期改正；逾期不改正的，处 50 万元以上 100 万元以下的罚款；构成犯罪的，依法追究刑事责任。

未经安全条件审查，新建、改建、扩建储存、装卸危险化学品的港口建设项目的，由港口行政管理部门依照前款规定予以处罚。

**第七十七条**　未依法取得危险化学品安全生产许可证从事危险化学品生产，或者未依法取得工业产品生产许可证从事危险化学品及其包装物、容器生产的，分别依照《安全生产许可证条例》、《中华人民共和国工业产品生产许可证管理条例》的规定处罚。

违反本条例规定，化工企业未取得危险化学品安全使用许可证，使用危险化学品从事生产的，由安全生产监督管理部门责令限期改正，处 10 万元以上 20 万元以下的罚款；逾期不改正的，责令停产整顿。

违反本条例规定，未取得危险化学品经营许可证从事危险化学品经营的，由安全生产监督管理部门责令停止经营活动，没收违法经营的危险化学品以及违法所得，并处 10 万元以上 20 万元以下的罚款；构成犯罪的，依法追究刑事责任。

**第七十八条**　有下列情形之一的，由安全生产监督管理部门责令改正，可以处 5 万元以下的罚款；拒不改正的，处 5 万元以上 10 万元以下的罚款；情节严重的，责令停产停业整顿：

（一）生产、储存危险化学品的单位未对其铺设的危险化学品管道设置明显的标志，或者未对危险化学品管道定期检查、检测的；

（二）进行可能危及危险化学品管道安全的施工作业，施工单位未按照规定书面通知管道所属单位，或者未与管道所属单位共同制定应急预案、采取相应的安全防护措施，或者管道所属单位未指派专门人员到现场进行管道安全保护指导的；

（三）危险化学品生产企业未提供化学品安全技术说明书，或者未在包装（包括外包装件）上粘贴、拴挂化学品安全标签的；

（四）危险化学品生产企业提供的化学品安全技术说明书与其生产的危险化学品不相符，或者在包装（包括外包装件）粘贴、拴挂的化学品安全标签与包装内危险化学品不相符，或者化学品安全技术说明书、化学品安全标签所载明的内容不符合国家标准要求的；

（五）危险化学品生产企业发现其生产的危险化学品有新的危险特性不立即公告，或者不及时修订其化学品安全技术说明书和化学品安全标签的；

（六）危险化学品经营企业经营没有化学品安全技术说明书和化学品安全标签的危险化学品的；

（七）危险化学品包装物、容器的材质以及包装的型式、规格、方法和单件质量（重量）与所包装的危险化学品的性质和用途不相适应的；

（八）生产、储存危险化学品的单位未在作业场所和安全设施、设备上设置明显的安全警示标志，或者未在作业场所设置通信、报警装置的；

（九）危险化学品专用仓库未设专人负责管理，或者对储存的剧毒化学品以及储存数量构成重大危险源的其他危险化学品未实行双人收发、双人保管制度的；

（十）储存危险化学品的单位未建立危险化学品出入库核查、登记制度的；

（十一）危险化学品专用仓库未设置明显标志的；

（十二）危险化学品生产企业、进口企业不办理危险化学品登记，或者发现其生产、进口的危险化学品有新的危险特性不办理危险化学品登记内容变更手续的。

从事危险化学品仓储经营的港口经营人有前款规定情形的，由港口行政管理部门依照前款规定予以处罚。储存剧毒化学品、易制爆危险化学品的专用仓库未按照国家有关规定设置相应的技术防范设施的，由公安机关依照前款规定予以处罚。

生产、储存剧毒化学品、易制爆危险化学品的单位未设置治安保卫机构、配备专职治安保卫人员的，依照《企业事业单位内部治安保卫条例》的规定处罚。

**第七十九条** 危险化学品包装物、容器生产企业销售未经检验或者经检验不合格的危险化学品包装物、容器的，由质量监督检验检疫部门责令改正，处10万元以上20万元以下的罚款，有违法所得的，没收违法所得；拒不改正的，责令停产停业整顿；构成犯罪的，依法追究刑事责任。

将未经检验合格的运输危险化学品的船舶及其配载的容器投入使用

的，由海事管理机构依照前款规定予以处罚。

**第八十条**　生产、储存、使用危险化学品的单位有下列情形之一的，由安全生产监督管理部门责令改正，处 5 万元以上 10 万元以下的罚款；拒不改正的，责令停产停业整顿直至由原发证机关吊销其相关许可证件，并由工商行政管理部门责令其办理经营范围变更登记或者吊销其营业执照；有关责任人员构成犯罪的，依法追究刑事责任：

（一）对重复使用的危险化学品包装物、容器，在重复使用前不进行检查的；

（二）未根据其生产、储存的危险化学品的种类和危险特性，在作业场所设置相关安全设施、设备，或者未按照国家标准、行业标准或者国家有关规定对安全设施、设备进行经常性维护、保养的；

（三）未依照本条例规定对其安全生产条件定期进行安全评价的；

（四）未将危险化学品储存在专用仓库内，或者未将剧毒化学品以及储存数量构成重大危险源的其他危险化学品在专用仓库内单独存放的；

（五）危险化学品的储存方式、方法或者储存数量不符合国家标准或者国家有关规定的；

（六）危险化学品专用仓库不符合国家标准、行业标准的要求的；

（七）未对危险化学品专用仓库的安全设施、设备定期进行检测、检验的。

从事危险化学品仓储经营的港口经营人有前款规定情形的，由港口行政管理部门依照前款规定予以处罚。

**第八十一条**　有下列情形之一的，由公安机关责令改正，可以处 1 万元以下的罚款；拒不改正的，处 1 万元以上 5 万元以下的罚款：

（一）生产、储存、使用剧毒化学品、易制爆危险化学品的单位不如实记录生产、储存、使用的剧毒化学品、易制爆危险化学品的数量、流向的；

（二）生产、储存、使用剧毒化学品、易制爆危险化学品的单位发现剧毒化学品、易制爆危险化学品丢失或者被盗，不立即向公安机关报告的；

（三）储存剧毒化学品的单位未将剧毒化学品的储存数量、储存地点以及管理人员的情况报所在地县级人民政府公安机关备案的；

（四）危险化学品生产企业、经营企业不如实记录剧毒化学品、易制爆危险化学品购买单位的名称、地址、经办人的姓名、身份证号码以及所购买的剧毒化学品、易制爆危险化学品的品种、数量、用途，或者保存销售记录和相关材料的时间少于 1 年的；

（五）剧毒化学品、易制爆危险化学品的销售企业、购买单位未在规定的时限内将所销售、购买的剧毒化学品、易制爆危险化学品的品种、数量以及流向信息报所在地县级人民政府公安机关备案的；

（六）使用剧毒化学品、易制爆危险化学品的单位依照本条例规定转让其购买的剧毒化学品、易制爆危险化学品，未将有关情况向所在地县级人民政府公安机关报告的。

生产、储存危险化学品的企业或者使用危险化学品从事生产的企业未按照本条例规定将安全评价报告以及整改方案的落实情况报安全生产监督管理部门或者港口行政管理部门备案，或者储存危险化学品的单位未将其剧毒化学品以及储存数量构成重大危险源的其他危险化学品的储存数量、储存地点以及管理人员的情况报安全生产监督管理部门或者港口行政管理部门备案的，分别由安全生产监督管理部门或者港口行政管理部门依照前款规定予以处罚。

生产实施重点环境管理的危险化学品的企业或者使用实施重点环境管理的危险化学品从事生产的企业未按照规定将相关信息向环境保护主管部门报告的，由环境保护主管部门依照本条第一款的规定予以处罚。

**第八十二条**　生产、储存、使用危险化学品的单位转产、停产、停业或者解散，未采取有效措施及时、妥善处置其危险化学品生产装置、储存设施以及库存的危险化学品，或者丢弃危险化学品的，由安全生产监督管理部门责令改正，处 5 万元以上 10 万元以下的罚款；构成犯罪的，依法追究刑事责任。

生产、储存、使用危险化学品的单位转产、停产、停业或者解散，未依照本条例规定将其危险化学品生产装置、储存设施以及库存危险化学品的处置方案报有关部门备案的，分别由有关部门责令改正，可以处 1 万元以下的罚款；拒不改正的，处 1 万元以上 5 万元以下的罚款。

**第八十三条**　危险化学品经营企业向未经许可违法从事危险化学品生产、经营活动的企业采购危险化学品的，由工商行政管理部门责令改正，处10万元以上20万元以下的罚款；拒不改正的，责令停业整顿直至由原发证机关吊销其危险化学品经营许可证，并由工商行政管理部门责令其办理经营范围变更登记或者吊销其营业执照。

**第八十四条**　危险化学品生产企业、经营企业有下列情形之一的，由安全生产监督管理部门责令改正，没收违法所得，并处10万元以上20万元以下的罚款；拒不改正的，责令停产停业整顿直至吊销其危险化学品安全生产许可证、危险化学品经营许可证，并由工商行政管理部门责令其办理经营范围变更登记或者吊销其营业执照：

（一）向不具有本条例第三十八条第一款、第二款规定的相关许可证件或者证明文件的单位销售剧毒化学品、易制爆危险化学品的；

（二）不按照剧毒化学品购买许可证载明的品种、数量销售剧毒化学品的；

（三）向个人销售剧毒化学品（属于剧毒化学品的农药除外）、易制爆危险化学品的。

不具有本条例第三十八条第一款、第二款规定的相关许可证件或者证明文件的单位购买剧毒化学品、易制爆危险化学品，或者个人购买剧毒化学品（属于剧毒化学品的农药除外）、易制爆危险化学品的，由公安机关没收所购买的剧毒化学品、易制爆危险化学品，可以并处5000元以下的罚款。

使用剧毒化学品、易制爆危险化学品的单位出借或者向不具有本条例第三十八条第一款、第二款规定的相关许可证件的单位转让其购买的剧毒化学品、易制爆危险化学品，或者向个人转让其购买的剧毒化学品（属于剧毒化学品的农药除外）、易制爆危险化学品的，由公安机关责令改正，处10万元以上20万元以下的罚款；拒不改正的，责令停产停业整顿。

**第八十五条**　未依法取得危险货物道路运输许可、危险货物水路运输许可，从事危险化学品道路运输、水路运输的，分别依照有关道路运输、水路运输的法律、行政法规的规定处罚。

**第八十六条**　有下列情形之一的，由交通运输主管部门责令改正，处

5 万元以上 10 万元以下的罚款；拒不改正的，责令停产停业整顿；构成犯罪的，依法追究刑事责任：

（一）危险化学品道路运输企业、水路运输企业的驾驶人员、船员、装卸管理人员、押运人员、申报人员、集装箱装箱现场检查员未取得从业资格上岗作业的；

（二）运输危险化学品，未根据危险化学品的危险特性采取相应的安全防护措施，或者未配备必要的防护用品和应急救援器材的；

（三）使用未依法取得危险货物适装证书的船舶，通过内河运输危险化学品的；

（四）通过内河运输危险化学品的承运人违反国务院交通运输主管部门对单船运输的危险化学品数量的限制性规定运输危险化学品的；

（五）用于危险化学品运输作业的内河码头、泊位不符合国家有关安全规范，或者未与饮用水取水口保持国家规定的安全距离，或者未经交通运输主管部门验收合格投入使用的；

（六）托运人不向承运人说明所托运的危险化学品的种类、数量、危险特性以及发生危险情况的应急处置措施，或者未按照国家有关规定对所托运的危险化学品妥善包装并在外包装上设置相应标志的；

（七）运输危险化学品需要添加抑制剂或者稳定剂，托运人未添加或者未将有关情况告知承运人的。

**第八十七条**　有下列情形之一的，由交通运输主管部门责令改正，处 10 万元以上 20 万元以下的罚款，有违法所得的，没收违法所得；拒不改正的，责令停产停业整顿；构成犯罪的，依法追究刑事责任：

（一）委托未依法取得危险货物道路运输许可、危险货物水路运输许可的企业承运危险化学品的；

（二）通过内河封闭水域运输剧毒化学品以及国家规定禁止通过内河运输的其他危险化学品的；

（三）通过内河运输国家规定禁止通过内河运输的剧毒化学品以及其他危险化学品的；

（四）在托运的普通货物中夹带危险化学品，或者将危险化学品谎报或者匿报为普通货物托运的。

在邮件、快件内夹带危险化学品，或者将危险化学品谎报为普通物品交寄的，依法给予治安管理处罚；构成犯罪的，依法追究刑事责任。

邮政企业、快递企业收寄危险化学品的，依照《中华人民共和国邮政法》的规定处罚。

**第八十八条**　有下列情形之一的，由公安机关责令改正，处5万元以上10万元以下的罚款；构成违反治安管理行为的，依法给予治安管理处罚；构成犯罪的，依法追究刑事责任：

（一）超过运输车辆的核定载质量装载危险化学品的；

（二）使用安全技术条件不符合国家标准要求的车辆运输危险化学品的；

（三）运输危险化学品的车辆未经公安机关批准进入危险化学品运输车辆限制通行的区域的；

（四）未取得剧毒化学品道路运输通行证，通过道路运输剧毒化学品的。

**第八十九条**　有下列情形之一的，由公安机关责令改正，处1万元以上5万元以下的罚款；构成违反治安管理行为的，依法给予治安管理处罚：

（一）危险化学品运输车辆未悬挂或者喷涂警示标志，或者悬挂或者喷涂的警示标志不符合国家标准要求的；

（二）通过道路运输危险化学品，不配备押运人员的；

（三）运输剧毒化学品或者易制爆危险化学品途中需要较长时间停车，驾驶人员、押运人员不向当地公安机关报告的；

（四）剧毒化学品、易制爆危险化学品在道路运输途中丢失、被盗、被抢或者发生流散、泄露等情况，驾驶人员、押运人员不采取必要的警示措施和安全措施，或者不向当地公安机关报告的。

**第九十条**　对发生交通事故负有全部责任或者主要责任的危险化学品道路运输企业，由公安机关责令消除安全隐患，未消除安全隐患的危险化学品运输车辆，禁止上道路行驶。

**第九十一条**　有下列情形之一的，由交通运输主管部门责令改正，可以处1万元以下的罚款；拒不改正的，处1万元以上5万元以下的罚款：

（一）危险化学品道路运输企业、水路运输企业未配备专职安全管理人员的；

（二）用于危险化学品运输作业的内河码头、泊位的管理单位未制定码头、泊位危险化学品事故应急救援预案，或者未为码头、泊位配备充足、有效的应急救援器材和设备的。

**第九十二条** 有下列情形之一的，依照《中华人民共和国内河交通安全管理条例》的规定处罚：

（一）通过内河运输危险化学品的水路运输企业未制定运输船舶危险化学品事故应急救援预案，或者未为运输船舶配备充足、有效的应急救援器材和设备的；

（二）通过内河运输危险化学品的船舶的所有人或者经营人未取得船舶污染损害责任保险证书或者财务担保证明的；

（三）船舶载运危险化学品进出内河港口，未将有关事项事先报告海事管理机构并经其同意的；

（四）载运危险化学品的船舶在内河航行、装卸或者停泊，未悬挂专用的警示标志，或者未按照规定显示专用信号，或者未按照规定申请引航的。

未向港口行政管理部门报告并经其同意，在港口内进行危险化学品的装卸、过驳作业的，依照《中华人民共和国港口法》的规定处罚。

**第九十三条** 伪造、变造或者出租、出借、转让危险化学品安全生产许可证、工业产品生产许可证，或者使用伪造、变造的危险化学品安全生产许可证、工业产品生产许可证的，分别依照《安全生产许可证条例》、《中华人民共和国工业产品生产许可证管理条例》的规定处罚。

伪造、变造或者出租、出借、转让本条例规定的其他许可证，或者使用伪造、变造的本条例规定的其他许可证的，分别由相关许可证的颁发管理机关处 10 万元以上 20 万元以下的罚款，有违法所得的，没收违法所得；构成违反治安管理行为的，依法给予治安管理处罚；构成犯罪的，依法追究刑事责任。

**第九十四条** 危险化学品单位发生危险化学品事故，其主要负责人不立即组织救援或者不立即向有关部门报告的，依照《生产安全事故报告和调查处理条例》的规定处罚。

危险化学品单位发生危险化学品事故，造成他人人身伤害或者财产损失的，依法承担赔偿责任。

**第九十五条** 发生危险化学品事故，有关地方人民政府及其有关部门不立即组织实施救援，或者不采取必要的应急处置措施减少事故损失，防止事故蔓延、扩大的，对直接负责的主管人员和其他直接责任人员依法给予处分；构成犯罪的，依法追究刑事责任。

**第九十六条** 负有危险化学品安全监督管理职责的部门的工作人员，在危险化学品安全监督管理工作中滥用职权、玩忽职守、徇私舞弊，构成犯罪的，依法追究刑事责任；尚不构成犯罪的，依法给予处分。

## 第八章 附 则

**第九十七条** 监控化学品、属于危险化学品的药品和农药的安全管理，依照本条例的规定执行；法律、行政法规另有规定的，依照其规定。

民用爆炸物品、烟花爆竹、放射性物品、核能物质以及用于国防科研生产的危险化学品的安全管理，不适用本条例。

法律、行政法规对燃气的安全管理另有规定的，依照其规定。

危险化学品容器属于特种设备的，其安全管理依照有关特种设备安全的法律、行政法规的规定执行。

**第九十八条** 危险化学品的进出口管理，依照有关对外贸易的法律、行政法规、规章的规定执行；进口的危险化学品的储存、使用、经营、运输的安全管理，依照本条例的规定执行。

危险化学品环境管理登记和新化学物质环境管理登记，依照有关环境保护的法律、行政法规、规章的规定执行。危险化学品环境管理登记，按照国家有关规定收取费用。

**第九十九条** 公众发现、捡拾的无主危险化学品，由公安机关接收。公安机关接收或者有关部门依法没收的危险化学品，需要进行无害化处理的，交由环境保护主管部门组织其认定的专业单位进行处理，或者交由有关危险化学品生产企业进行处理。处理所需费用由国家财政负担。

**第一百条** 化学品的危险特性尚未确定的，由国务院安全生产监督管理部门、国务院环境保护主管部门、国务院卫生主管部门分别负责组织对该化学品的物理危险性、环境危害性、毒理特性进行鉴定。根据鉴定结果，需要调整危险化学品目录的，依照本条例第三条第二款的规定办理。

**第一百零一条** 本条例施行前已经使用危险化学品从事生产的化工企业，依照本条例规定需要取得危险化学品安全使用许可证的，应当在国务院安全生产监督管理部门规定的期限内，申请取得危险化学品安全使用许可证。

**第一百零二条** 本条例自 2011 年 12 月 1 日起施行。

# 附录三　民用航空危险品运输管理规定

中华人民共和国交通运输部令

2024 年第 4 号

《民用航空危险品运输管理规定》已于 2024 年 1 月 12 日经第 1 次部务会议通过，现予公布，自 2024 年 7 月 1 日起施行。

部　长　　李小鹏

2024 年 1 月 18 日

## 民用航空危险品运输管理规定

### 第一章　总　　则

**第一条**　为了加强民用航空危险品运输管理，规范危险品航空运输活动，保障民用航空运输安全，根据《中华人民共和国民用航空法》、《中华人民共和国安全生产法》、《中华人民共和国反恐怖主义法》、《危险化学品安全管理条例》等法律、行政法规，制定本规定。

**第二条**　中华人民共和国境内的承运人、机场管理机构、地面服务代理人、危险品培训机构、从事民航安全检查工作的机构以及其他单位和个人从事民用航空危险品运输有关活动的，适用本规定。

外国承运人、港澳台地区承运人从事前款规定的活动，其航班始发地点、经停地点或者目的地点之一在中华人民共和国境内（不含港澳台，下同）的，适用本规定。

**第三条**　中国民用航空局（以下简称民航局）负责对民用航空危险品运输活动实施统一监督管理。

中国民用航空地区管理局（以下简称民航地区管理局）负责对本辖区内的民用航空危险品运输活动实施监督管理。

民航局和民航地区管理局统称为民航行政机关。

**第四条** 从事民用航空危险品运输有关活动的单位和个人应当遵守《国际民用航空公约》附件 18《危险物品的安全航空运输》及《技术细则》的要求；法律、法规、规章另有规定的，还应当遵守其规定。

**第五条** 有关行业协会应当加强行业自律，推进诚信建设，促进会员依法开展公共航空危险品运输活动，提升服务质量。

## 第二章 运输限制

**第六条** 任何单位和个人不得在行李中携带或者通过货物、邮件托运、收运、载运《技术细则》中规定的在任何情况下禁止航空运输的危险品。

**第七条** 除运输安全水平符合要求并获得民航行政机关按《技术细则》给予批准或者豁免外，任何单位和个人不得在行李中携带或者通过货物、邮件托运、收运、载运下列危险品：

（一）《技术细则》中规定禁止在正常情况下航空运输的危险品；

（二）受到感染的活体动物。

**第八条** 托运、收运、载运含有危险品的邮件，应当符合相关邮政法律法规、本规定及《技术细则》的要求。

**第九条** 符合下列情况的物品或者物质，按照《技术细则》的规定不受危险品航空运输的限制：

（一）已分类为危险品的物品或者物质，根据有关适航要求和运行规定，或者因《技术细则》列明的其他特殊原因需要装在民用航空器上时；

（二）旅客或者机组成员携带的《技术细则》规定范围内的特定物品或者物质。

运输前款第一项所述物品或者物质的替换物，或者被替换下来的所述物品或者物质，除《技术细则》准许外，应当遵守本规定。

## 第三章　运输许可

### 第一节　一般规定

**第十条**　承运人从事危险品货物、含有危险品的邮件（以下简称危险品货物、邮件）航空运输，应当取得危险品航空运输许可。

**第十一条**　境内承运人申请取得危险品航空运输许可的，应当具备下列条件：

（一）持有公共航空运输企业经营许可证；

（二）危险品航空运输手册符合本规定的要求；

（三）危险品培训大纲符合本规定的要求；

（四）按照危险品航空运输手册建立了危险品航空运输管理和操作程序、应急方案；

（五）危险品航空运输从业人员按照危险品培训大纲完成培训并考核合格；

（六）货物、邮件航空运输安全记录良好。

**第十二条**　港澳台地区承运人、外国承运人申请取得危险品航空运输许可的，应当具备下列条件：

（一）持有所在地区或者所在国民航主管部门颁发的危险品航空运输许可或者等效文件；

（二）持有所在地区或者所在国民航主管部门审查或者批准的危险品航空运输手册或者等效文件；

（三）持有所在地区或者所在国民航主管部门审查或者批准的危险品培训大纲或者等效文件；

（四）货物、邮件航空运输安全记录良好。

**第十三条**　民航地区管理局作出的危险品航空运输许可，应当包含下列内容：

（一）承运人按照本规定和《技术细则》开展危险品货物、邮件航空运输活动的经营范围；

（二）批准运输的危险品类（项）别；

（三）许可的有效期；

（四）必要的限制条件。

## 第二节　许可程序

**第十四条**　境内承运人申请危险品航空运输许可的，应当向其公共航空运输企业经营许可证载明的主运营基地机场所在地民航地区管理局提交下列材料，并确保其真实、完整、有效：

（一）申请书；

（二）危险品航空运输手册；

（三）危险品培训大纲。

**第十五条**　港澳台地区承运人、外国承运人申请危险品航空运输许可的，应当向民航局指定管辖的民航地区管理局提交下列材料，并确保其真实、完整、有效：

（一）申请书；

（二）承运人所在地区或者所在国民航主管部门颁发的危险品航空运输许可或者等效文件；

（三）承运人所在地区或者所在国民航主管部门对承运人危险品航空运输手册或者等效文件的审查或者批准的证明材料；

（四）承运人所在地区或者所在国民航主管部门对承运人危险品培训大纲或者等效文件的审查或者批准的证明材料。

前款规定的申请材料应当使用中文或者英文。使用译本的，申请人应当承诺保证译本和原件的一致性和等同有效性。

**第十六条**　经审查，境内承运人符合本规定第十一条、港澳台地区及外国承运人符合本规定第十二条要求的，由民航地区管理局为其颁发危险品航空运输许可。

经审查不符合要求的，由民航地区管理局书面作出不予许可决定，说明理由，并告知申请人享有依法申请行政复议或者提起行政诉讼的权利。

**第十七条**　民航地区管理局应当自受理申请之日起 20 个工作日内作出是否准予许可的决定。20 个工作日内不能作出决定的，经民航地区管理局负责人批准，可以延长 10 个工作日，并应当将延长期限的理由告知申请人。

民航地区管理局作出行政许可决定，需要进行检验、检测、鉴定和组织专家评审的，所需时间不计入前款所述期限。

### 第三节 许可管理

**第十八条** 危险品航空运输许可的有效期最长不超过24个月。

有下列情形之一的，作出行政许可决定的民航地区管理局应当依法办理危险品航空运输许可注销手续：

（一）被许可承运人书面申请办理注销手续的；

（二）许可依法被撤销、撤回、吊销的；

（三）许可有效期届满未延续的；

（四）法律、法规规定的其他情形。

**第十九条** 承运人要求变更许可事项的，应当向民航地区管理局提出申请，按照本章有关许可的规定办理。

**第二十条** 承运人申请许可有效期延续的，应当在许可有效期届满30日前向民航地区管理局提出申请。经审查，承运人满足本规定许可条件的，民航地区管理局应当在许可有效期届满前作出是否准予延续的决定；民航地区管理局逾期未作出决定的，视为准予延续。

## 第四章 运输手册管理

**第二十一条** 境内承运人、地面服务代理人应当制定符合本规定要求的危险品航空运输手册，并采取措施保持手册的实用性和有效性。

境内承运人应当在完成运行合格审定前向主运营基地机场所在地民航地区管理局备案危险品航空运输手册。手册内容发生变化的，境内承运人应当及时进行更新备案。

**第二十二条** 境内承运人、地面服务代理人的危险品航空运输手册应当至少包括下列适用的内容：

（一）危险品航空运输的总政策；

（二）危险品航空运输管理和监督机构及其职责；

（三）开展自查及对其代理人进行检查的要求；

（四）人员的培训要求及对危险品培训机构的要求；

（五）旅客、机组成员携带危险品的限制，以及将限制要求告知旅客、机组成员的措施；

（六）托运人及托运人代理人的诚信管理要求；

（七）行李、货物、邮件中隐含危险品的识别及防止隐含危险品的措施；

（八）向机长通知危险品装载信息的措施；

（九）危险品航空运输应急响应方案及应急处置演练的要求；

（十）危险品航空运输事件的报告程序；

（十一）重大、紧急或者其他特殊情况下危险品航空运输预案。

从事危险品货物、邮件航空运输的境内承运人、地面服务代理人的危险品航空运输手册，还应当包括危险品货物、邮件航空运输的技术要求及操作程序。

除单独成册外，危险品航空运输手册的内容可以按照专业类别编入企业运行、地面服务和客货运输业务等其他业务手册中。

**第二十三条** 承运人委托地面服务代理人代表其从事危险品航空运输地面服务的，应当要求地面服务代理人按照承运人提供的危险品航空运输手册或者经承运人认可的地面服务代理人危险品航空运输手册，开展危险品航空运输地面服务。

港澳台地区及外国承运人提供的危险品航空运输手册应当使用中文或者英文，使用译本的，应当承诺保证译本和原件的一致性和等同有效性。

按照经承运人认可的地面服务代理人危险品航空运输手册开展活动的，承运人应当告知地面服务代理人其差异化要求，地面服务代理人应当采取措施确保相关操作满足承运人的差异化要求。

**第二十四条** 承运人、地面服务代理人应当采取必要措施，确保危险品航空运输有关人员在履行相关职责时，充分了解危险品航空运输手册中与其职责相关的内容。

承运人、地面服务代理人应当为危险品航空运输有关人员提供以其所熟悉的文字编写的危险品航空运输手册，以便相关人员履行危险品航空运输职责。

**第二十五条** 承运人、地面服务代理人应当按照危险品航空运输手册中规定的程序和要求，开展危险品航空运输相关活动。

**第二十六条** 运输机场管理机构应当制定机场危险品航空运输应急救

援预案，将其纳入运输机场突发事件应急救援预案管理，并按照有关规定执行。

运输机场管理机构应当将机场危险品航空运输的管理和应急救援预案内容，纳入机场使用手册。

## 第五章　托运人责任

**第二十七条**　托运人应当确保办理危险品货物托运手续和签署危险品运输文件的人员，已按照本规定和《技术细则》的要求经过危险品培训并考核合格。

**第二十八条**　托运人将危险品货物提交航空运输前，应当按照本规定和《技术细则》的规定，确保该危险品不属于禁止航空运输的危险品，并正确地进行分类、识别、包装、加标记、贴标签。

托运法律、法规限制运输的危险品货物，应当符合相关法律、法规的要求。

**第二十九条**　托运人将货物提交航空运输时，应当向承运人说明危险品货物情况，并提供真实、准确、完整的危险品运输文件。托运人应当正确填写危险品运输文件并签字。

除《技术细则》另有规定外，危险品运输文件应当包括《技术细则》所要求的内容，以及经托运人签字的声明，表明已使用运输专用名称对危险品进行完整、准确地描述和该危险品已按照《技术细则》的规定进行分类、包装、加标记和贴标签，且符合航空运输的条件。

**第三十条**　托运人应当向承运人提供所托运危险品货物发生危险情况的应急处置措施，并在必要时提供所托运危险品货物符合航空运输条件的相关证明材料。

**第三十一条**　托运人应当确保航空货运单、危险品运输文件及相关证明材料中所列货物信息与其实际托运的危险品货物保持一致。

**第三十二条**　托运人应当保存一份危险品航空运输相关文件，保存期限自运输文件签订之日起不少于24个月。

前款所述危险品航空运输相关文件包括危险品运输文件、航空货运单以及承运人、本规定和《技术细则》要求的补充资料和文件等。

**第三十三条** 托运人代理人从事危险品货物航空运输活动的，应当持有托运人的授权书，并适用本规定有关托运人责任的规定。

## 第六章 承运人及其地面服务代理人责任

### 第一节 一般规定

**第三十四条** 境内承运人、地面服务代理人应当将危险品航空运输纳入其安全管理体系或者单独建立危险品航空运输安全管理体系，并确保体系持续有效运行。

**第三十五条** 境内承运人、地面服务代理人应当明确适当的机构，配置专职人员对危险品航空运输活动进行管理。

持有危险品航空运输许可的港澳台地区承运人、外国承运人应当指定专人负责对危险品航空运输活动进行管理。

**第三十六条** 承运人和地面服务代理人应当对从事公共航空危险品运输的协议方或者合作方加强诚信管理，建立并持续完善公共航空危险品运输托运人及托运人代理人诚信评价机制。

### 第二节 承运人责任

**第三十七条** 承运人应当按照危险品航空运输许可的要求和条件开展危险品货物、邮件航空运输活动。

运输法律、法规限制运输的危险品，应当符合相关法律、法规的要求。

**第三十八条** 承运人接收危险品货物、邮件进行航空运输应当符合下列要求：

（一）确认办理托运手续和签署危险品运输文件的人员经危险品培训并考核合格，同时满足承运人危险品航空运输手册的要求；

（二）确认危险品货物、邮件附有完整的危险品航空运输相关文件，《技术细则》另有规定的除外；

（三）按照《技术细则》的要求对危险品货物、邮件进行检查。

**第三十九条** 承运人应当按照《技术细则》及民航行政机关的要求，收运、存放、装载、固定及隔离危险品货物、邮件。

**第四十条** 承运人应当按照《技术细则》及民航行政机关的要求，对危险品货物、邮件的损坏泄漏及污染进行检查和清除。

**第四十一条**　承运人应当按照《技术细则》及民航行政机关的要求，存放危险品货物、邮件，并及时处置超期存放的危险品货物、邮件。

承运人应当采取适当措施防止危险品货物、邮件被盗或者被不正当使用。

**第四十二条**　承运人应当在载运危险品货物、邮件的飞行终止后，将危险品航空运输相关文件保存不少于 24 个月。

前款所述文件包括危险品运输文件、航空货运单、收运检查单、机长通知单以及承运人、本规定和《技术细则》要求的补充资料和文件等。

**第四十三条**　委托地面服务代理人代表其从事危险品货物、邮件航空运输地面服务的承运人，应当同符合本规定要求的地面服务代理人签订包括危险品货物、邮件航空运输内容的地面服务代理协议，明确各自的危险品运输管理职责和应当采取的安全措施。

**第四十四条**　承运人应当采取措施防止货物、邮件、行李隐含危险品。

**第四十五条**　境内承运人应当对其地面服务代理人的危险品航空运输活动进行定期检查。

### 第三节　地面服务代理人责任

**第四十六条**　地面服务代理人应当按照与承运人签订的地面服务代理协议的相关要求，开展危险品货物、邮件航空运输活动。

**第四十七条**　在首次开展航空运输地面服务代理活动前，地面服务代理人应当向所在地民航地区管理局备案，并提交下列真实、完整、有效的备案材料：

（一）地面服务代理人备案信息表；

（二）法人资格证明；

（三）危险品航空运输手册；

（四）危险品培训大纲；

（五）按照本规定及备案内容开展危险品航空运输活动及确保危险品航空运输手册和危险品培训大纲持续更新的声明。

备案信息表中与危险品运输相关的地面服务代理业务范围发生变动

的，地面服务代理人应当在开展相关新业务活动前备案。其他备案材料内容发生变化的，地面服务代理人应当及时对变化内容进行备案。

**第四十八条** 地面服务代理人开展危险品航空运输活动应当满足本规定及备案的危险品航空运输手册和危险品培训大纲的要求，并接受相关承运人的检查。

**第四十九条** 地面服务代理人代表承运人从事危险品航空运输活动的，适用本规定有关承运人责任的规定。

## 第七章 运输信息

**第五十条** 承运人在向旅客出售机票时，应当向旅客提供关于禁止航空运输的危险品种类的信息。

当通过互联网出售机票时，承运人应当以文字或者图像形式向旅客提供关于禁止旅客带上航空器的危险品种类的信息，且确保只有在旅客表示已经知悉行李中的危险品限制之后，方可完成购票手续。

**第五十一条** 在旅客办理乘机手续时，承运人或者地面服务代理人应当向旅客提供《技术细则》关于旅客携带危险品的限制要求信息。旅客自助办理乘机手续的，信息应当包括图像，并应当确保只有在旅客表示已经知悉行李中的危险品限制之后，方可完成办理乘机手续。

**第五十二条** 承运人、地面服务代理人或者机场管理机构应当在机场售票处、办理乘机手续处、安检处、登机处以及旅客可以办理乘机手续的其他地方醒目地张贴布告，告知旅客禁止航空运输危险品的种类。

前款要求的布告，应当包括禁止运输危险品的直观示例。

**第五十三条** 承运人或者地面服务代理人应当在货物、邮件收运处的醒目地点张贴布告，告知托运人及托运人代理人货物、邮件中可能含有的危险品以及危险品航空运输的相关规定和法律责任。

前款要求的布告，应当包括危险品的直观示例。

**第五十四条** 承运人、地面服务代理人、从事民航安全检查工作的机构以及机场管理机构应当向其从业人员提供相关信息，使其能够履行与危险品航空运输相关的职责，同时应当提供在出现涉及危险品的紧急情况时可供遵循的行动指南。

承运人应当在运行手册或者其他相关手册中向飞行机组成员提供与其履行职责相关的危险品信息及行动指南。

**第五十五条**　民用航空器上载运危险品货物、邮件时，承运人或者地面服务代理人应当在民用航空器起飞前向机长、民用航空器运行控制人员等提供《技术细则》规定的信息。

**第五十六条**　飞行中发生紧急情况时，如果情况允许，机长应当按照《技术细则》的规定立即将机上载有危险品货物、邮件的信息通报有关空中交通管制部门，以便通知机场。

**第五十七条**　承运人、地面服务代理人、机场管理机构应当按照《技术细则》及民航行政机关的要求，报告危险品航空运输事件信息。

**第五十八条**　承运人、地面服务代理人、从事民航安全检查工作的机构、危险品培训机构等相关单位，应当按照民航行政机关的要求报送危险品航空运输有关的信息和数据。

## 第八章　培训管理

### 第一节　一般规定

**第五十九条**　危险品货物托运人及托运人代理人、境内承运人、地面服务代理人、从事民航安全检查工作的机构、以及其他从事危险品航空运输活动的单位，应当确保其危险品航空运输从业人员按照本规定及《技术细则》的要求经过符合本规定要求的危险品培训机构培训并考核合格。

境内承运人、机场管理机构、地面服务代理人、从事民航安全检查工作的机构等单位分管危险品运输管理业务的负责人和安全管理人员，应当定期接受危险品航空运输管理知识培训。

本章所称危险品培训机构，包括境内承运人、机场管理机构、地面服务代理人、从事民航安全检查工作的机构、其他从事民用航空危险品运输有关活动的单位为其从业人员提供危险品培训所设立的培训机构，以及对外提供危险品培训的第三方机构。

**第六十条**　港澳台地区承运人、外国承运人，应当确保其相关人员的危险品培训符合本规定及《技术细则》的相关要求。

**第六十一条**　危险品货物托运人及托运人代理人、境内承运人、地面服务代理人、从事民航安全检查工作的机构、危险品培训机构，应当如实记录其危险品航空运输从业人员教育和培训情况，并保存不少于 36 个月，随时接受民航行政机关的检查。

## 第二节 培训大纲

**第六十二条** 下列单位应当制定并持有符合本规定及《技术细则》相关要求的危险品培训大纲，并按照大纲开展培训活动：

（一）境内承运人；

（二）地面服务代理人；

（三）从事民航安全检查工作的机构；

（四）危险品培训机构。

从事民航安全检查工作的机构，应当将其危险品培训大纲报所在地民航地区管理局备案。

**第六十三条** 危险品培训大纲应当根据受训人员的职责制定，并包括下列内容：

（一）符合本规定和《技术细则》规定的声明；

（二）符合要求的培训课程设置及评估要求；

（三）适用的受训人员范围及培训后应当达到的要求；

（四）实施培训的危险品培训机构及教员要求；

（五）培训使用教材的说明。

**第六十四条** 危险品培训大纲应当及时修订和更新，确保持续符合本规定及《技术细则》的要求。

## 第三节 培训机构

**第六十五条** 危险品培训机构应当在首次开展培训活动 30 日前向机构所在地民航地区管理局备案。

危险品培训机构终止培训的，应当自终止培训之日起 30 日内书面告知原备案民航地区管理局。

**第六十六条** 危险品培训机构应当在备案时提交下列材料，并确保其真实、完整、有效：

（一）危险品培训机构备案信息表；

（二）法人资格证明；

（三）危险品培训大纲；

（四）培训管理制度；

（五）3 名及以上符合要求的危险品培训教员的证明材料；

（六）按照本规定要求及备案内容开展危险品培训活动并保持危险品培训大纲持续更新的声明。

备案材料内容发生变化的，危险品培训机构应当及时对变化内容进行备案。

**第六十七条**　危险品培训机构应当按照备案的危险品培训大纲和培训管理制度开展培训，并遵守下列要求：

（一）定期开展自查，确保持续符合本规定及危险品培训管理制度的要求；

（二）实施培训时使用的危险品培训大纲及教员符合本规定的要求；

（三）实施的培训符合本规定的要求；

（四）建立并实施培训效果评估制度，定期组织教学研讨和教学质量评价活动。

危险品培训机构应当接受民航行政机关组织的教学质量评价。

**第六十八条**　危险品培训机构应当确保本机构的危险品教员持续满足本规定的要求。

### 第四节　培训教员

**第六十九条**　危险品培训机构应当使用符合以下要求的教员从事危险品培训工作：

（一）熟悉危险品航空运输法律法规、规章、规定和政策；

（二）从事民航相关业务 3 年以上；

（三）参加符合本规定及《技术细则》要求的危险品培训，并考核优秀；

（四）通过危险品教员培训，具备相应的授课技能。

**第七十条**　危险品培训机构的教员应当按照本规定开展培训活动，并持续符合下列要求：

（一）同时仅在一家培训机构备案且仅代表一家危险品培训机构开展培训活动；

（二）每 12 个月至少实施一次完整的危险品培训；

（三）每 24 个月至少参加一次危险品教员培训，且至少参加一次相应的危险品培训并考核合格；

（四）教学质量评价满足要求；

（五）每 12 个月至少参加一次危险品培训机构组织的教学研讨活动。

危险品培训机构的教员不满足前款规定的要求的，危险品培训机构应当及时更换教员，并重新组织培训。

## 第九章　监督管理

**第七十一条**　从事民用航空危险品运输活动的有关单位和个人对民航行政机关的监督检查人员依法履行监督检查职责，应当予以配合，不得拒绝、阻碍。

**第七十二条**　持有危险品航空运输许可的承运人，应当保证其运营条件持续符合颁发危险品航空运输许可的条件。

因运营条件发生变化等，承运人不再具备安全生产条件的，由民航地区管理局依照《中华人民共和国安全生产法》的规定撤销其危险品航空运输许可。

**第七十三条**　民航地区管理局应当自地面服务代理人、危险品培训机构备案之日起 30 日内，对备案的地面服务代理人、危险品培训机构进行现场核查，对相关材料进行核实，并定期开展日常检查，监督其持续符合规定要求。

**第七十四条**　托运人、托运人代理人有下列行为之一的，依法作为严重失信行为记入民航行业信用记录：

（一）伪造危险品航空运输相关文件的；

（二）违规托运危险品货物，造成危险品事故或者严重征候；

（三）违规托运危险品货物，12 个月内造成危险品一般征候两次以上的。

## 第十章　法律责任

**第七十五条**　承运人隐瞒有关情况或者提供虚假材料申请危险品航空

运输许可的，民航地区管理局不予受理或者不予许可，并给予警告；自该行为发现之日起 1 年内承运人不得再次申请危险品航空运输许可。

承运人以欺骗、贿赂等不正当手段取得危险品航空运输许可的，由民航地区管理局撤销该危险品航空运输许可，处 3 万元以下的罚款，承运人在 3 年内不得再次申请危险品航空运输许可。

**第七十六条**　托运人或者托运人代理人有下列行为之一的，由民航地区管理局处 2 万元以上 10 万元以下的罚款；构成犯罪的，依法追究刑事责任：

（一）违反本规定第二章，托运禁止航空运输的危险品的；

（二）违反本规定第二章，托运限制航空运输的危险品未满足相关法律、法规、规章或者《技术细则》要求的。

**第七十七条**　托运人或者托运人代理人有下列行为之一的，由民航地区管理局处警告或者 5 万元以下的罚款；情节严重的，处 5 万元以上 10 万元以下的罚款：

（一）违反本规定第二十八条，未按要求对所托运的危险品货物正确地进行分类、识别、包装、加标记、贴标签的；

（二）违反本规定第二十九条，未向承运人说明危险品货物情况或者未提供符合要求的危险品运输文件的；

（三）违反本规定第三十条，未提供所托运危险品货物正确的应急处置举措的；

（四）违反本规定第三十一条，航空货运单、危险品运输文件及相关证明材料中所列货物信息与其实际托运的危险品货物不一致的。

托运人代理人违反本规定第三十三条，从事危险品货物航空运输活动未持有托运人授权书的，依照前款规定处罚。

**第七十八条**　承运人有下列行为之一的，由民航地区管理局处 2 万元以上 10 万元以下的罚款：

（一）违反本规定第十条，未取得危险品航空运输许可运输危险品的；

（二）违反本规定第三十七条，未按照危险品航空运输许可的要求运输危险品的。

**第七十九条**　承运人、地面服务代理人有下列行为之一的，由民航地区管理局依照《中华人民共和国反恐怖主义法》第八十五条的规定，处10万元以上50万元以下的罚款，并对其直接负责的主管人员和其他直接责任人员处10万元以下的罚款：

（一）违反本规定第六条，对《技术细则》中规定的在任何情况下禁止航空运输的物品或者物质予以运输的；

（二）违反本规定第三十八条第三项，未对运输的危险品货物、邮件进行检查的。

**第八十条** 承运人、地面服务代理人有下列行为之一的，由民航地区管理局处警告或者5万元以下的罚款；情节严重的，处5万元以上10万元以下的罚款：

（一）违反本规定第八条，未按照本规定及《技术细则》相关规定的要求收运、运输含有危险品邮件的；

（二）违反本规定第二十一条，未按要求制定或者更新危险品航空运输手册的；

（三）违反本规定第二十四条，未采取必要措施确保其危险品航空运输有关人员充分了解履职相关危险品航空运输手册内容的或者未按要求提供危险品航空运输手册的；

（四）违反本规定第二十五条，未按照危险品航空运输手册中规定的程序和要求开展危险品航空运输活动的；

（五）违反本规定第三十八条第一项、第二项，在接收危险品货物、邮件进行航空运输时未按照要求对危险品托运人员和运输相关文件进行确认的；

（六）违反本规定第三十九条，未确保危险品货物、邮件的收运、存放、装载、固定及隔离符合本规定及《技术细则》相关要求的；

（七）违反本规定第四十条，未确保危险品货物、邮件的损坏泄漏检查及污染清除符合本规定及《技术细则》相关要求的；

（八）违反本规定第四十一条，未妥善存放危险品货物、邮件或者未及时处置超期存放的危险品货物、邮件或者未采取适当措施防止危险品货物、邮件被盗、不正当使用的；

（九）违反本规定第四十四条，未对运输的货物、邮件、行李采取措施防止隐含危险品的。

**第八十一条**　承运人有下列行为之一的，由民航地区管理局责令限期改正，处警告或者5万元以下的罚款；情节严重或者逾期未改正的，处5万元以上10万元以下的罚款：

（一）违反本规定第二十三条，未按要求告知地面服务代理人有关危险品航空运输手册差异化要求的；

（二）违反本规定第四十三条，委托地面服务代理人未签订地面服务代理协议或者代理协议不符合要求的。

**第八十二条**　承运人、地面服务代理人违反本规定第三十四条、第三十五条，未按照规定建立有效运行的危险品航空运输安全管理体系或者设置机构、配备人员管理危险品航空运输活动的，由民航地区管理局依照《中华人民共和国安全生产法》第九十七条、第一百零一条的规定，责令限期改正，处10万元以下的罚款；逾期未改正的，责令停产停业整顿，并处10万元以上20万元以下的罚款，对其直接负责的主管人员和其他直接责任人员处2万元以上5万元以下的罚款。

**第八十三条**　地面服务代理人有下列行为之一的，由民航地区管理局责令限期改正，处警告或者5万元以下的罚款；情节严重或者逾期未改正的，处5万元以上10万元以下的罚款：

（一）违反本规定第二十三条第三款，未确保危险品航空运输相关操作满足承运人差异化要求的；

（二）违反本规定第四十六条，未按照地面服务代理协议的相关安全要求开展危险品货物、邮件航空运输活动的；

（三）违反本规定第四十七条，未按照要求向所在地民航地区管理局备案，或者提交虚假备案材料的；

（四）违反本规定第四十八条，未按照备案内容开展危险品航空运输活动的。

**第八十四条**　托运人、托运人代理人、承运人、地面服务代理人违反本规定第三十二条、第四十二条，未按照规定保存危险品航空运输相关文件的，由民航地区管理局处警告或者5万元以下的罚款；情节严重的，处5万元以上10万元以下的罚款。

**第八十五条** 托运人、托运人代理人、境内承运人、地面服务代理人、从事民航安全检查工作的机构以及危险品培训机构有下列行为之一的，由民航地区管理局依照《中华人民共和国安全生产法》第九十七条的规定，责令限期改正，处 10 万元以下的罚款；逾期未改正的，责令停产停业整顿，并处 10 万元以上 20 万元以下的罚款，对其直接负责的主管人员和其他直接责任人员处 2 万元以上 5 万元以下的罚款：

（一）违反本规定第五十九条，其危险品航空运输从业人员未按照规定经过培训并考核合格的；

（二）违反本规定第六十一条，未按照规定如实记录安全生产教育和培训情况的。

港澳台地区承运人、外国承运人违反本规定第六十条，未按照要求对其危险品航空运输活动相关人员进行培训的，依照前款规定予以处罚。

**第八十六条** 有下列行为之一的，由民航地区管理局责令限期改正，处警告或者 5 万元以下的罚款；情节严重或者逾期未改正的，处 5 万元以上 10 万元以下的罚款：

（一）承运人、地面服务代理人、机场管理机构违反本规定第五十二条，未按照要求在机场张贴危险品布告的；

（二）承运人、地面服务代理人、机场管理机构、从事民航安全检查工作的机构违反本规定第五十四条，未按照要求向其从业人员提供信息或者行动指南的；

（三）境内承运人、地面服务代理人、从事民航安全检查工作的机构、危险品培训机构违反本规定第六十二条、第六十三条、第六十四条，未持有符合要求的危险品培训大纲并及时修订更新或者未按照大纲开展培训活动的。

**第八十七条** 承运人、地面服务代理人、从事民航安全检查工作的机构、危险品培训机构等相关单位违反本规定第五十八条，未按照要求报送危险品航空运输有关信息或者数据的，由民航地区管理局责令限期改正，处警告或者 5 万元以下的罚款；情节严重或者逾期未改正的，处 5 万元以上 10 万元以下的罚款。

**第八十八条** 危险品培训机构有下列行为之一的，由民航地区管理局责令限期改正，处警告或者5万元以下的罚款；情节严重或者逾期未改正的，处5万元以上10万元以下的罚款：

（一）违反本规定第六十五条、第六十六条，未按时备案或者提交虚假备案材料的；

（二）违反本规定第六十七条，未按照要求开展危险品培训的；

（三）违反本规定第六十九条、第七十条，危险品培训教员未满足相关要求的。

**第八十九条**　违反本规定，有关危险物品的法律、行政法规对其处罚有明确规定的，从其规定。

## 第十一章　附　　则

**第九十条**　本规定中下列用语，除具体条款中另有规定外，含义如下：

（一）危险品，是指列在《技术细则》危险品清单中或者根据《技术细则》的归类，能对健康、安全、财产或者环境构成危险的物品或者物质。

（二）《技术细则》，是指根据国际民航组织理事会制定的程序而定期批准和公布的《危险物品安全航空运输技术细则》（DOC9284号文件）及其补篇、增编和更正。

（三）托运人，是指为货物运输与承运人订立合同，并在航空货运单或者货物记录上签字的人。

（四）托运人代理人，是指经托运人授权，代表托运人托运货物或者签署货物航空运输相关文件的人。

（五）承运人，是指以营利为目的，使用民用航空器运送旅客、行李、货物、邮件的公共航空运输企业。

（六）地面服务代理人，是指依照中华人民共和国法律成立的，与承运人签订地面代理协议，在中华人民共和国境内机场从事公共航空运输地面服务代理业务的企业。

（七）危险品航空运输事件，是指与危险品航空运输有关的不安全事件，包括危险品事故、危险品严重征候、危险品一般征候及危险品一般事件。

（八）危险品运输文件，是指托运人或者托运人代理人签署的，向承运人申报所运输危险品详细信息的文件。

**第九十一条** 本规定自 2024 年 7 月 1 日起施行。交通运输部于 2016 年 4 月 13 日以交通运输部令 2016 年第 42 号公布的《民用航空危险品运输管理规定》同时废止。

# 附录四　航空运输危险品目录（2019版）（节选）

| 联合国编号(UN/ID) | 中文名称 | 英文名称 | 类别或项别 | 次要危险性 | 包装等级 |
|---|---|---|---|---|---|
| 0004 | 苦味酸铵，干的或湿的，按质量计，含水低于10% | **Ammonium picratedry** or wetted with less than 10% water, by mass | 1.1D | | |
| 0005 | 武器弹药筒，装有起爆药 | **Cartridges for weapons** with bursting charge | 1.1F | | |
| 0006 | 武器弹药筒，装有起爆药 | **Cartridges for weapons** with bursting charge | 1.1E | | |
| 0007 | 武器弹药筒，装有起爆药 | **Cartridges for weapons** with bursting charge | 1.2F | | |
| 0009 | 燃烧弹药，装有或未装有起爆药、发射剂或推进剂 | **Ammunition, incendiary** with or without burster, expelling charge or propelling charge | 1.2G | | |
| 0010 | 燃烧弹药，装有或未装有起爆药、发射剂或推进剂 | **Ammunition, incendiary** with or without burster, expelling charge or propelling charge | 1.3G | | |
| 0012 | 武器弹药筒，带惰性射弹 | **Cartridges for weapons, inert projectile** | 1.4S | | |
| 0012 | 轻武器弹药筒 | **Cartridges, small arms** | 1.4S | | |
| 0014 | 器具弹药筒，无弹头 | **Cartridges for weapons, blank** | 1.4S | | |
| 0014 | 武器弹药筒，无弹头 | **Cartridges, small arms, blank** | 1.4S | | |
| 0014 | 轻武器弹药筒，无弹头 | **Cartridges for tools, blank** | 1.4S | | |

续表

| 联合国编号(UN/ID) | 中文名称 | 英文名称 | 类别或项别 | 次要危险性 | 包装等级 |
|---|---|---|---|---|---|
| 0015 | **发烟弹药**，装有或未装有起爆药、发射剂或推进剂 | **Ammunition，smoke** with or without burster，expelling charge or propelling charge | 1.2G | | |
| 0016 | **发烟弹药**，装有或未装有起爆药、发射剂或推进剂 | **Ammunition，smoke** with or without burster，expelling charge or propelling charge | 1.3G | | |
| 0018 | **催泪弹药**，装有起爆药、发射剂或推进剂 | **Ammunition，tear-producing** with burster，expelling charge or propelling charge | 1.2G | 6.1，8 | |
| 0019 | **催泪弹药**，装有起爆药、发射剂或推进剂 | **Ammunition，tear-producing** with burster，expelling charge or propelling charge | 1.3G | 6.1，8 | |
| 0020 | **毒性弹药***，装有起爆药、发射剂或推进剂 | **Ammunition，toxic** * with burster，expelling charge or propelling charge | 1.2K | 6.1 | |
| 0021 | **毒性弹药***，装有起爆药、发射剂或推进剂 | **Ammunition，toxic** * with burster，expelling charge or propelling charge | 1.3K | 6.1 | |
| 0027 | **黑火药**，颗粒状或粉状 | **Black powder**，granular or as a meal | 1.1D | | |
| 0027 | **火药**，颗粒状或粉状 | **Gunpowder**，granular or as a meal | 1.1D | | |
| 0028 | **压缩黑火药** | **Black powder，compressed** | 1.1D | | |
| 0028 | **丸状黑火药** | **Black powder in pellets** | 1.1D | | |
| 0028 | **压缩火药** | **Gunpowder，compressed** | 1.1D | | |
| 0028 | **丸状火药** | **Gunpowder in pellets** | 1.1D | | |
| 0029 | **非电雷管**，爆破用 | **Detonators，non-electric** for blasting | 1.1B | | |
| 0030 | **电雷管**，爆破用 | **Detonators，electric** for blasting | 1.1B | | |
| 0033 | **炸弹**，带有爆炸装药 | **Bombs** with bursting charge | 1.1F | | |
| 0034 | **炸弹**，带有爆炸装药 | **Bombs** with bursting charge | 1.1D | | |

续表

| 联合国编号(UN/ID) | 中文名称 | 英文名称 | 类别或项别 | 次要危险性 | 包装等级 |
|---|---|---|---|---|---|
| 0035 | **炸弹，带有爆炸装药** | **Bombs** with bursting charge | 1. 2D | | |
| 0037 | **摄影闪光弹** | **Bombs，photo-flash** | 1. 1F | | |
| 0038 | **摄影闪光弹** | **Bombs，photo-flash** | 1. 1D | | |
| 0039 | **摄影闪光弹** | **Bombs，photo-flash** | 1. 2G | | |
| 0042 | **助爆管，**无雷管 | **Boosters** without detonator | 1. 1D | | |
| 0043 | **起爆装置，**爆炸性 | **Bursters，**explosive | 1. 1D | | |
| 0044 | **帽型起爆器** | **Primers，cap type** | 1. 4S | | |
| 0048 | **爆破炸药** | **Charges，demolition** | 1. 1D | | |
| 0049 | **闪光弹药筒** | **Cartridges，flash** | 1. 1G | | |
| 0050 | **闪光弹药筒** | **Cartridges，flash** | 1. 3G | | |
| 0054 | **信号弹药筒** | **Cartridges，signal** | 1. 3G | | |
| 0055 | **空弹药筒壳，带有起爆器** | **Cases，cartridge，empty，with primer** | 1. 4S | | |
| 0056 | **深水炸药** | **Charges，depth** | 1. 1D | | |
| 0059 | **聚能装药，**无雷管 | **Charges，shaped** without | 1. 1D | | |
| 8000 | **日用消费品** | **Consumer commodity** | 9 | | |
| — | 产生热的物品，由电池操动的，如水下手电筒或焊接设备，这种设备如果意外启动将产生极度热并可能引起火 | Heat producing articles，battery operated equipment，such as underwater torches or soldering equipment，which，if accidentally activated，will generate extreme heat and can cause fire | 9 | | |
| | 充气的，不耐用的，损毁的或超过最大额定压力的轮子组件 | Tire assemblies inflated，unserviceable，damaged or above maximum rated pressure | 2. 2 | | |

# 参考文献

张莉,2010. 机场危险品与爆炸物安全处置[M]. 北京:中国民航出版社.

王凯全,2017. 危险化学品运输与储存[M]. 北京:化学工业出版社.

李芙蓉,李艳伟,王爱娥,等,2017. 民航危险品运输[M]. 北京:清华大学出版社.

张辉,2018. 民航危险品运输[M]. 北京:中国民航出版社.

第十二届全国人民代表大会常务委员会,2014. 中华人民共和国安全生产法(第二次修正)[R].

中华人民共和国国务院,2011. 危险化学品安全管理条例[R].

中华人民共和国国务院,2006. 民用爆炸物品安全管理条例[R].

中国民用航空局,2013. 中国民用航空危险品运输管理规定[R].

IATA, 2019. Dangerous goods regulations [R]. 61th edition.

ICAO, 2019. Technical instruction for the safe transport of dangerous goods by air [R].

UNITED NATIONS, 2019. Transport of dangerous goods model regulations [R]. 21st revised edition.